Nietzsche
O BUFÃO
DOS DEUSES

NIETZSCHE, O BUFÃO DOS DEUSES
© n-1 edições, 2017
© Maria Cristina Franco Ferraz, 2017

Embora adote a maioria dos usos editoriais do âmbito brasileiro, a n-1 edições não segue necessariamente as convenções das instituições normativas, pois considera a edição um trabalho de criação que deve interagir com a pluralidade de linguagens e a especificidade de cada obra publicada.

COORDENAÇÃO EDITORIAL Peter Pál Pelbart e Ricardo Muniz Fernandes
ASSISTENTE EDITORIAL Isabela Sanches
PROJETO GRÁFICO Érico Peretta
PREPARAÇÃO Humberto Amaral
REVISÃO Roberta Vasconcelos

A reprodução parcial deste livro sem fins lucrativos, para uso privado ou coletivo, em qualquer meio impresso ou eletrônico, está autorizada, desde que citada a fonte. Se for necessária a reprodução na íntegra, solicita-se entrar em contato com os editores.

n-1 edições
São Paulo | Maio, 2017
n-1edicoes.org

MARIA CRISTINA FRANCO FERRAZ

Nietzsche
O BUFÃO
DOS DEUSES

n-1
edições

Dados Internacionais de Catalogação na Publicação (CIP)
F434n
Ferraz, Maria Cristina Franco
   Nietzsche, o bufão dos deuses
   São Paulo: n-1 edições, 2017

   ISBN 978-85-66943-38-2

   1. Nietzsche, Friedrich Wilhelm (1844-1900)
   2. Ecce homo - crítica e interpretação   I. Título

94-1208   CDD: 193
                                           CDU 1 (430)

*"Aqui cresce algo maior do que aquilo que somos": eis
nossa mais secreta esperança...*
FRIEDRICH NIETZSCHE (*Aurora*, § 552)

9   *Ecce homo*: "Ouçam-me! Pois eu sou tal e tal"

   "ouçam-me"/caso Pohl 10 _ Wagner 11 _ editores 15
   anzol 28 _ leitores 29 _ europeu 40
   "pois eu sou tal e tal"/caso Malwida/idealismo 50
   ex-centricidade 65 _ antissemitismo 69
   história 82 _ Zaratustra 85

91   Zaratustra: do "trágico" ao trágico

   Zaratustra: sacralização/mitificação 93 _ Fênix 93
   gravidez 101 _ pêdân 104 _ Selbstaufhebung 112
   o "trágico" 119 _ "terceiro olho" 126 _ paródia 129
   a "grande saúde" 137 _ o trágico 148 _ hybris 155

163 *Ecce homo*: genealogia e epitáfio

   o pai/a morte 164 _ túmulo paterno 178
   mãe e irmã: "canaille" 186 _ incidente Lou-Rée 186
   a "querida lhama" 201 _ eterno retorno 209
   mulher 216 _ "eterno feminino" 218 _ "ecce" 226
   epitáfio 229 _ sacrifício 230

241 Posfácio

249 Referências bibliográficas
253 Sobre a autora

Ecce homo: "Ouçam-me!
Pois eu sou tal e tal"

No prólogo a *Ecce homo*,[1] texto autobiográfico escrito a partir de 15 de outubro de 1888, Nietzsche explicita as razões imediatas que o levaram a "dizer quem ele é". Se o filósofo se encontra diante de sua verdadeira grande tarefa de se dirigir "à humanidade com a mais pesada exigência que lhe foi jamais colocada" — "a transvaloração de todos os valores"[2] —, é obrigado a se dar a conhecer, pois, como escreve, "a desproporção entre a grandeza de minha tarefa e a *pequenez* de meus contemporâneos manifestou-se no fato de que não me ouviram e nem sequer me viram". Assim, em 1888, ele chega a duvidar da própria existência:

> Vivo de meu próprio crédito; seria um mero preconceito, que eu viva?... Basta-me falar com qualquer "homem culto" que venha à Alta Engadina no verão para convencer-me de que não vivo... Nestas circunstâncias existe um dever, [...] que é dizer: *Ouçam-me! Pois eu sou tal e tal. Sobretudo não me confundam!* (p. 39)

1. Neste trabalho, farei referência à tradução de *Ecce homo* feita por Paulo César de Souza (São Paulo: Max Limonad, 1986), alterando-a por vezes a fim de aproximá-la ainda mais do texto original. Quanto às demais citações de Nietzsche, traduzo-as diretamente do alemão a partir da edição crítica de Giorgio Colli e Mazzino Montinari. Em meu texto, as obras do filósofo frequentemente terão os títulos abreviados. A fim de diminuir a quantidade de notas ao máximo, decidi, além disso, incorporar as referências bibliográficas ao corpo do trabalho. Todos os grifos são do autor.
2. Traduzo *Umwertung aller Werte* por "transvaloração de todos os valores", procurando conservar, como no original, a repetição enfática do termo "valor" [*Wert*] na expressão cunhada por Nietzsche, bem como a ideia sugerida pelo prefixo *um-*, que tanto pode indicar movimento circular quanto uma mudança, como em *Umbau* [transformação arquitetônica] e em *Umpflanzung* [transplantação], para citar alguns exemplos.

Nesse momento de sua existência, extremamente preocupado com a eficácia de sua obra, Nietzsche se exaspera com o fato de ser pouco lido, sobretudo na Alemanha, e mais ainda com o fato de, mesmo quando lido, ser objeto de toda espécie de mal-entendidos. Para avaliar o grau de exasperação de Nietzsche, é necessário conhecer certas circunstâncias ligadas à sua situação de total isolamento. Tal situação se evidenciava, em primeiro lugar, nas dificuldades crescentes com que se defrontava para atrair leitores para seus livros. A fim de apreender toda a dimensão do impasse no qual o filósofo se encontrava, deve-se conhecer em detalhe os desdobramentos de sua relação com o circuito editor–público. Por outro lado, se os mal-entendidos que cercavam sua obra por vezes apenas configuram o contexto de *Ecce homo*, mais frequentemente ainda tais confusões se inscrevem de forma explícita nesse livro. Para ler um texto complexo como o *Ecce homo*, torna-se, portanto, imprescindível ter uma ideia mais precisa das circunstâncias que envolviam de forma imediata sua produção. Veremos que a entrada no texto pelas margens permitirá dar conta dos elementos internos, como o tom da obra e os traços específicos de seu estilo.

Partamos de uma polêmica praticamente contemporânea à redação de *Ecce homo*, que autoriza uma primeira abordagem ao texto, permitindo ao mesmo tempo uma visão global da situação de isolamento que atormentava Nietzsche. Trata-se de uma polêmica breve, suscitada principalmente nos meios wagnerianos pela publicação de *O caso Wagner*, em 16 de setembro de 1888. Cada momento dessa polêmica, suas consequências e efeitos ressoarão direta e indiretamente em *Ecce homo*.

"ouçam-me"/ caso Pohl

Em 25 de outubro de 1888, o wagneriano Richard Pohl publica um artigo com o título paródico "O caso Nietzsche", no número 44 do *Musikalisches Wochenblatt* [Hebdomadário musical]. Na época, o hebdomadário era dirigido por E. W. Fritzsch, editor de todas as obras do próprio Nietzsche anteriores à terceira parte de *Assim falou Zaratustra*, tendo adquirido os direitos autorais antes em mãos de Schmeitzner.

Pohl se apoia em um trecho de *O caso Wagner* no qual Nietzsche afirma ser percorrido por outros pensamentos quando ouve a música de Wagner e, tomando tal passagem ao pé da letra, acusa o filósofo de ser um "típico não músico"; pois, prossegue, "para o músico, é absolutamente impossível pensar, durante a música, em outra coisa senão na própria música..." (in Janz, *Biographie* III, p. 370). Desenvolvendo uma lógica psicologizante já anunciada no subtítulo igualmente paródico de seu artigo ("Um problema psicológico"), Richard Pohl interpreta *O caso Wagner* como expressão da inveja e da frustração que Nietzsche mostraria enquanto compositor, reduzindo a um mecanismo psicológico bastante primário o complexo fenômeno do afastamento do filósofo em relação a Wagner, ao idealismo e ao romantismo alemães.

Em resposta ao equívoco expresso e reforçado pelo artigo de Pohl, aliás muito difundido nos meios wagnerianos, em diversas passagens de *Ecce homo* Nietzsche mencionará múltiplos aspectos de sua relação com Wagner, fazendo um balanço basicamente positivo do encontro entre os dois. Procura então dissociar da ruptura entre ambos qualquer elemento de ordem estritamente pessoal, chegando mesmo a revelar: "Neste assunto, guardei para mim tudo o que era decisivo: eu amei Wagner" (p. 143). Ou então a afirmar que "Richard Wagner foi, de longe, o homem mais aparentado [*verwandteste*] comigo..." ("Por que sou tão sábio", § 3). Ao mesmo tempo, reafirma sua aversão ao músico, considerado como "decadente típico" e "alemão do Reich": "O que nunca perdoei a Wagner? O haver *condescendido* com os alemães; o haver-se tornado alemão do Reich... Onde reina, a Alemanha *corrompe* a cultura" (p. 71).

Revela, assim, o alvo até então não muito explícito de seu ataque contra Wagner: a influência corruptora do "alemão do Reich".[3] Além disso, ao enumerar os traços característicos de sua própria natureza belicosa, o filósofo explica que suas invectivas, longe de representarem algo de pessoal, correspondem, antes, a estratégias destinadas a atingir um alvo maior. Como exemplo, menciona seu ataque contra David Strauss e contra o próprio Wagner:

> nunca ataco pessoas; sirvo-me da pessoa como de uma forte lente de aumento com que se pode tornar visível um estado de emergência geral, porém dissimulado, pouco palpável. [...] Foi assim que ataquei Wagner, ou, mais precisamente, a falsidade, a bastardia de instinto de nossa "cultura", que confunde os sofisticados com os ricos, os tardios com os grandes. (pp. 55-56)

Em seu artigo contra *O caso Wagner*, Richard Pohl opera ainda uma outra leitura que encontrará igualmente eco nos meios wagnerianos. Assim como J. V. Widmann em artigo publicado mais tarde no jornal *Bund* de Berna (20-21 de novembro de 1888), Pohl interpreta erroneamente uma alusão contida no "Segundo *post scriptum*" de *O caso Wagner*, em que Nietzsche afirma conhecer um único músico ainda capaz de compor uma verdadeira abertura. Pohl entendeu que, em tal afirmação, Nietzsche se referia a si mesmo; na verdade, a alusão da frase era outra: o compositor Heinrich Köselitz, amigo do filósofo, por ele rebatizado de Peter Gast (ou Pietro Gasti).

Partindo de um representante típico dos círculos wagnerianos, esse gênero de interpretação não podia, porém, surpreender Nietzsche tanto assim. Oferecia-lhe até mesmo uma ocasião oportuna para esclarecer a distinção, sobre a qual insistirá diversas vezes em *Ecce homo*, entre sua relação com Wagner — a quem exprime gratidão pelo "idílio de

---

3. Cf. também o capítulo sobre "O caso Wagner", pp. 143-144.

Tribschen" (cf. pp. 69-70), pelos momentos felizes vividos na residência do compositor, perto de Lucerna — e seu contato com os wagnerianos, a respeito dos quais escreve:

> não tenho razões, tenho apenas um esgar de desprezo nos lábios para os wagnerianos [...]. Sendo, em meus instintos mais profundos, alheio a tudo o que é alemão — de tal modo que a simples proximidade de um alemão retarda-me a digestão —, o primeiro contato com Wagner foi também o primeiro instante de minha vida em que respirei: eu o senti, eu o venerei como o *país estrangeiro* [*Ausland*], como o oposto, o protesto encarnado contra todas as "virtudes alemãs". (p. 70)

Um pouco mais adiante, no segundo parágrafo do capítulo sobre *Humano, demasiado humano*, quando Nietzsche afirma que seu afastamento de Wagner remontava ao primeiro festival de Bayreuth — distância que, aliás, se inscreve nitidamente na obra publicada em 1878 —, o filósofo aponta sua artilharia pesada contra seus verdadeiros adversários do momento:

> *Que havia acontecido?* Haviam traduzido Wagner para o alemão! O wagneriano havia se assenhoreado de Wagner! [...] Nós, os outros, que sabemos muito bem a que artistas refinados, a que cosmopolitismo do gosto a arte de Wagner fala, estávamos fora de nós mesmos ao reencontrar Wagner ornado de "virtudes" alemãs. Acredito conhecer os wagnerianos, pois "vivi" três gerações deles, do falecido Brendel, que confundia Wagner com Hegel, aos "idealistas" das *Folhas de Bayreuth*, que confundem Wagner com eles próprios; ouvi toda espécie de confissões de "almas belas" sobre Wagner. Meu reino por *uma* palavra inteligente! Em verdade, uma companhia de arrepiar os cabelos! Nohl, Pohl, *Kohl* com graça *in infinitum*! [...] Pobre Wagner! Onde havia caído! Tivesse ao menos se lançado entre os porcos! Mas entre alemães!... (pp. 107-108)

Nesse trecho, como velho artilheiro, Nietzsche lança mão, curiosamente, de um certo elogio da arte de Wagner, ressaltando seu cosmopolitismo em oposição à estreiteza do nacionalismo do Reich, como estratégia contra seus adversários, resumidos sinteticamente na irônica fórmula "Nohl, Pohl, *Kohl*". Além do wagneriano já mencionado, encontramos, nessa enumeração, Karl Friedrich Nohl, autor de uma biografia sobre Wagner (*Das Leben Wagners*) que Nietzsche teria lido durante o verão 1888,[4] e J. G. Kohl, autor de *Sobre a onomatopeia na língua alemã* (1873), obra em que é defendida a técnica wagneriana da aliteração.[5]

A polêmica suscitada pelo artigo de Pohl era, em certo sentido, até mesmo oportuna para Nietzsche. Se, por um lado, lhe dava uma ocasião suplementar para reavaliar sua relação com Wagner, permitindo-lhe simultaneamente precisar os interlocutores a quem dirigia seu ataque — através dos wagnerianos, os alemães ligados à constituição do "Reich" e ao movimento antissemita —, o caso se apresentava ainda, de forma imediata, como uma "sorte".[6] Com efeito, a pretexto do artigo de Pohl,

---

4. Cf. Colli e Montinari. "Ecce Homo — Zur Textgeschichte", in *Kommentar zu den Bänden* 1-13. Munique/Berlim/Nova York: Dtv/de Gruyter, 1988, p. 493.
5. Cf. Curt Paul Janz. *Nietzsche: Biographie*. v. III. Paris: Gallimard, 1985, p. 589, nota 3. Cf., igualmente, o comentário pertinente do tradutor Paulo César de Souza à frase "Nohl, Pohl, Kohl com graça *in infinitum*" [em alemão, "mit Grazie *in infinitum*"]: "A frase de Nietzsche não só produz efeito cômico ao 'compor' os três sobrenomes em crescendo, como é paródia de um poema de Goethe, 'Oráculo da primavera' [*Frühlingsorakel*], que termina com a imitação de um cuco: 'Cou cou cou Cou Coucou/Cou, Cou, Cou, Cou, Cou, Cou, Cou, Cou/Mit Grazie *in infinitum*'. Além disso, o substantivo comum *Kohl* significa 'couve', 'repolho', e é também usado coloquialmente no sentido de 'bobagem' ou 'conversa fiada.'" (*Ecce homo*, p. 174). Por outro lado, através da paródia do poema de Goethe, Nietzsche também alude na frase, ironicamente, ao livro de Kohl sobre a onomatopeia na língua alemã e a técnica wagneriana da aliteração.
6. Cf. carta do filósofo a Andreas Heusler, datada de 30 de dezembro de 1888, in *Sämtliche Briefe/Kritische Studienausgabe*, v. 8. Munique/Berlim/Nova York: Dtv/de Gruyter, 1986, pp. 563-564. Nessa carta, Nietzsche afirma que a palavra "sorte" [*Glücksfall*, literalmente "caso

Nietzsche romperá finalmente com Fritzsch, editor também dos textos de Wagner, alegando que ele permitira que uma "velha gansa" (em alemão, "mulher tola") como Pohl publicasse tal artigo em seu jornal.⁷ Escreve assim imediatamente a Fritzsch, utilizando frases de que parece se orgulhar, pois as repete praticamente ao mesmo tempo a vários de seus correspondentes: "Quanto o senhor deseja por toda minha literatura? Com meu sincero desprezo, Nietzsche."⁸

Esse caso com o editor Fritzsch não deixa de ter certa relação com o caráter oportuno de um livro como *Ecce homo*. Ao romper com Fritzsch, Nietzsche se vê diante da possibilidade de desvincular definitivamente sua obra dos meios wagnerianos. Por outro lado, seu impressor a partir da quarta parte de *Zaratustra*, C. G. Naumann, entrará imediatamente em negociação com Fritzsch a fim de comprar-lhe os direitos das obras — o que só se efetivará em fevereiro de 1892. Assim, Nietzsche se encontra diante da perspectiva de ver toda sua obra reunida junto a um só editor, que, além disso, não sendo diretamente ligado nem aos meios wagnerianos, como Fritzsch, nem ao movimento antissemita, como seu editor precedente, Schmeitzner, teria todo interesse em distribuir e vender seus livros. Naquele momento, Naumann não estava em condições de obter a quantia exigida por Fritzsch, e procurava negociá-la; Nietzsche tem a oportunidade, portanto, de retomar um antigo projeto: tornar-se o único proprietário de suas obras. Eis como resume,

---

de sorte"] havia sido utilizada por seu impressor C. G. Naumann: "Meu próprio editor, C. G. Naumann, um dos homens de negócios mais respeitáveis de Leipzig, proprietário de uma grande tipografia, me aconselha enfaticamente a considerar a falta de tato inaudita de Fritzsch como uma sorte, pois, dessa forma, às vésperas de me tornar 'mundialmente famoso', terei em mãos toda minha literatura" [minha tradução].

7. Cf. a carta a Fritzsch de 18 de novembro de 1888 (ibid., p. 477), na qual Nietzsche se refere a Pohl como *einer alten Gans*, literalmente, "uma velha gansa", expressão pejorativa que, em alemão, equivale a tolo ou burro.
8. Cf., por exemplo, a carta já mencionada a Andreas Heusler.

em carta a seu amigo Overbeck, datada de 22 de dezembro de 1888, toda a extensão das consequências positivas do caso Pohl–Fritzsch, que ele batiza, ironicamente, de *der Fall Fritzsch* [o caso Fritzsch]:

> No fundo, este caso é uma sorte de primeira ordem: terei em mãos a *posse* exclusiva de minha literatura, no momento em que ela se torna *vendável*. Pois as obras editadas por C. G. Naumann também só pertencem a mim.[9] (*Briefe* 8, p. 548)
> Im Grunde ist die Sache ein Glücksfall ersten Rangs: ich bekomme den Alleinbesitz meiner Litteratur in die Hand im Augenblick, wo sie *verkäuflich* wird. Denn auch die Werke bei C. G. Naumann gehören allein mir.

O "caso Fritzsch" representava realmente uma grande sorte para Nietzsche, que entrevia, assim, uma possibilidade concreta de livrar seus livros até *Zaratustra* III do esquecimento a que esse editor os condenara. Uma carta dirigida a Köselitz em 14 de junho de 1888 revela a que ponto chegara a situação; Nietzsche reclama com seu amigo da total falta de interesse de seu editor em relação a um certo sucesso, no estrangeiro, dos livros cujos direitos de edição Fritzsch detinha:

> Eu havia deixado a critério de Fritzsch a publicação na imprensa de algo a respeito de meu sucesso em Copenhague. Ele me escreveu recentemente que, pressionado por negócios, tinha *esquecido* de fazê-lo e que, agora, é sem dúvida tarde demais para isto. *Incorrigível!* (ibid., p. 332)

9. Para maior fluência de leitura, citarei as cartas de Nietzsche em português, embora as mesmas não tenham sido ainda traduzidas. Não tive aqui a intenção de produzir traduções acabadas, definitivas. Procurei, principalmente, permanecer o mais próximo possível da letra do texto original, que, para maior facilidade de comparação, vai reproduzido adiante em tom mais claro. Quanto à referência das páginas, remeterei sempre à edição de cartas completas (oito volumes) já mencionada, abreviando o título como *Briefe* [cartas], acrescido do número relativo ao volume correspondente.

Ich hatte Fritzsch freigestellt, von meinem Kopenhagener Erfolg etwas in der Presse verlauten zu lassen. Er schrieb mir kürzlich, im Drang der Geschäfte habe er's *vergessen*, und nun sei es wohl zu spat. — *Unverbesserlich*!

Mesmo que o "caso Fritzsch" não tivesse tido tantos desdobramentos nos últimos meses de 1888, podemos constatar, por conta da reação imediata de Nietzsche ao artigo de Pohl, que o filósofo apenas aguardava uma ocasião oportuna para se livrar de todo e qualquer editor, preferindo seu tipo de contrato com o impressor Naumann, que lhe garantia a manutenção dos direitos dos livros publicados. Nietzsche procurava, assim, prevenir-se contra equívocos, evitando qualquer associação com editoras tais como, anteriormente, a de Schmeitzner e, naquele momento, a de Fritzsch, ambas bastante comprometidas política e ideologicamente. Tanto mais que esse tipo de comprometimento já havia afetado diretamente a impressão e a distribuição de suas obras. Em 1883, por exemplo, a impressão da primeira parte de *Zaratustra* havia sido retardada pelo gráfico de Schmeitzner, Teubner, por causa da edição de quinhentos mil livros de cânticos de Páscoa. Quando estava pronto para ser expedido, *Zaratustra* I teve, além disso, sua distribuição bloqueada pelo editor, Schmeitzner, que farejara repentinamente na promoção de publicações antissemitas um filão capaz de recuperar seu negócio ameaçado pela ruína — expectativa que, evidentemente, não poderia atribuir às obras de Nietzsche. Com amarga ironia o filósofo relata o fato a seu amigo Köselitz, em primeiro de julho de 1883:

> Agora mesmo, acabei de saber que o *Zaratustra* se encontra ainda "à espera de expedição" em Leipzig: até os exemplares para a imprensa. Eis o resultado das "importantíssimas negociações" e das constantes viagens do chefe da *alliance antijuive* [aliança antissemita, em francês no original], senhor Schmeitzner. "A edição deve esperar um pouco", escreve-me ele. Há realmente motivo para riso: primeiro, o obstáculo cristão, os quinhentos mil

livros de cânticos; agora, o obstáculo antissemita. Verdadeiras "aventuras de fundador de religião". (*Briefe* 6, p. 388)
Von Zarathustra höre ich jetzt eben, daß er noch "unversandt" in Leipzig wartet: sogar die Freiexemplare. Das machen die "sehr wichtigen Verhandlungen" und beständigen Reisen des Chefs der *alliance antijuive*, des Herrn Schmeitzner: da muß "der Verlag einmal etwas warten": so schreibt er. Es ist wahrhaftig zum Lachen: zuerst das christliche Hindernis, die 500.000 Gesangbücher, und nun das judenfeindliche Hindernis — das sind ganz "Religionsstifterliche Erlebnisse".

Em 1888, as circunstâncias pareciam, portanto, favorecer um velho projeto de Nietzsche. Já conseguira conquistar, então, um certo público, principalmente no exterior. O "caso Fritzsch" provocado pelo artigo de Pohl oferecia-lhe um bom pretexto para mudar de editor; assim, o filósofo veria suas obras por fim livres da tutela de Fritzsch, seja em suas próprias mãos, seja nas de Naumann. Tais circunstâncias que envolvem *Ecce homo* apresentam, além disso, certa semelhança com a situação em que Nietzsche se encontrava em 1886. Naquele ano, em vista da reedição de seus livros precedentes, comprados a Schmeitzner por Fritzsch (com a única exceção de *Zaratustra*), pensando ter seus escritos mais bem distribuídos, Nietzsche havia decidido enriquecê-los com novos prefácios, nos quais fazia um primeiro balanço do caminho percorrido até então. Como escreve a Overbeck em 12 de outubro de 1886, pretendia através desses prefácios preparar seus leitores para a "compreensão" de seu pensamento, oferecendo "algumas indicações para aqueles [...] que desejam se preparar seriamente para minha 'compreensão'" [einige Winke für solche [...] welche sich ernsthaft auf mein "Verständnis", vorbereiten wollen] (cf. *Briefe* 7, p. 264).

A partir de 1885, no momento da impressão, em edição particular, de *Zaratustra* IV, Nietzsche se liga cada vez mais a seu novo impressor, C. G. Naumann. Este não possuía a rigor uma editora e, diversamente dos dois editores anteriores, apresentava a vantagem de não ter seu nome associado nem aos wagnerianos nem ao movimento antissemita. Além disso, por conta de seus interesses comerciais, o impressor correspondia melhor às expectativas de Nietzsche quanto às condições indispensáveis para o impacto e a eficácia de sua obra. Naumann opinará, cada vez mais, sobre as publicações de Nietzsche. É pelo menos o que se pode entrever em uma carta do impressor a Overbeck, datada de 21 de fevereiro de 1889, na qual relata uma interessante conversa que teria tido com Nietzsche:

> Na última vez em que o professor Nietzsche veio me ver [maio de 1886], eu o exortei a escrever, antes de publicar a sua "Transvaloração", algumas pequenas brochuras, vendáveis a preço baixo, nas quais ele faria diversas remissões à sua obra principal. Ele adotou imediatamente a ideia e me assegurou de sua realização. Não há, sem dúvida, necessidade alguma de provar que eu não teria jamais pensado em uma obra como *O caso Wagner*, mas, antes, em brochuras do gênero de *Crepúsculo dos ídolos*, em pequenos livros com o espírito semelhante ao dessa obra. No entanto, o fato é que *O caso Wagner* aumentou extraordinariamente em largas esferas o interesse pelo professor Nietzsche. *Crepúsculo dos ídolos* não ficará atrás, em outros círculos. A boa situação financeira de nossa casa é o melhor testemunho do sucesso desse método. (in Janz, ibid., pp. 373-374)

Com efeito, os pequenos livros escritos em 1888 correspondem a algumas das especificações contidas nessa carta, escrita por Naumann, é bem verdade, alguns meses mais tarde, após o que se convencionou chamar de "colapso" [*Zusammenbruch*], de "crise nervosa" de Nietzsche. Nesses livros, o filósofo retoma reiteradamente temas por ele já desenvolvidos, tratando-os em um tom mais violento, provocador, de forma ainda mais explícita, por vezes até redundante, a fim de suscitar um interesse maior em relação à obra publicada anteriormente por meio de algumas "pequenas brochuras vendáveis a preço baixo". Cada vez mais irritado, Nietzsche tenta assim romper o círculo de silêncio e de mal-entendidos que o asfixiava. Com as brochuras, procura superar essa espécie de não escuta que envolve suas obras, essa "otite" ou "metaotite" a que alude, referindo-se ao jovem imperador Guilherme II, em carta a Jean-Bourdeau de 17 de dezembro de 1888, cujo rascunho foi conservado (*Briefe* 8, p. 534).

Em outro momento da polêmica em torno de *O caso Wagner*, posterior ao artigo de Pohl, Nietzsche constatará ainda mais dolorosamente de que forma seu pensamento se encontrava ilhado. O fato de que os wagnerianos, por intermédio de Richard Pohl, tivessem reagido negativamente não era apenas previsível, mas correspondia até mesmo a um dos efeitos que o tom panfletário da obra suscitava. Pelo menos com relação a *O caso Wagner*, Nietzsche podia ter certeza de ter sido "lido". Entretanto, através da reação do escritor e editor Ferdinand Avenarius, que havia anteriormente convidado Nietzsche para colaborar em sua revista, publicada a partir de primeiro de outubro de 1887 (*Der Kunstwart*),[10] Nietzsche terá ocasião de avaliar o estado alarmante da otite que fechava os ouvidos a seu pensamento. O caso se apresentou da seguinte forma: Heinrich Köselitz (Peter Gast) publica na *Kunstwart* de Avenarius um artigo intitulado "Nietzsche–Wagner", que contém uma alusão mordaz ao artigo de Richard Pohl. O texto do amigo de

---

10. Na carta em que recusa o convite de Avenarius, Nietzsche exprime, com grande lucidez, seu desejo de não ser recuperado por partidos e ideologias da época: "Até o momento, sempre respondi não a esse tipo de proposta; não há nada a fazer: tenho de agir assim neste caso também. Não veja em minha decisão nada mais do que uma das mil necessidades imperiosas que caracterizam toda vontade resoluta de independência. Não se é 'filósofo' impunemente. Não quero ter absolutamente nada a ver com revistas: são sempre publicações partidárias, principalmente quando elas próprias não pensam sê-lo. [...] Aliás, esta minha 'abstinência' me tem sido gentilmente retribuída: as pessoas 'se abstêm' igualmente de mim." Cf. a carta a F. Avenarius de 10 de setembro de 1887 (ibid., p. 146).

Nietzsche será comentado pelo próprio editor da revista, que, estimando o tom do livro do filósofo inoportuno, conclui:

> A reviravolta de um dos mais eminentes, senão *do* mais eminente dos "wagnerianos", é doravante um fato consumado. Tivesse ele exposto, calma e objetivamente, as razões que invalidam suas razões precedentes, só poderíamos lhe ser gratos: seguramente, não porque ele assim nos tivesse convencido, mas, de forma mais verossímil, porque nos teria dado a ocasião de um exame minucioso, prévio à sua refutação. Tal como se apresenta, este escrito tem quase o efeito da produção de um folhetinista excessivamente espirituoso que brinca com grandes ideias. Estas lhe são próprias, o que lhe garante nossa profunda simpatia. Entretanto, continuamos no final das contas lamentando que Friedrich Nietzsche tenha escrito, desta vez, como um folhetinista. (in Janz, ibid., pp. 389-390)

Nietzsche pôde constatar, assim, que mesmo um intelectual como Avenarius tinha a impressão de que *O caso Wagner* representava uma reviravolta recente e brutal. Bastante irritado, o filósofo escreve imediatamente a Karl Spitteler, escritor que indicara para o lugar que o próprio Avenarius lhe havia oferecido na *Kunstwart*, e que tinha publicado no *Bund* de Berna de 8 de novembro de 1888 uma resenha elogiosa sobre *O caso Wagner*. Nessa carta, Nietzsche pede a Spitteler para publicar uma seleção de fragmentos de seus escritos anteriores, todos relativos a seu afastamento de Wagner e a suas reflexões sobre a arte wagneriana. Pede-lhe ainda que acrescente ao material um prefácio no qual seria ressaltada "a descoberta decisiva do caráter geral de decadência inerente à música moderna". Nessa carta a Spitteler, o filósofo chega a compor, com precisão, o plano do pequeno livro, que deveria se intitular: *Nietzsche contra Wagner. Documentos extraídos das obras de Nietzsche*. Para facilitar ainda mais o trabalho de Spitteler, prontifica-se a copiar de próprio punho os diversos fragmentos que deveriam constituir a obra, e a remetê-los ao escritor. Eis o que escreve então a Spitteler:

> Meu combate contra Wagner fracassou absurdamente até agora pelo fato de que *ninguém conhece meus escritos*; de forma que minha "reviravolta", conforme expressão, por exemplo, de Avenarius, passa por mais ou menos contemporânea a *O caso Wagner*. Na verdade, estou há dez anos em guerra e o próprio Wagner sabia disso mais do que ninguém: não enunciei em *O caso Wagner* um só princípio geral, seja de caráter psicológico, seja puramente estético, que não se encontrasse já apresentado, da maneira mais séria possível, em meus escritos precedentes. (*Briefe* 8, p. 523)
>
> Mein Kampf gegen Wagner ist auf eine absurde Weise dadurch bisher mißraten, daß *Niemand meine Schriften kennt*: so daß die "Sinnes-Änderung", wie zb. Avenarius sich ausdrückt, als Etwas gilt, was ungefähr gleichzeitig mit dem "Fall Wagner" ist. Tatsächlich führe ich seit 10 Jahren Krieg — Wagner wußte es selbst am besten – ich habe keinen allgemeinen Satz, psychologischer oder streng aesthetischer Natur, im "Fall Wagner" ausgesprochen, den ich nicht schon in meinen Schriften auf das Ernsthafteste vorgetragen habe.

Na noite seguinte à proposição feita a Spitteler, Nietzsche desistirá, no entanto, de passar por outro escritor para publicar tal texto. Decidirá escrever ele mesmo *Nietzsche contra Wagner*, cujo manuscrito enviará a Naumann logo depois, em 13 de dezembro. Em seguida, mudará ainda uma vez de opinião, renunciando à publicação da obra. Eis o que escreve a este respeito a Köselitz, em 22 de dezembro de 1888:

> Renunciemos à impressão do escrito *Nietzsche contra Wagner*. Sobre esse ponto, como sobre o resto, *Ecce* contém tudo o que é decisivo. O trecho consagrado, entre outras coisas, ao maestro "Pietro Gasti" já foi incluído em *Ecce*. Talvez também inclua o canto de Zaratustra; intitula-se "Da pobreza do mais rico". Como interlúdio entre duas grandes partes. (ibid., pp. 545-546)

> Die Schrift "Nietzsche contra Wagner" wollen wir nicht drucken. Das "Ecce" enthält alles Entscheidende auch über diese Beziehung. Die Partie, welche, unter Anderm, auch den maestro "Pietro Gasti" bedenkt, ist bereits in "Ecce" eingetragen. Vielleicht nehme ich auch das Lied Zarathustras—es heißt: "von der Armut des Reichsten" — noch hinein. Als Zwischenspiel zwischen 2 Hauptabschnitten.

Tudo isso se passava, evidentemente, após a primeira redação de *Ecce homo* (entre 15 de outubro e 4 de novembro de 1888), concernindo de maneira mais direta a *Nietzsche contra Wagner*. No entanto, como revela a carta a Gast, Nietzsche tinha o hábito de reelaborar incessantemente seus trabalhos durante a impressão, o que também ocorrera no caso de *Ecce homo*. De fato, em primeiro de dezembro, o filósofo pede de volta o manuscrito enviado à tipografia no dia 6 de novembro para submetê-lo a uma nova revisão, concluída, por sua vez, em 6 de dezembro. O manuscrito será novamente enviado a Naumann em 7 de dezembro. Além disso, a pesquisa sobre *Ecce homo* já estabeleceu que Nietzsche procedeu a importantes revisões e alterações do texto, enviando de Turim a seu impressor em Leipzig passagens a serem acrescentadas à obra até o dia 2 de janeiro de 1889,[11] véspera de seu colapso. Aliás, no que se refere à forma definitiva do texto, os especialistas tendem a discordar sobre alguns pontos. Erich F. Podach, partindo das manipulações de Heinrich Köselitz (Peter Gast) na história posterior de *Ecce homo*, afirma que Nietzsche não nos deixou um texto definitivamente acabado. Conclui, assim, na página 184 de seu *Nietzsches Werke des Zusammenbruchs*: "Uma coisa é certa: Nietzsche não deixou um *Ecce homo* acabado, mas nós temos um" [Sicher ist: Nietzsche hat kein vollendetes *Ecce homo* hinterlassen, aber wir

---

11. Cf. Colli e Montinari. "Ecce Homo — Zur Textgeschichte", in *Kommentar zu den Bänden 1-13*, op. cit., principalmente pp. 468-470.

haben eins].¹² Em um importante artigo publicado no primeiro número do *Nietzsche-Studien* (1972), no qual recupera o polêmico terceiro parágrafo de "Por que sou tão sábio", Mazzino Montinari ressalta, por sua vez, as diversas censuras que o texto autobiográfico de Nietzsche teria sofrido, primeiro pelo próprio Köselitz; depois, a partir de 1893, ano em que Elisabeth Förster-Nietzsche se apossa do manuscrito de *Ecce homo*, pela família Nietzsche e pelo Nietzsche-Archiv [Arquivo Nietzsche]. Partindo de tais fatos, Montinari conclui, parodiando Podach: Nietzsche teria deixado um *Ecce homo* acabado, mas nós não o temos.¹³

Em qualquer dos casos, o que se pode afirmar com toda certeza é que, até a véspera de seu colapso em Turim, Nietzsche retrabalhava sua autobiografia. Não é portanto de forma alguma surpreendente que a polêmica suscitada por *O caso Wagner*, mesmo em seus desdobramentos no final de 1888, tenha deixado marcas em *Ecce homo*. Além disso, comentários como o de Avenarius vinham apenas confirmar o que Nietzsche sabia há bastante tempo: mesmo os que pareciam acompanhar com certo interesse seu percurso intelectual não haviam, no final das contas, lido seus livros, principalmente a partir de *Humano, demasiado humano*. O que provavelmente enfureceu ainda mais Nietzsche no artigo de Avenarius foi a exigência nele contida de "um exame minucioso, prévio à sua refutação", e a caracterização do estilo de *O caso Wagner* como o de um "folhetinista excessivamente espirituoso". Na carta a Spitteler acima mencionada, Nietzsche escreve:

> Veja o senhor: essa gentalha não percebe minha cólera porque escrevi "de maneira excessivamente espirituosa"! Não pode imaginar o espírito aliado

12. Citado in Montinari. "Ein neuer Abschnitt in Nietzsches Ecce Homo". *Nietzsche-Studien* I, 1972, nota 35, p. 401.
13. *"Sicher ist: Nietzsche hat ein vollendetes Ecce Homo hinterlassen, aber wir haben es nicht."* (ibid., p 401).

à paixão... Avenarius pede um "desenvolvimento calmo e objetivo dos argumentos", enquanto nós trememos de paixão...
Sehen Sie, dies Gesindel fühlt meinen Ingrimm nicht, weil ich "überaus espritreich" geschrieben habe! Das kann sich Geist nicht mit Leidenschaft verbunden denken... Eine "ruhig-sachliche Entwicklung der Gründe" verlangt Avenarius, wo unsereins vor Leidenschaft zittert... (*Briefe* 8, p. 525)

Com efeito, exigir de Nietzsche, em um caso como esse, uma refutação "calma e objetiva" equivale a um verdadeiro contrassenso. Em sua obra, principalmente em *Além do bem e do mal* e em *Genealogia da moral*, Nietzsche atribui em diversas passagens a necessidade de "refutar" a uma perspectiva fraca, vil, relacionando, inversamente, a afirmação pura e simples de uma ótica singular a uma perspectiva forte, nobre. Dar "razões" supõe, para ele, a anulação do *pathos* da distância. Corresponderia, portanto, a um enfraquecimento vital. No próprio *O caso Wagner*, o filósofo escreve:

> Essa resistência que ele [Wagner] encontrava em nós, alemães, não deve ser subestimada [...]. Defendíamo-nos dele como de uma doença: não com argumentos — não se refuta nenhuma doença —, mas com embaraço, desconfiança, contrariedade, aversão, com uma sombria seriedade, como se em volta dele se insinuasse um grave perigo. [...] Um instinto que se racionaliza está enfraquecido: pois *o próprio fato* de ele se racionalizar o enfraquece. (cf. "*Post scriptum*")

Em *Ecce homo*, Nietzsche voltará com frequência à questão. Como, por exemplo, no final do terceiro parágrafo do prólogo: "Eu não refuto os ideais; apenas ponho luvas diante deles..." (p. 41). A toda refutação de ordem racional, Nietzsche opõe a afirmação direta de um gosto, de um "faro". Escreve, assim, na página 95 de *Ecce homo*: "Quem não só compreende a palavra 'dionisíaco', mas se compreende nela, não necessita da refutação de Platão, do cristianismo ou de Schopenhauer: *fareja a decomposição...*" Mais adiante, no capítulo sobre *Humano, demasiado humano*, afirma ainda: "Um erro após o outro é calmamente colocado no gelo: *ele congela...*" (p. 107).

Um comentário como o de Avenarius só vinha, portanto, confirmar aquilo de que Nietzsche suspeitava: o fato de não ter sido realmente lido, mesmo por aqueles que pareciam admirá-lo. A que ponto ficou abalado com a polêmica em torno de *O caso Wagner* é o que se pode constatar pelo pedido feito a seu impressor, Naumann, em 19 de novembro de 1888: "O que se escreve sobre *O caso Wagner*, não quero sequer ver" [Was man über den "Fall Wagner" schreibt, will ich nicht sehen] (*Briefe* 8, p. 481).

No entanto, decide tarde demais não ler os artigos e resenhas sobre *O caso Wagner*: a essa altura já havia sofrido os efeitos irritantes da polêmica. Em *Ecce homo*, explicita suas conclusões a partir das reflexões suscitadas, em parte, pelo que a polêmica revelara ou apenas confirmara: o caráter necessário, inelutável do silêncio e dos mal-entendidos com que seus livros eram recebidos na Alemanha e na Suíça. *Ecce homo* exprime nitidamente uma tensão entre o desejo de ser lido e a reflexão sobre o caráter inevitável da não recepção das obras. De um lado, se inscreve a tentativa de atrair a atenção do público. O próprio tom e o estilo dos escritos de 1888 são bastante reveladores dessa inflexão. De outro, certas afirmações, como no final do capítulo sobre *O caso Wagner*, revelam uma lúcida aceitação do destino de "autor póstumo" e, ao mesmo tempo, uma dor insistente, que se traduz mesmo de forma negativa: "Eu mesmo nunca sofri por tudo isso: *o necessário* não me fere; *amor fati* é minha natureza mais íntima" (p. 149).

Nietzsche responde a seu crescente isolamento com o que denominou "*amor fati*", o "sim" radical aposto a tudo o que acontece. No entanto, um tom bastante magoado ressoa com frequência em *Ecce homo*. Isso não implica, aliás, nenhuma contradição: a positividade absoluta expressa pelo *"amor fati"* corresponde, com efeito, a uma estratégia defensiva contra toda forma de ressentimento. O ressentimento, verdadeira calúnia contra a vida, fundaria, por um lado, a perspectiva incessantemente combatida por Nietzsche, e, por outro, espreitaria o filósofo, como efeito possível de seu sofrimento. Como uma das manobras de tal estratégia, Nietzsche decide voltar-se para os países estrangeiros nos quais suas obras começavam a encontrar certa acolhida, após ter constatado, através da polêmica em torno de *O caso Wagner*, que na Suíça e sobretudo na Alemanha não conseguia encontrar, ou produzir, os "pequenos ouvidos" para os quais escrevia. Afirma, assim, em *Ecce homo*:

> Isto foi dito para alemães: pois em toda outra parte tenho leitores — apenas inteligências *seletas*, caracteres provados, formados em elevados deveres e posições; tenho inclusive verdadeiros gênios entre os meus leitores. Em Viena, em São Petersburgo, em Estocolmo, em Copenhague, em Paris e Nova York — em toda parte sou descoberto: *não* o sou na Terra Chata da Europa, a Terra dos Alemães... [Jogo de palavras em alemão: *in Europa's Flachland Deutschland*.] E, deixem-me confessá-lo, alegro-me mais ainda com meus não leitores, aqueles que nunca ouviram nem meu nome nem a palavra filosofia... (p. 83)

Nessa passagem, o tom magoado ecoa especialmente: Nietzsche ressalta de forma insistente a genialidade de seu público estrangeiro; além disso, após a enumeração exaustiva das cidades em que seus livros começavam a atrair a atenção de pequenos grupos, sintetiza tal listagem com um "em toda parte" [*überall*], destinado a excluir ainda mais enfaticamente a Alemanha, esse "país chato". Confessa-se satisfeito com seus não leitores, justamente quando, contrariado ao extremo pelo fato de não ser lido, passa a escrever, ao longo do ano de 1888, pequenos livros com os quais tenta atrair público, retomando de modo mais virulento temáticas desenvolvidas em obras anteriores.

Esse tom de mágoa assume, ocasionalmente, máscaras diversas em *Ecce homo*, indicando uma compreensão mais ampla da situação de isolamento em que o filósofo se encontrava. No início do capítulo "Por que escrevo tão bons livros", por exemplo, afirma: "Mas eu estaria totalmente em contradição comigo mesmo se já esperasse, hoje, ouvidos *e mãos* para *minhas* verdades: o fato de que não me ouvem hoje, de que não sabem tomar o que dou, é não apenas compreensível, mas me parece até justo" (p. 80). Ou ainda, um pouco mais adiante: "Finalmente, ninguém pode tirar [em alemão, 'escutar'] das coisas, livros incluídos, mais do que aquilo que já sabe. Não se tem ouvido para aquilo a que não se tem acesso a partir da experiência" (p. 81). Essas duas afirmativas resumem as amargas conclusões a que o filósofo chegara então. Pode-se retraçar, nesse sentido, o caminho por ele percorrido, seguindo-se o fio de uma metáfora de que se utiliza algumas vezes, para falar de seu desejo de seduzir homens para seu pensamento e sua obra. Já no primeiro capítulo de Zaratustra IV ("A oferenda do mel"),

anzol

Nietzsche emprega a metáfora do anzol para caracterizar seus escritos, retomando, para reavaliá-lo, o paradigma da pesca de linha utilizado por Platão para desqualificar a empresa sofista, na qual predominava a *Métis* dos gregos, a astúcia.[14] Em uma carta ao amigo Overbeck, datada de 30 de outubro de 1884, após expressar o desejo de liberar o mais rápido possível seus livros da tutela do então editor, Schmeitzner, Nietzsche acrescenta, entre parênteses: "Pois, para dizê-lo em duas palavras, preciso de discípulos *ainda enquanto vivo*; e, se meus livros precedentes não serviram de vara de pescar, então falharam em sua vocação" [Denn ich habe, kurz gesagt, *noch bei Lebzeiten* Jünger nötig: und wenn meine bisherigen Bücher nicht als Angelruten wirken, so haben sie 'ihren Beruf verfehlt'...] (*Briefe* 6, p. 554). A metáfora retorna ainda a

---

14. Cf. Platão. *Le sophiste*. Paris: Belles Lettres, 1985; e Detienne e Vemant. *Les ruses de L'intelligence (La mètis des Grecs)*. Paris: Flammarion, 1974.

propósito do caso Schmeitzner, em uma carta à irmã, Elisabeth, escrita em agosto de 1885:

> a infelicidade causada por esse editor, com relação ao *efeito de seu irmão*, é imensa: o fato de estar agora, no 41º ano de vida, isolado, de não ter discípulos e de sentir todo dia que estou justamente no auge de minhas forças para exercer uma grande atividade pedagógica como filósofo — pense também nisso em sua alma! Os livros *para fora desse canto*!!! São meus anzóis; se não capturam ninguém para mim, então não têm sentido! (*Briefe* 7, p. 82)
> das Malheur, das dieser Verleger in Hinsicht auf die *Wirkung Deines Bruders* angerichtet hat, ist ungeheuer: daß ich jetzt, im 41ten Lebensjahre isoliert bin, keinen Schüler habe und es täglich empfinde, daß ich gerade in meiner besten Kraft stehe, um eine große Schul-Tätigkeit als Philosoph auszuüben, stelle Dir das auch vor die Seele! Die Bücher *heraus* aus diesem *Winkel*!!! Es sind meine Angelhaken; wenn sie mir keine Menschen fangen, so haben sie keinen Sinn!

Em *Ecce homo*, após ter caracterizado sua tarefa a partir de *Além do bem e do mal* como a de "dizer e fazer Não", Nietzsche emprega e desenvolve uma vez mais (dando um passo além) a metáfora da pesca de linha: "A partir de então, todos os meus escritos são anzóis: talvez eu entenda de pesca tanto quanto qualquer outro?... Se nada *mordeu*, a culpa não foi minha. *Faltavam os peixes...*" (p. 136).

Em 1888, portanto, Nietzsche estava bem menos otimista quanto à sua pesca do que em 1885. Faltando-lhe os peixes em seu "país chato", ele se voltará a partir de então para outras águas. Inclusive porque 1888 lhe havia trazido, ou confirmado, um certo pú- leitores blico. Em Viena, por exemplo, contava com um círculo de admiradores constituído, em sua maioria, por judeus, tais como, a partir de 1877, o poeta Lipiner, membro de uma "associação Nietzsche" de

Viena,[15] e, mais tarde, o Dr. Josef Paneth, "o amigo Josef" citado por Freud em sua *Interpretação dos sonhos*.[16] Por outro lado, se já no início de 1882 Nietzsche recebera de Baltimore uma carta em que era homenageado, verdadeiro juramento de fidelidade [*Huldigungsschreiben*],[17] em nome de três pessoas, dentre as quais um professor do Peabody-Institute, em 1888 chega-lhe, desta vez de Nova York por parte de um admirador de *Zaratustra*, Karl Knortz, a promessa de um longo ensaio em inglês, destinado a introduzir suas obras ao público de uma revista americana especializada. Bastante entusiasmado, Nietzsche menciona esse fato diversas vezes em sua correspondência. Além disso, desde 1887 escreve a Fritzsch e a Naumann a propósito de um certo Dannreuther de Nova York, que se interessaria especialmente por sua literatura. Quando relata a Fritzsch, em abril de 1888, o interesse crescente que seus livros despertavam em Nova York, Nietzsche conclui que a eficácia de sua obra começava "pela periferia", e que provavelmente apenas a partir do estrangeiro teria chances de chamar mais atenção na Alemanha: "Em princípio, todas as minhas experiências indicam que minha influência começa *perifericamente* e que ela só refluirá em direção à

---

15. Em um carta a Lipiner de agradecimento pelo envio do poema "Prometeu libertado", Nietzsche se revela, já em 1877, totalmente afastado da arrogante aversão aos judeus que dominava o movimento cultural de Bayreuth: "Assim, acredito, de agora em diante, que existe um poeta. [...] diga-me então abertamente se o senhor possui, por sua origem, alguma relação com os judeus. Tive, com efeito, recentemente, várias experiências que me suscitaram uma enorme esperança exatamente em discípulos dessa origem." (*Briefe* 5, p. 274).

16. Cf., sobre este assunto, Janz, *Biographie*, v. III, p. 19: "Tal encontro de Josef Paneth com Nietzsche [em Nice, no final de 1883] será de alguma importância para Sigmund Freud, de quem Paneth era um dos amigos mais íntimos. Freud escreverá, assim, a Arnold Zweig, em 11 de maio de 1934, que devia a seu amigo Josef Paneth suas primeiras impressões sobre Nietzsche. [...] Freud, é bem verdade, será posteriormente influenciado, de maneira mais profunda, em sua visão de Nietzsche, por sua aluna e amiga Lou Salomé, mesmo que esta não se tenha jamais aberto com ele sobre seu episódio pessoal com Nietzsche."

17. Cf. a carta a Köselitz de 17 de janeiro de 1882 (*Briefe* 6, p. 155).

'pátria' a partir daí" [Principiell weisen alle meine Erfahrungen darauf hin, daß meine Wirksamkeit *peripherisch* beginnt und erst von da aus auf das "Vaterland" zurückströmen wird] (*Briefe* 8, p. 296).

O que representa certa felicidade para Nietzsche em 1888 é a atenção cada vez maior que lhe dedica Georg Brandes, professor da Universidade de Copenhague, com quem mantém uma correspondência bastante volumosa a partir do final de 1887. Em uma carta de 3 de abril de 1888, entusiasmado com os escritos do filósofo, Brandes exprime sua indignação diante da não divulgação da obra de Nietzsche: "ontem, tendo recebido sua carta, e tomando em minhas mãos um de seus escritos, fui bruscamente invadido por uma espécie de cólera pelo fato de ninguém, aqui na Escandinávia, conhecê-lo, e resolvi levá-lo de imediato à notoriedade" (in Janz, ibid., p. 321).

O professor dinamarquês anuncia, a seguir, sua decisão de dar uma série de conferências sobre "o filósofo alemão Friedrich Nietzsche", para a qual conseguirá atrair mais de trezentas pessoas. Eis de que forma Nietzsche foi introduzido ao público dos países nórdicos. O filósofo ficará bastante agradecido a Brandes. Além disso, a expressão "radicalismo aristocrático", aplicada pelo dinamarquês ao pensamento nietzschiano, lhe agradará especialmente. Nietzsche exprime sua gratidão a Georg Brandes de uma maneira bastante reveladora, em uma carta a Köselitz datada de 20 de abril de 1888: "Tudo o que ainda deveremos a esses senhores judeus!" [Was man diesen Herrn Juden noch Alles verdanken wird!] (*Briefe* 8, p. 298). O elogio ao judeu Brandes, constituindo, de maneira implícita, um ataque contra o antissemitismo em plena ascensão no Reich, aparece em *Ecce homo* diretamente relacionado ao sofrimento provocado pelo silêncio com o qual os alemães cercavam sua obra:

> Dez anos: e ninguém na Alemanha tomou como dever de consciência defender meu nome contra o absurdo silêncio sob o qual ele jazia soterrado. Foi um estrangeiro, um dinamarquês, que por primeiro teve para isso

finura de instinto e *coragem*, que se indignou com meus supostos amigos... Em qual universidade alemã seria hoje possível um curso sobre a minha filosofia, como foi dado na primavera passada pelo Dr. Georg Brandes de Copenhague, que demonstrou assim mais uma vez ser psicólogo? (p. 149)

Nietzsche ficara ainda mais chocado e irritado com a reação de sua irmã, Elisabeth, que se encontrava então no Paraguai, à notícia de seu sucesso em Copenhague, como relata a Overbeck, em carta no Natal de 1888:

> Ouso ainda contar que as coisas no Paraguai vão de mal a pior. Isso *não* impede minha irmã de me escrever, com extremo sarcasmo, pelo 15 de outubro [aniversário de Nietzsche!], que eu desejo sem dúvida começar também a me tornar "famoso". Que aí está, me diz ela, certamente algo de lisonjeiro! E *que* espécie de canalhas fui procurar: judeus oportunistas como Georg Brandes... Apesar disso, ela continua a me chamar de "Fritz do coração"... E *isso* já dura sete anos! (*Briefe* 8, p. 549)
> Ich wage noch zu erzählen, daß es in Paraguay so schlimm als möglich steht. [...] Dies hindert meine Schwester *nicht*, mir zum 15. Oktober mit äußerstem Hohne zu schreiben, ich wolle wohl auch anfangen "berühmt" zu werden. Das sei freilich eine süße Sache! und *was* für Gesindel ich mir ausgesucht hatte, Juden, die an allen Töpfen geleckt hätten wie Georg Brandes... Dabei nennt sie mich "Herzensfritz"... *Dies* dauert nun 7 Jahre!

Não é por acaso que, durante toda sua juventude, e mesmo posteriormente, Nietzsche costumava chamar a irmã e dirigir-se a ela em cartas utilizando o apelido "lhama": não ignorava, sem dúvida, uma interessante peculiaridade do animal andino — o fato de que ele cospe para se defender.[18]

---

18. Elisabeth Nietzsche explica de outra maneira, evidentemente a seu favor, o apelido inventado pelo irmão, em um curioso trecho de seu livro *Der junge Nietzsche* [O jovem

Apesar da opinião de Elisabeth, as conferências de Brandes conseguiram realmente aumentar o interesse pelos escritos de Nietzsche na Escandinávia e até mesmo na Rússia, onde eles já se encontravam proibidos pela censura. Assim, um pequeno círculo de leitores se forma em São Petersburgo, constituído, por exemplo, pelo velho príncipe Urussow e pela princesa Anna Ténicheff. O filósofo recebe uma carta da princesa, em agradecimento pelo envio de *O caso Wagner*, que ele compreende de forma curiosa, como podemos ler em uma carta a Köselitz, de 9 de dezembro de 1888: "quase uma declaração de amor; em todo caso, uma carta curiosa..." [beinahe eine Liebeserklärung, jedenfalls ein curioses Stück Brief...] (Briefe 8, pp. 513-514).[19]

    Nietzsche] (Leipzig: Kröner, 1912, p. 44, citado in Janz, *Biographie* I, pp. 128-129): "A lhama é um animal singular: ele carrega de bom grado os mais pesados fardos, mas se o obrigamos a isso ou o maltratamos, ele recusa qualquer alimento e se deita no chão para morrer" [Elisabeth cita o *Livro da natureza*, de F. Schoedler]. Meu irmão achou que essa descrição me convinha de tal forma, e cada vez mais, que sempre utilizou esse apelido, principalmente quando precisava de minha ajuda em situações difíceis. Ninguém além dele empregou tal apelido." A interpretação de Elisabeth é sem dúvida calcada no primeiro capítulo de *Zaratustra* I ("Das três metamorfoses"), no qual Nietzsche atribui certo valor positivo ao camelo, parente não muito afastado da lhama.

19. Uma tal interpretação pode ser relacionada à seguinte passagem de *Ecce homo*: "Alguém que, tendo completado 44 anos, pode dizer que nunca lutou por honras, por mulheres, por dinheiro! Não que me houvessem faltado..." (p. 76). Pouco antes de seu colapso, Nietzsche interpretava a carta da princesa russa como "declaração de amor". De que forma, pelo incidente da carta citada, esse personagem feminino russo povoa a cena dos delírios prenunciadores da crise final de Nietzsche, no início de 1889, é o que se pode ler na carta endereçada à sua mãe em 21 de dezembro de 1888: "No fundo, sua velha criatura é agora um animal prodigiosamente famoso. Não exatamente na Alemanha, pois os alemães são por demais estúpidos e vulgares para a altura do meu espírito, e sempre me censuraram. Mas, senão aí, em todos os outros lugares. Só tenho naturezas seletas entre os meus admiradores [...]. Ah, se você soubesse com que palavras personagens de primeira ordem me expressam sua devoção, inclusive as mais charmosas mulheres, como uma "*Madame la princesse* Ténicheff' [em francês, no original]. Tenho verdadeiros gênios dentre meus admiradores: não há hoje em dia nenhum nome que seja tratado com tanta distinção e

Por intermédio ainda do crítico dinamarquês Georg Brandes, Nietzsche estende seu público seleto até Estocolmo. Com efeito, na carta de 3 de abril de 1888, já citada, Brandes lança o filósofo em nova pista: "Se o senhor lê em sueco, chamo sua atenção para o único gênio que a Suécia possui, August Strindberg. Quando o senhor fala sobre a mulher, se aproxima enormemente dele" (in Janz, *Biographie* III, p. 322).

Através de Brandes, Nietzsche passa a ter uma correspondência curta, mas muito intensa, com August Strindberg. O escritor sueco descobre com entusiasmo *O caso Wagner*, bem como, provavelmente, outras obras de Nietzsche, concluindo também que ambos tinham visão idêntica sobre "a mulher". Por sua vez, Nietzsche toma conhecimento, com semelhante simpatia, das obras de Strindberg, na tradução francesa: em 18 de novembro, de *Casados* [*Giftas*]; no final de novembro, de *Pai* [*Fadren*]. Eis os termos entusiásticos da primeira carta de Strindberg a Nietzsche, escrita em francês:

> Não há dúvidas de que o senhor deu à humanidade o livro mais profundo que ela possui e, além disso, teve a coragem, condições financeiras, talvez, de cuspir na cara da ralé essas palavras magníficas! Eu lhe agradeço! [...] E o senhor quer ser traduzido em nossa língua groenlandesa? Por que não em francês, em inglês? Julgue do estado de nossa inteligência pelo fato de terem querido me internar em um hospício por causa de minha tragédia, e de que um espírito tão sutil e rico quanto o de Brandes se tenha visto reduzido ao silêncio pela torpe maioria! Termino todas as minhas cartas aos meus amigos com um: leia Nietzsche! [...] Todavia, quando o senhor for conhecido e compreendido, sua grandeza ficará diminuída, e a maldita canalha dirigir-se-á ao senhor com intimidade, tratando-o como se fosse um deles. Mais vale manter a nobre solidão e deixar que nós, dez mil
>
> respeito quanto o meu. Veja você [...]: sem renome, sem título de nobreza, sem riqueza, sou tratado aqui [em Turim] como um pequeno príncipe..." (ibid., p. 543).

homens superiores, nos dirijamos em peregrinação secreta a seu santuário, a fim de nos saciarmos à vontade. Velemos sobre a doutrina esotérica para conservá-la pura e intacta; não a divulguemos sem a intermediação de catecúmenos devotados, dentre os quais me assino.[20]

Em resposta a essa carta, que, segundo Nietzsche, teria sido a primeira a realmente "atingi-lo" [der erste Brief in meinem Leben, der mich erreicht hat] (ibid., p. 190), o filósofo anuncia a Strindberg sua intenção de publicar o novo livro, *Ecce homo*, simultaneamente em alemão, francês e inglês.[21] Para a tradução em língua inglesa, Nietzsche havia pensado em sua correspondente Helen Zimmern, jornalista judia ligada ao movimento feminista e tradutora de Schopenhauer para o inglês.[22] Tendo sido informado de que fora o próprio Strindberg que vertera para o francês sua peça *Pai*, Nietzsche sonda o dramaturgo sueco a propósito da tradução de *Ecce homo* para o francês, ressaltando o caráter ostensivamente antigermânico do livro e o fato de ele tomar explicitamente, nessa obra, o partido da cultura francesa. Esperava, assim, como escreve

---

20. Cf. Colli e Montinari. *Chronik zu Nietzsches Leben*. Munique/Berlim/Nova York: Dtv/de Gruyter, 1988, p. 190. Em seu livro, *Nietzsche et le cercle vicieux* (Paris: Mercure de France, 1978), Pierre Klossowski cita, nas páginas 326-327 e 330-331, respectivamente, versões um pouco diversas desta e da próxima carta de Strindberg a que irei me referir. Optei por traduzir tais passagens a partir das versões das cartas do dramaturgo sueco em francês apresentadas em *Chronik*, que integra o último volume das obras completas de Nietzsche editadas por Colli e Montinari, edição cujo rigor filológico é amplamente reconhecido.
21. Em uma carta a seu editor Naumann, datada de 27 de dezembro de 1888, Nietzsche decidirá adiar a publicação de *Ecce homo* a fim de esperar que a tradução em línguas francesa e inglesa estivesse concluída, o que só estima possível em 1890: "[...] *Ecce homo*, que, tão logo pronto, deve ser entregue aos tradutores, não poderia em caso algum ficar pronto antes de 1890 para poder aparecer simultaneamente nas três línguas" (*Briefe* 8, p. 552). A obra em todo caso só será publicada bem mais tarde, postumamente, em 1908.
22. Cf. ibid., pp. 511-512, o rascunho de uma carta que provavelmente não foi expedida, datada de 8 de dezembro de 1888.

a Strindberg, que a versão francesa do texto autobiográfico tivesse um sucesso comercial ainda mais estrondoso que o do romance *Naná*, de Émile Zola. Eis com que franqueza Strindberg responde a tal proposta:

> o senhor pode compreender que a tradução de sua obra requer muito dinheiro; e, já que sou um pobre diabo (mulher, três filhos, dois criados, dívidas etc.), não poderia fazer um abatimento, mesmo porque seria forçado a trabalhar como poeta, e não apenas como trabalhador braçal. Caso não recue diante de despesas consideráveis, pode então contar comigo e com meu talento. Caso contrário, estarei à sua disposição para encontrar a pista de um tradutor francês tão competente quanto possível.[23]

A rigor, Nietzsche não precisava de Strinberg para a tradução de *Ecce homo* para o francês. A partir de setembro de 1886, manterá correspondência com o crítico e historiador francês Hippolyte Taine, a quem aliás admirava bastante. Foi certamente seu colega na Universidade de Basileia, Jacob Burckhardt, que chamou a atenção do filósofo para Taine. Nietzsche deve ter lido, já em 1878, pelo menos dois livros de Taine, em tradução alemã: *A história da literatura inglesa* e *As origens da França contemporânea*. Se em *Ecce homo* Nietzsche critica o hegelianismo de Taine, visa sobretudo a atacar os efeitos perniciosos da influência alemã sobre toda cultura. Principalmente sobre a cultura francesa, colocada cada vez mais em primeiro plano. No texto autobiográfico retoma, para radicalizá-lo, um ponto de vista já expresso desde a primeira *Extemporânea*: a crítica irônica à suposta "vitória" e à pretensa supremacia cultural da Alemanha sobre a França, a partir da guerra de 1870, da qual chegara a participar como enfermeiro. Inscreve assim Taine dentre "os grandes mestres, que foram todos corrompidos pela filosofia alemã: o

---

23. Cf. carta de 11 de dezembro de 1888, citada in Colli e Montinari, ibid., pp. 199-200. Cf. nota 20.

senhor Taine, por exemplo, por Hegel, a quem deve a má compreensão de grandes homens e grandes épocas. Onde quer que reine, a Alemanha *corrompe* a cultura. Só a guerra 'redimiu' o espírito na França..." (p. 67).

Apesar dessa objeção de ordem intelectual, Nietzsche sempre atribuiu enorme importância aos comentários de Taine acerca de sua obra. Dentre as manifestações positivas recebidas a propósito de *Além do bem e do mal*, ele enumera, em carta a sua mãe, a de Widmann, a de Burckhardt e a de Taine. Pode-se constatar a que ponto o filósofo ficou tocado pela resposta do intelectual francês através do seguinte rascunho de carta endereçada a ele bem mais tarde, em 17 de dezembro de 1888: "sempre lhe serei grato por suas palavras tão amáveis após o envio de *Além do bem e do mal*. Foi, no fundo, a *primeira* voz que ouvi. Pois minha solidão sempre foi total" [ich habe es Ihnen nie vergessen, was Ihre größe Güte mir nach Zusendung von 'Jenseits von Gut und Böse' gesagt hat. Es war im Grunde die *erste* Stimme, die ich hörte. Denn meine Einsamkeit war immer vollkommen] (*Briefe* 8, p. 532).[24]

O respeito e a admiração de Nietzsche por Taine eram tão grandes que o levaram até mesmo a colocar em jogo uma das últimas amizades pessoais que lhe restavam. Com efeito, em 1886 Erwin Rohde formulara graves reservas em relação a Taine. Nietzsche, por sua vez, reagira de forma bastante violenta. Um ano mais tarde, a longa amizade entre Rohde e o filósofo se rompe irremediavelmente. Eis em que termos Nietzsche põe fim à amizade com Rohde, por causa do desentendimento entre os dois a propósito de Taine: "Coisas desse tipo eu perdoaria ao príncipe Napoleão, não ao meu amigo Rohde" [Dergleichen vergebe ich dem Prinzen Napoleon; nicht meinem Freunde Rohde] (ibid., p. 195).

---

24. Em uma carta a Overbeck de 13 de maio de 1887, Nietzsche se refere ao que Taine teria dito a respeito de *Além do bem e do mal*: que ele teria sentido, imediatamente, "*das Tief-Leidenschaftliche*" neste livro, i.e., o que ele continha de profundamente apaixonado. Cf. sobre este assunto, *Briefe* 8, p. 74.

No final de 1887, em uma carta a Georg Brandes de 2 de dezembro, Nietzsche reafirma seu desejo de só possuir leitores especiais: "alguns leitores que consideramos muito; senão, *nenhum* leitor: eis o que desejo realmente" [ein paar Leser, die man bei sich selbst in Ehren hält und sonst *keine* Leser — so gehört es in der Tat zu meinen Wünschen] (ibid., p. 205). Entre tais leitores especiais, Nietzsche incluía com bastante orgulho o nome do historiador francês. Em 23 de maio de 1887, escreve a Rohde: "Além disso, fora Burckhardt, Taine foi durante muitos anos o único a me dizer uma palavra corajosa e simpática sobre meus escritos: de forma que por ora os considero, a Burckhardt e a ele, como meus únicos leitores" [Es kommt dazu, daß Taine, außer Burckhardt, in langen Jahren der Einzige gewesen ist, der mir ein herzhaftes und teilnehmendes Wort über meine Schriften gesagt hat: so daß ich ihn und Burckhardt einstweilen für meine einzigen Leser halte] (ibid., p. 80).

Na carta a Brandes citada acima, Nietzsche acrescenta alguns nomes a essa lista tão restrita: "Dentre os vivos, refiro-me [...] a meu excelente amigo Jacob Burckhardt, a Hans von Bülow, a M. Taine, ao escritor suíço Keller; dentre os mortos, ao velho hegeliano Bruno Bauer[25] e a Richard Wagner" [Von den Lebenden unter ihnen nenne ich [...] meinen ausgezeichneten Freund Jakob Burckhardt, Hans von Bülow, Ms. Taine, den Schweizer Dichter Keller; von de Todten den alten Hegelianer Bruno Bauer und Richard Wagner] (ibid., p. 205).

Em resposta ao envio do *Crepúsculo dos ídolos*, em uma carta datada de 14 de dezembro de 1888, Taine faz um elogio que encontrará eco em *Ecce homo*. Eis o que Taine escreve: "o senhor tem razão em pensar que um estilo alemão tão literário e pitoresco demanda leitores bastante versados no conhecimento do alemão; não conheço suficientemente a

---

25. Em *Ecce homo*, p. 99, a propósito do "sucesso extraordinário" da primeira *Extemporânea*, sobre David Strauss, Nietzsche menciona "o velho hegeliano Bruno Bauer", referido como um de seus leitores mais atentos.

língua para sentir diretamente todas as suas audácias e sutilezas..." (in Colli e Montinari, op. cit., p. 200).

No capítulo "Por que escrevo tão bons livros", Nietzsche retoma essa fórmula de Taine, reportando-a ao efeito de suas obras em Paris: "Em Paris mesmo estão assombrados com *toutes mes audaces et finesses* [todas as minhas audácias e sutilezas; em francês no original]: a expressão é de Monsieur Taine..." (p. 83). Notemos ainda que essa carta, escrita em 14 de dezembro de 1888 e recebida dois dias depois, intervém literalmente no texto autobiográfico. Eis portanto um dos trechos em que se podem constatar acréscimos à obra poucos dias antes do colapso de Turim, ou seja, bem após sua primeira redação.

Foi também Taine quem sugeriu Jean Bourdeau como tradutor para o francês de *Crepúsculo dos ídolos*, redator do *Journal des Débats*, jornal que Nietzsche lia, e da famosa *Revue des deux mondes*. O entusiasmo do filósofo diante dessa sugestão foi tal que ele chegou a atribuir, em sua correspondência, uma importância exagerada a Jean Bourdeau, transformando-o em redator-chefe dos dois periódicos, e passando a destacá-lo como um dos intelectuais mais influentes da vida literária francesa.

A partir desses contatos, Nietzsche se voltará cada vez mais para seu virtual público francês. Tal público viria a calhar, pois, exatamente nessa época, Nietzsche se identificava cada vez mais com a cultura francesa. Em um rascunho de carta a Jean Bourdeau, datado provavelmente de 17 de dezembro de 1888, reafirma seu interesse em conquistar um público francês mais vasto: "Desejo ser lido na França; mais ainda: preciso disto" [Ich wünsche, in Frankreich gelesen zu werden; mehr noch, ich habe es nötig]. Esperava, assim, "procurar o número reduzido de pessoas que tivesse, finalmente, ouvidos para mim" [nach den Wenigen zu suchen, die überhaupt für mich Ohren haben]. E acrescenta: "E o confesso de bom grado: procuro-as antes de tudo na França" [Und ich bekenne es gern: ich suche sie vor Allem in Frankreich] (*Briefe* 8, p. 533). Nesse rascunho de carta a Bourdeau, chega até a expressar o desejo de voltar a nascer como francês: "[é] mais do que tempo que eu volte ao mundo como francês..." [es [ist] an der höchste Zeit, daß ich noch einmal als Franzose zur Welt komme...] (ibid., p. 535). A partir de então, o filósofo se vangloriará frequentemente do fato de pensar — e mesmo de escrever — como um francês. Eis o que declara em uma carta a seu amigo Overbeck, em 17 de dezembro de 1888: "Em Paris, meu *O caso Wagner* causou sensação. Dizem-me que devo ser, certamente, um parisiense nato: estrangeiro algum já teria *pensado* 'tão francês' quanto eu em *O caso*" [In Paris hat mein 'Fall Wagner' Aufsehen gemacht; man sagt mir, ich müsse ein geborner Pariser sein: — noch nie habe ein Ausländer so französisch *gedacht* wie ich im Fall] (ibid., p. 531). Ou então no rascunho da carta a Jean Bourdeau acima citada: "O que se passa no mundo intelectual francês não me é de forma alguma estranho: dizem-me que, no fundo, escrevo em francês..." [Es ist mir nichts fremd, was sich in der geistigen Welt Frankreichs begibt: man sagt mir, ich schreibe im Grunde französisch...] (ibid., p. 533). Nessa época Nietzsche valorizava cada vez mais a cultura francesa. Em *Ecce homo* chega mesmo a afirmar: "É a um número na verdade pequeno de velhos franceses que sempre retorno: só acredito na cultura francesa, e considero um mal-entendido tudo o mais que se denomina 'cultura' [*Bildung*] na Europa, para não falar da cultura alemã..." (p. 67).

europeu Revoltado com a falta de interesse pelo seu pensamento na Alemanha bem como pelos mal-entendidos que suscitava, Nietzsche se aproxima cada vez mais da França, demarcando-se violentamente dos alemães de sua época. Cabe salientar que desde sua nomeação como professor na Universidade de Basileia, quando tinha apenas 24 anos, Nietzsche decidira renunciar à sua condição de súdito prussiano, sem que isso correspondesse a uma exigência por parte das autoridades daquele cantão suíço. A partir de então, Nietzsche não foi mais, de direito, nem prussiano nem alemão; por ocasião da guerra franco-prussiana de 1870, todavia, se engaja como voluntário nas tropas alemãs, na qualidade de enfermeiro em uma unidade sanitária. Não tendo jamais retomado sua cidadania alemã, abandonada em 1869, o filósofo permanecerá, para todos os efeitos, sem nacionalidade, ou, segundo o termo suíço que se aplica tão bem a ele, "apátrida" [*heimatlos*]. Significativamente, ele se tornou e permaneceu, em um sentido bastante amplo e totalmente coerente com seu pensamento, "europeu".

No aforismo 377 de *Gaia ciência* ("Nós, os apátridas"), por exemplo, Nietzsche amplia e explora o sentido de sua condição de *heimatlos*, aplicando-a a todo "extemporâneo" que, como ele, prefere viver à margem de uma época que erigiu como ideal uma pequena felicidade confortável e medíocre. É bem verdade que, com frequência, Nietzsche não se inclui no pronome "nós", empregado em geral ironicamente. No entanto, nesse parágrafo, o filósofo explicita sua própria postura diante das principais correntes do pensamento social e político da época, recusando, por um lado, todo tipo de humanitarismo, de saint-simonismo, de "amor pela humanidade", e, por outro, o nacionalismo e o ódio racial, diretamente associados a seus contemporâneos alemães. Assim, sua decisão de permanecer "europeu", "apátrida", remete em grande parte à sua aversão às ideias e aos movimentos que dominavam o Reich no final do século XIX.

Em 1888, no auge de sua exasperação face aos alemães, Nietzsche leva até às últimas consequências sua condição de "europeu", bem mais próxima do cosmopolitismo francês que do nacionalismo alemão. Se por um lado exprime o desejo de "renascer como francês" através da tradução de seus escritos para a língua francesa, por outro retoma insistentemente nessa ocasião uma antiga lenda de sua família que o afastaria genealogicamente dos alemães, o que correspondia à sua posição radicalmente antigermânica de então. Por exemplo, no rascunho já mencionado da carta a Jean Bourdeau, o filósofo reafirma dois elementos da lenda genealógica de sua família: "Ouso acrescentar que meus ascendentes de quarta geração eram nobres poloneses, que minha bisavó e minha avó do lado paterno pertenciam à época de Goethe em Weimar: razões suficientes para eu ser, hoje em dia em um grau inimaginável, o *mais solitário* dos alemães" [Ich wage zu sagen, daß meine Vorfahren, vierte Generation, polnische Edelleute waren; daß meine Urgroßmutter und Großmutter väterlicher Seits in die Goethische Zeit Weimars gehören: Gründe genug, um in einem kaum denkbaren Grade heute *der einsamste* Deutsche zu sein] (Cf. *Briefe* 8, p. 533).

Quando sua aversão pelos alemães atingiu o ponto culminante, Nietzsche deu crédito a uma lenda deliberadamente alimentada por sua família. Segundo a tradição familiar, os Nietzsche remontariam a nobres poloneses, os "Niëtzky", que teriam abandonado sua pátria e título de nobreza no século XVIII, cedendo a insuportáveis pressões religiosas. Essa genealogia revelou-se mais tarde totalmente infundada, de acordo com as pesquisas efetuadas por um primo de Nietzsche, Max Oehler: o trisavô do filósofo não teria sido um nobre polonês, mas um alto funcionário saxão, um grande burguês cujo pai teria sido açougueiro.

Nietzsche não pôde conhecer os resultados das pesquisas de seu primo. Sabia no entanto que, de todo modo, era falsa ou pelo menos incerta uma outra associação retomada na carta: a suposta relação estreita entre seus antepassados paternos e Goethe. Sabia muito bem que sua avó paterna, Erdmuthe Nietzsche, não poderia ter pertencido ao círculo de Goethe em Weimar. Eis, em resumo, o histórico da relação do filósofo com essa outra lenda, a que parecia dar caução no final de 1888: em julho de 1887, o Arquivo Goethe havia repentinamente associado a avó paterna de Nietzsche, Erdmuthe, Krause de nascimento, a "Muthgen", personagem do diário de Goethe que nunca fora identificado. Essa suposição foi rapidamente eliminada quando se constatou uma diferença de quase uma geração ao se compararem as respectivas idades. O próprio Nietzsche fornecera ao Arquivo Goethe informações a esse respeito. Divertira-se com o engano, e o mencionara, em tom de brincadeira, em cartas endereçadas aos amigos Overbeck e Köselitz. Chegara então à conclusão de que seria possível que a "Muthgen" do diário de Goethe tivesse sido a mãe de sua avó Erdmuthe. Em todo caso, uma certa relação com Goethe estaria fora de dúvida, pois o irmão de Erdmuthe Krause, o professor Krause, teria sido efetivamente nomeado superintendente geral em Weimar, sucedendo a Herder, graças a Goethe.

De qualquer forma, pode-se constatar que em 1888 Nietzsche insistia particularmente em sua suposta origem nobre polonesa e em sua ligação, mesmo que indireta e remota, com Goethe, um dos raros alemães que sempre admirara. Para Nietzsche, Goethe era certamente um dos "alemães da raça forte", um dos "alemães *extintos*" de que fala em *Ecce homo* (p. 72), ao mencionar os únicos músicos de origem alemã que realmente considera. Afirma, assim, no texto autobiográfico: "Eu sou um nobre polonês *pur sang*; não há, em minhas veias, uma gota sequer de sangue ruim, para não falar de sangue alemão" (p. 166). Note-se, aliás, que nesse trecho há certa distância crítica, certa ironia diante da pretensão de "pureza racial": o filósofo emprega uma expressão francesa em geral utilizada com referência a cavalos, e não a homens. Afirma ainda: "Eu mesmo continuo suficientemente polonês para dar todo o resto da música em troca de Chopin..." (p. 72). Eis como o filósofo condensa, através de sua preferência por Chopin, duas de suas "nacionalidades eletivas": a polonesa e a francesa. Além disso, como escreve ainda em *Ecce homo*, "não é em vão que os poloneses são chamados os franceses entre os eslavos" (p. 83).

Polonês ou francês, mas jamais alemão do Reich: eis a fórmula através da qual Nietzsche exprime sua repugnância em relação aos alemães de sua época. Incluindo-se em linhagens estrangeiras, recusando qualquer parentesco com os alemães do final do século XIX e procurando conquistar um público no exterior, Nietzsche protege seu destino contra o aviltamento, contra a degradação que, a seu ver, afetavam tudo o que seus compatriotas tocavam. No capítulo sobre *O caso Wagner* em *Ecce homo*, exprime claramente esse temor: "E afinal, por que não deveria eu dar vazão e voz à minha suspeita? Também no meu caso os alemães tentarão de tudo para fazer um imenso destino parir um rato" (p. 146). Terrível para Nietzsche era sobretudo ver sua obra exposta ao que chama, em uma alusão irônica ao Parsifal de Wagner (que, em sua origem árabe, significa "puro tolo"),[26] de "pura tolice" (p. 80) da crítica alemã. No texto autobiográfico, no entanto, afirma que foi a Suíça que lhe deu os dois casos extremos de um tal aviltamento de sua obra:

> Um artigo do Dr. V. Widmann no *Bund*, sobre *Além do bem e do mal*, com o título "O perigoso livro de Nietzsche", e uma resenha geral sobre meus livros do Sr. Karl Spitteler, igualmente no *Bund*, são um máximo em minha vida — prefiro não dizer de quê... Este último, por exemplo, tratou o meu *Zaratustra* como "superior exercício de estilo", com os votos de que, mais tarde, eu viesse a cuidar também do conteúdo. Já o Dr. Widmann expressou-me seu respeito pela coragem com que me esforço em abolir todo sentimento decente. Por uma pequena malícia do acaso, cada frase do artigo era, com uma coerência que bem admirei, uma verdade de cabeça para baixo... (p. 81)

Nietzsche atribuiu uma grande importância a um artigo sobre *Além do bem e do mal* publicado por Joseph Victor Widmann no folhetim do jornal *Der Bund*, de Berna, datado de 16/17 de setembro de 1886. Nesse artigo, a fim de ressaltar o caráter perigoso do livro de Nietzsche, Widmann o compara aos vagões que, ostentando uma bandeirola negra para assinalar sua carga explosiva, transportavam através de tranquilos vales e por entre populações indiferentes a dinamite destinada à perfuração do túnel de São Gotardo, aberto em 1882. Segundo Widmann, o livro de Nietzsche não deveria ser assinalado de outra forma.

---

26. Cf. nota do tradutor Paulo César de Souza à página 168 da versão brasileira de *Ecce homo*, op. cit.

A correspondência de Nietzsche revela que inicialmente ele havia sido tocado de forma positiva pela resenha de Widmann. Parecia ter encontrado, pela primeira vez, um crítico capaz de avaliar a dimensão dos riscos que seu pensamento implicava, e que lançara, assim, um alerta clarividente. Bastante entusiasmado, envia imediatamente *Além do bem e do mal* a sua antiga e fiel amiga Malwida von Meysenbug; mais tarde, em 24 de setembro, copia para ela trechos do artigo de Widmann de que gostava em especial. Mostra-se particularmente orgulhoso com a frase: "Atenção, dinamite!", sublinhada na carta.[27] No entanto, alguns dias mais tarde percebem-se em suas cartas os primeiros indícios de certa reticência em relação ao artigo de Widmann: em 12 de outubro de 1886, Nietzsche confessa a seu amigo Overbeck o medo de atrair para si, prematuramente, por efeito da resenha de Widmann, "o olho de toda espécie de polícia" (*Briefe* 7, pp. 264-265). Em 31 de outubro, exprime a Köselitz sua apreensão frente à possível repercussão negativa do artigo em Sils-Maria, onde tinha sido bastante divulgado e lido. Temia não poder mais passar o verão nesse vilarejo da Alta Engadina de que tanto gostava (ibid., p. 274). Finalmente, em 3 de novembro, comunica à irmã sua angústia diante da possibilidade de perder a pensão que recebia da Basileia, igualmente por conta da repercussão do artigo de Widmann na Suíça. Nessa mesma carta revela ainda o temor de que seu livro fosse em breve censurado (ibid., pp. 278-279).

Apesar dos receios, Nietzsche escreve a Widmann em 27 de junho de 1887, enviando-lhe a segunda edição, ampliada, de *Gaia ciência*, em agradecimento pela resenha mais inteligente que havia lido sobre *Além*

---

27. Cf., igualmente, em *Briefe* 7, as seguintes cartas: a Naumann, de 19 de setembro de 1886, em que afirma que a resenha de Widmann funciona como uma atração/sedução [*Verlockung*] bastante forte para a venda de seu livro (p. 249); a Köselitz, de 20 de setembro de 1886, p. 251; a Fritzsch, de 24 de setembro de 1886, na qual considera o artigo como "publicidade involuntária" (p. 256); finalmente, a Malwida von Meysenbug, datada de 24 de setembro do mesmo ano (p. 258).

do bem e do mal (*Briefe* 8, pp. 101-102). Somente em 10 de outubro de 1887, em uma carta à mãe, o filósofo chegará a uma avaliação totalmente negativa do artigo de Widmann: passando em revista tudo o que se tinha publicado em alemão sobre *Além do bem e do mal*, acaba concluindo que o rótulo de "dinamite" colado a seu livro teve apenas por efeito fazer com que o colocassem prudentemente de lado (ibid., p. 165). No entanto, do artigo de Widmann, Nietzsche guardará até 1888 a imagem da *dinamite*, que havia, nesse ínterim, adquirido uma potência determinante sobre a ideia que tinha a respeito de seu próprio pensamento. Assim, exprimirá frequentemente, através dessa metáfora, o caráter extremamente perigoso e explosivo de suas ideias. No próprio *Ecce homo*, a propósito da *Extemporânea* dedicada a *Schopenhauer como educador*, Nietzsche declara ter mostrado nesse escrito de que forma concebia o filósofo "como um terrível explosivo diante do qual tudo corre perigo" (p. 102). Mais adiante, no início do capítulo "Por que sou um destino", afirma: "Não sou um homem; sou dinamite" (p. 150). Bem mais tarde, em uma carta a Köselitz de 9 de dezembro de 1888, a imagem ainda retorna, então no superlativo, quando Nietzsche procura a expressão adequada para configurar o potencial explosivo de *Ecce homo*. A imagem se imbrica assim com a visão de Nietzsche sobre seu texto autobiográfico, cuja energia acumulada, tensa ao extremo, faria a história da humanidade explodir em duas partes: "Ele [*Ecce homo*] ultrapassa de tal forma o conceito de 'literatura' que não se encontra a rigor, mesmo na natureza, um correspondente metafórico para ele: ele explode literalmente a história da humanidade em duas partes. Dinamite, superlativizada em mais alto grau" [Es (das Ecce homo) geht dermaßen über den Begriff "Litteratur" hinaus, daß eigentlich selbst in der Natur das Gleichnis fehlt: es sprengt, wörtlich, die Geschichte der Menschheit in zwei Stücke — höchster Superlativ von Dynamit...] (*Briefe* 8, p. 513).

A resenha sobre o conjunto de sua obra, publicada por Karl Spitteler no suplemento de ano novo, em 1888, do *Bund* de Berna ("F. Nietzsche aus seinen Werken") também marcou profundamente o filósofo. Logo de início, ele parece ter ficado satisfeito com o artigo; no entanto, já em 4 de fevereiro, influenciado provavelmente pelo julgamento negativo de seu "discípulo" Gast, Nietzsche exprime sarcasticamente sua irritação com relação à resenha de Spitteler em uma carta a Widmann, redator do *Bund*.[28]

Em um cartão-postal endereçado a Widmann e datado de 13 de fevereiro, Nietzsche chega a afirmar que apenas leva em conta tal gênero de resenha em função de sua influência comercial.[29] Apenas em 10 de fevereiro o filósofo escreve ao próprio Spitteler, empregando, ironicamente, uma forma indireta, como se se dirigisse a uma terceira pessoa:

> O Sr. Spitteler tem uma inteligência fina e agradável; infelizmente, nesse caso, a própria tarefa se encontrava, ao que me parece, demasiado distante, fora demais do alcance de suas perspectivas habituais para que ele tivesse podido sequer vislumbrá-la. Ele só fala de *aesthetica*; não vê nada além disso: meus *problemas* são francamente silenciados, assim como eu mesmo. Não é evocado um só ponto essencial que me caracterize. [...] Finalmente,

28. Nesta carta, escreve, por exemplo, a Widmann: "A resenha de meus livros feita pelo sr. Spitteler encheu-me de prazer. Que espírito sutil! [...] Por boas razões ele se limita quase inteiramente a questões formais: deixa simplesmente de lado a verdadeira história que se passa por detrás do que foi pensado, a paixão, a catástrofe, o movimento em direção a um fim, em direção a uma fatalidade. Eis aí o que não tenho palavras para elogiar a contento: uma verdadeira '*delicatezza*'. [...] É bem possível que o sr. Nietzsche seja mais artista do que o sr. Spitteler gostaria de nos fazer crer..." (ibid., pp. 244-245). Além de trechos sardônicos como esses, a carta a Widmann possui ainda passagens isentas de ironia, como a que se segue: "A dificuldade de meus escritos reside no fato de que há neles uma preponderância de estados novos e raros da alma sobre estados normais. Não louvo tal fato; é simplesmente assim" (p. 244).
29. Cf. ibid., p. 253: "Como publicidade, ele produz no entanto forte efeito; habituei-me finalmente a considerar tal gênero de resenha apenas em função de sua influência sobre a venda nas livrarias."

o Sr. Spitteler acha até mesmo que o estilo de meu escrito polêmico [trata-se de *Genealogia*] é o oposto de um bom estilo; segundo ele, eu jogo tudo no papel exatamente como me passa pela cabeça, sem refletir duas vezes. [...] Será que eu faço "literatura"? Ele parece até mesmo considerar meu *Zaratustra* apenas como um gênero superior de exercício de estilo (o acontecimento mais profundo e decisivo da *alma*, se me permitem, entre dois milênios, o segundo e o terceiro!) (ibid., pp. 246-247)

Herr Spitteler hat eine feine und angenehme Intelligenz; leider lag, wie mir scheint, die Aufgabe selbst in diesem Falle zu sehr abseits und außerhalb seiner gewohnten Perspektiven, als daß er sie auch nur gesehen hätte. Er redet und sieht Nichts als *Aesthetica*: meine *Probleme* werden geradezu verschwiegen, — ich selbst eingerechnet. Es ist nicht ein einziger wesentlicher Punkt genannt, der mich charakterisiert. [...] Zuletzt findet Herr Spitteler gar vom Stile meiner Streitschrift, er sei das Gegenteil eines guten; ich würfe Alles aufs Papier, wie es mir gerade durch den Kopf gienge, ohne mich auch nur zu besinnen. [...] Mache ich denn "Litteratur"? — Er scheint selbst meinen Zarathustra nur als eine höhere Art von Stilübung zu betrachten (— das tiefste und entscheidendste Ereignis — der *Seele*, mit Erlaubnis! — zwischen zwei Jahrtausenden, dem zweiten und dem dritten.]

Nietzsche atribuiu demasiada importância às duas resenhas publicadas no *Bund* de Berna, chegando a erigi-las, em *Ecce homo*, como exemplos representativos da imbecilidade com que suas obras foram recebidas pela crítica especializada. É o que podemos constatar em um rascunho de carta a Spitteler, no final de dezembro de 1888:

Juntamente com o Dr. Widmann, o senhor é um caso extremo em minha vida. Confesso que não compreendo o caso Spitteler: estou acostumado com um profundo respeito [...], não da parte de qualquer um, mas dos *primeiros* espíritos que existem hoje. O senhor deveria ter uma ideia da maneira como o sr. Taine me escreve. No fundo, não o compreendo. Suas

palavras sobre a *Genealogia da moral*, que me atingiram quando eu estava profundamente absorvido em minha imensa tarefa, permanecerão inesquecíveis para mim. (ibid., p. 557)
[Sie sind, mit Dr. Widmann, ein extremer Fall in meinem Leben. Ich bekenne, daß ich den Fall Spitteler nicht verstehe: ich bin an Ehrfurcht gewohnt [...] — nicht von irgend Jemand, sondern von den *ersten* Geistern, die es heute gibt. Sie sollten einen Begriff davon haben, wie Ms Taine an mich schreibt.—Im Grunde verstehe ich Sie nicht. Ihre Worte über "die Genealogie der Moral", die mich im Zustand tiefster Versenkung in meine ungeheure Aufgabe trafen, werden mir unvergeßlich bleiben]

O tom da carta, bastante magoado, revela um estado de extrema suscetibilidade. Podemos avaliar por esse trecho a que ponto, já muito abalado, Nietzsche devia desperdiçar o melhor de suas energias para se defender de uma imensa vulnerabilidade ante o que lhe vinha de fora, críticas ou resenhas, que lia, apesar de sua decisão contrária. Nesse rascunho de carta, datado dos dias que antecederam de perto o colapso de Nietzsche, percebe-se que o filósofo não conseguia superar o sofrimento provocado pelas críticas, confirmando desse modo o que ele próprio afirmara na parte de *Ecce homo* em que desenvolve sua visão sobre a saúde e a doença: que "estar doente é, em si, uma forma de ressentimento" (p. 53).

Através dos artigos sobre sua obra publicados quer na Alemanha quer na Suíça, Nietzsche constata, portanto, que sua verdadeira problemática não era sequer percebida e se mantinha encoberta por um silêncio total. Em *Ecce homo*, de certa forma, ele próprio redige uma espécie de resenha do conjunto de sua obra; por um lado, para preencher um vácuo, e, por outro, para prevenir e combater equívocos de toda espécie. Certas passagens da autobiografia sugerem, em seu próprio estilo, uma resenha sobre seus livros que ele certamente teria gostado de ler. Assim funciona, por exemplo, o início do segundo parágrafo do capítulo sobre

O nascimento da tragédia, em que é mencionada nos seguintes termos sua estreia como escritor: "Este começo é incomparavelmente notável" (p. 93). Com *Ecce homo*, ele supre dessa forma a falta de uma resenha adequada, a seu ver, para sua obra. Além disso, em uma carta a Naumann de 19 de novembro de 1888, Nietzsche se refere a esse papel específico de *Ecce homo*, indicando que o livro correspondia, em certa medida, a uma sugestão do próprio impressor: "O *novo* escrito contém um *capítulo* específico para *cada um* de meus livros anteriores; cada capítulo traz, como título, o nome de cada um deles. Creio que, dessa forma, sua proposta foi realizada; isto contradiz igualmente o fato de que não existe nenhuma resenha que mereça ser divulgada. Tudo o mais é lamentável, *sem* exceção" [Die *neue* Schrift enthält über *jede* meiner früheren Schriften ein eigenes *Capitel*, das den Titel der einzelnen Schrift zur Überschrift hat. Damit erledigt sich, wie ich glaube, Ihr Vorschlag: dem auch das widerspricht, daß es keine mitteilenswerten Recensionen gibt. Es ist Alles jämmervolles Zeug, *ohne* Ausnahme] (ibid., p. 480).

"pois eu sou tal e tal"/ caso Malwida/ idealismo

Não foi apenas contra a imbecilidade da crítica especializada, contra os mal-entendidos que ela produzia e veiculava que Nietzsche se voltou em *Ecce homo*. O desejo, expresso no início do livro, de ser ouvido e de não ser confundido concernia a toda tentativa de recuperação de seu pensamento e de sua vida, mesmo por parte de seus amigos. "Não quero ser confundido" (p. 80) — eis, em resumo, um dos fios condutores do texto autobiográfico, retomado no início do capítulo "Por que escrevo tão bons livros". Dentre diversos equívocos, um deles retorna várias vezes no livro: o que consiste em confundi-lo com seu antípoda, um idealista. O exemplo que melhor permite avaliar o grau de irritação do filósofo com relação a esse gênero de recuperação é a mudança gradual, mas irreversível, de seu relacionamento com a velha amiga Malwida von Meysenbug em 1888. Desejando manter a "amizade" por Nietzsche, Malwida insistia em tomá-lo por um idealista, adaptando-o obstinadamente à sua própria fidelidade a Wagner e aos valores morais cristãos. Nietzsche bem poderia ter-se referido a Malwida quando escreveu em *Ecce homo*: "Quem pensou ter compreendido alguma coisa a meu respeito, havia-me refeito como algo à sua imagem; não raro um oposto de mim, um 'idealista', por exemplo..." (p. 82).

Malwida, baronesa de Meysenbug, 28 anos mais velha que Nietzsche, fora-lhe apresentada por Cosima Wagner em 22 de maio de 1872, em Bayreuth. Fazia parte, já há bastante tempo, do círculo de amigos mais íntimos da família Wagner, tendo sido até testemunha no casamento de Richard e Cosima, em 25 de agosto de 1870. Mesmo após a ruptura entre Nietzsche e Wagner, e após o afastamento do filósofo em relação à filosofia schopenhaueriana, Malwida e Nietzsche souberam manter a amizade, continuando a trocar uma correspondência extensa e calorosa. Malwida escreveu *Memórias de uma idealista*, que o filósofo leu no primeiro semestre de 1876, e que recomendou, com entusiasmo, a outros amigos. Bastante marcado pelo livro, eis o que escreveu à baronesa em 14 de abril de 1876:

> A senhora caminhava à minha frente como um eu superior, *bem* superior, porém mais encorajador do que intimidante... [...] Quantas vezes desejei que estivesse a meu lado para fazer-lhe uma pergunta a que somente poderiam responder uma moralidade e uma natureza superiores às minhas! [...] Um dos motivos mais elevados que, através da senhora, comecei a pressentir é o do amor materno sem o laço físico entre mãe e criança... [...] Ofereça-me um pouco desse amor, venerável amiga, e veja em mim alguém que, como filho, precisa — ah, e tanto! — de uma mãe assim! (*Briefe* 5, pp. 148-149)
> [Sie gingen vor mir her als ein höheres Selbst, als ein *viel* höheres —, aber doch noch mehr ermutigend als beschämend... [...] Wie oft habe ich Sie in meine Nähe gewünscht, um Sie etwas zu fragen, worauf nur eine höhere Moralität und Wesenheit als ich bin Antwort geben kann! [...] Eins der höchsten Motive, welches ich durch Sie erst geahnt habe, ist das der

Mutterliebe ohne das physische Band von Mutter und Kind... [...] Schenken Sie mir etwas von dieser Liebe, meine hochverehrte Freundin und sehen Sie in mir einen, der als Sohn einer solchen Mutter bedarf, ach so sehr bedarf.]

Até 1888, Nietzsche tentou, de uma forma ou de outra, preservar a amizade com essa figura materna. Assim, por exemplo, em uma carta de 24 de setembro de 1886, ao mencionar o livro que acabara de lhe enviar (*Além do bem e do mal*), Nietzsche aconselha a velha amiga a não o ler, e pede-lhe até mesmo que não lhe comunique seus sentimentos acerca da obra: "Seu título é *Além do bem e do mal, prelúdio a uma filosofia do futuro*. (Perdão! A senhora não deve de forma alguma lê-lo. Menos ainda me expressar seus sentimentos sobre ele. Suponhamos que ele só *poderá* ser lido por volta do ano 2000...)" [Sein Titel ist "Jenseits von Gut und Böse, Vorspiel einer Philosophie der Zukunft". (Verzeihung! Sie sollten es nicht etwa lesen, noch weniger mir Ihre Empfindungen darüber ausdrücken. Nehmen wir an, daß es gegen das Jahr 2000 gelesen werden *darf*...)] (*Briefe* 7, p. 257).

Apesar dos esforços precedentes para manter essa amizade em bons termos, em 1888, através do envio de *O caso Wagner*, Nietzsche provoca deliberadamente uma ruptura com Malwida. Nessa ocasião, a baronesa se sentiu bastante magoada, pois havia permanecido fiel a Wagner e a Schopenhauer, e, segundo Nietzsche, ainda era profundamente católica, apesar de sua recusa dos dogmas e dos ritos da igreja. Em todo caso, eis o que Nietzsche lhe escreve em 1886:

> Até minha velha amiga Malwida — ah, a senhora não a conhece! — é fundamentalmente católica em todos os seus instintos; o que não é, de forma alguma, incompatível com a indiferença em relação a formalidades e dogmas. Somente uma *ecclesia militans* necessita da intolerância; toda profunda serenidade e certeza na fé *permite* o ceticismo, a indulgência frente aos outros e às outras coisas... (ibid., pp. 257-258)

[Selbst meine alte Freundin Malwida—ah, Sie kennen sie nicht!—ist in allen ihren Instinkten grundkatholisch: wozu sogar noch die Gleichgültigkeit gegen Formeln und Dogmen gehört. Nur eine *ecclesia militans* hat die Intoleranz nötig; jede tiefe Ruhe und Sicherheit des Glaubens *erlaubt* die Skepsis, die Milde gegen Andere und Anderes...]

Tudo se passou como se, farto finalmente da obstinação de Malwida em escamotear as diferenças radicais entre as perspectivas de ambos,[30] Nietzsche desejasse esclarecer a situação, forçando a baronesa a levar suas convicções às últimas consequências, o que esta, até então, prudentemente evitara. Quase sem intervalo, em 18 e 20 de outubro de 1888, Nietzsche escreve-lhe duas cartas de tom bastante virulento:[31]

> esses homens atuais, com sua lamentável decadência de instintos, deveriam considerar-se felizes por terem quem os esclareça nos casos *mais obscuros*. Que um tal bufão [trata-se de Wagner] tenha conseguido suscitar a convicção de que era (conforme a senhora diz, com respeitável inocência) a "expressão última da natureza criadora", "sua última palavra", por assim dizer, para tal é realmente necessário ser um *gênio*, mas um gênio da *mentira*... Quanto a mim, tenho a honra de ser o inverso: um gênio *da verdade*. (*Briefe* 8, p. 452)
>
> [...] Pouco a pouco, me desfiz de quase todas as minhas relações humanas, por *nojo* de ser confundido com algo diferente daquilo que sou. Agora é a sua vez. Há anos envio-lhe meus livros a fim de que, um dia, finalmente, a senhora me declare ingênua e francamente: "Cada palavra me horroriza." E a senhora teria o direito de fazê-lo. Pois é uma "idealista",

---

30. Apesar do tom indireto, esta carta é endereçada à própria Malwida; trata-se da mesma carta acima citada.
31. Por se tratar de trechos mais longos de cartas, decidimos desta vez omitir o texto original em alemão, citando apenas a tradução.

e eu considero o idealismo uma insinceridade tornada instinto, um não *querer*, a qualquer preço, ver a realidade. *Cada* frase de meus livros contém, em si, o *desprezo* pelo idealismo. Jamais pesou sobre a humanidade fatalidade mais terrível do que essa impureza intelectual. Depreciou-se o valor de toda realidade, *forjando-se* um "mundo ideal"... [...] A senhora fez (algo que nunca perdoarei) de meu conceito de "super-homem" novamente uma "mentira superior", algo vizinho das sibilas e dos profetas. [...] E quando a senhora ousa, na *minha* presença, pronunciar ao mesmo tempo o venerável nome de Michelangelo e o de uma criatura totalmente falsa e impura como Wagner, poupá-la-ei, e a mim também, de ouvir meu *sentimento* a esse respeito. Durante toda a sua vida, a senhora se enganou sobre quase todo mundo, provocando muita infelicidade, inclusive na minha vida [...]. Finalmente, a senhora se engana, confundindo Wagner e Nietzsche! Ao escrever isto, envergonho-me por ter colocado meu nome em tal vizinhança. A senhora não entendeu, portanto, de forma alguma a repugnância com que, junto com todas as naturezas decentes, dei há dez anos as costas a Wagner [...]. Será que não notou de modo algum que há dez anos tenho sido, para músicos alemães, uma espécie de diretor de consciência? Que implantei novamente, em todo lugar onde isso era possível, a probidade artística, o gosto nobre, o mais profundo ódio contra a repugnante sexualidade da música wagneriana? [...] A senhora nunca compreendeu uma só de minhas palavras, um só de meus livros: de nada adianta, é preciso que fique tudo claro entre nós. Também nesse sentido *O caso Wagner* é ainda para mim um caso de sorte [*Glücksfall* — literalmente "caso de sorte"; jogo de palavras com o título do livro, *Der Fall Wagner*] (ibid., pp. 457-459).

Nessa última carta se enuncia um dos temas fundamentais de *Ecce homo*: a denúncia do idealismo como mentira, niilismo, "impureza [*Unsauberkeit*] intelectual". Todo o capítulo intitulado "Por que sou tão inteligente" se organiza como um requisitório em ato contra o idealismo e suas falsas questões. Trata-se, nessa parte, de uma retomada dos verdadeiros problemas que se colocam para o homem, aqueles que concernem ao regime alimentar (§ 1), ao local e ao clima adequados a cada ser em sua singularidade (§ 2), à escolha de suas próprias distrações (§ 3 a 7), à "casuística do egoísmo" (§ 8 e 9), concluindo-se com a afirmação da importância das chamadas "coisas pequenas", "segundo o juízo tradicional, insignificantes" (§ 10). Toda essa parte implica, portanto, a ultrapassagem do idealismo: nela Nietzsche efetua concretamente, de forma quase didática, tal ultrapassagem. Coloca assim em prática a ideia enunciada desde "O andarilho e sua sombra": a promessa de "se tornar novamente bom vizinho das coisas mais próximas" (cf. epílogo), tais como a alimentação, a habitação, as vestimentas, as relações (cf. aforismos 5 e 6). Bem no final de *Ecce homo*, retoma essa questão uma vez mais, de modo explícito:

> A noção de "alma", "espírito", por fim "alma imortal", inventada para desprezar o corpo, torná-lo doente — "santo" —, para tratar com terrível frivolidade todas as coisas que na vida merecem seriedade, as questões de alimentação, habitação, dieta espiritual, assistência a doentes, higiene, clima! Em lugar da saúde, a "salvação da alma" — isto é, uma *folie circulaire* [loucura circular] entre convulsões de penitência e histeria de redenção! (p. 158)

Dessa forma, em *Ecce homo* Nietzsche exprime claramente sua aversão a toda sorte de idealismo, tão bem representado, em sua opinião, por Malwida. Um outro aspecto desse mal-entendido, atribuído igualmente a Malwida no longo trecho de carta acima citado, reaparecerá igualmente em *Ecce homo*: trata-se da leitura equivocada do conceito de "super-homem",[32] da neutralização desse conceito através de sua assimila-

---

32. No original, "*Übermensch*". Concordando com os comentários de Paulo César de Souza a respeito da tradução problemática desse termo alemão (cf. ibid., pp. 171-172), decidi igualmente seguir a tradução corrente em português. Embora a solução encontrada por

ção indevida por valores idealistas. Esse caso específico de recuperação é citado no texto autobiográfico logo após a passagem em que Nietzsche denuncia o fato de ser confundido com um idealista, estabelecendo-se, desse modo, uma relação direta entre tal distorção e o que o filósofo concluíra a partir da amizade, permeada de equívocos, com a baronesa. Eis o que Nietzsche escreve:

> A palavra "super-homem", para designação de um tipo que vingou superiormente, em oposição a homens "modernos", a homens "bons", a cristãos e outros niilistas; palavra que na boca de um Zaratustra, o *aniquilador* da moral, dá o que pensar, foi entendida em quase toda parte, com total candura, no sentido daqueles valores cuja antítese foi manifesta na figura de Zaratustra: quer dizer, como tipo "idealista" de uma espécie superior de homem, meio "santo", meio "gênio"... (p. 82)

O trecho da carta em que Nietzsche afirma que Malwida se enganou a respeito de praticamente todo mundo, o que teria provocado muita infelicidade — "inclusive na minha vida" —, deve ser relacionado, além disso, a um importante episódio da vida do filósofo: seu encontro com

---

Rubens Rodrigues Torres Filho (cf. comentários no volume dos "Pensadores", pp. 236, 313, 383) — a palavra "além-do-homem"— seja efetivamente mais aproximável do termo alemão utilizado por Nietzsche, essa solução apresenta inconvenientes de ordem formal. Mesmo aceitando-se provisoriamente a tradução "super-homem", deve-se ter em mente a composição do termo alemão: "*über*", "sobre", "além de", sugerindo as ideias de travessia, passagem e ultrapassagem (como em überwinden, que significa "vencer", "superar", termo frequentemente empregado por Nietzsche); e "*Mensch*", que se refere ao ser humano, distinguindo-se de "*Mann*", "homem", no sentido mais restrito do integrante da espécie humana de sexo masculino. Poderia talvez propor a tradução "trans-homem", que enfatiza a conotação, bastante pertinente em se tratando de Nietzsche, da ultrapassagem do "humano, demasiado humano". No entanto, essa alternativa, além de também apresentar dificuldades formais, talvez seja demasiadamente interpretativa, ressaltando de forma excessivamente enfática um dos sentidos recobertos pela partícula "*über*".

Lou von Salomé. A jovem russa fora-lhe apresentada por Malwida, que procurava então jovens discípulos para seu amigo e, se possível, uma mulher para atenuar sua solidão e, ao mesmo tempo, resolver tanto os problemas de saúde quanto as dificuldades financeiras do filósofo. Com efeito, Malwida levara bastante a sério uma confidência que Nietzsche lhe fizera em carta datada de 25 de outubro de 1874. Tendo acabado de completar trinta anos, o filósofo considera a possibilidade de um casamento: "Fui igualmente presenteado com excelentes amigos, mesmo sem tê-lo merecido; agora — seja dito confidencialmente —, desejo ainda encontrar muito em breve uma boa esposa. Considerarei então realizados meus desejos na vida. Todo o resto depende de mim" [Ebenfalls bin ich mit ausgezeichneten Freunden wider alles Verdienst beschenkt worden; nun wünsche ich mir, vertraulich gesprochen, noch recht bald ein gutes Weib, und dann denke ich meine Lebenswünsche für erfüllt anzusehen — Alles Übrige steht dann bei mir] (*Briefe* 4, p. 269).

A partir de então, Malwida imbuiu-se especialmente do dever de descobrir uma companheira para o filósofo. Em abril de 1877, durante sua estada em Sorrento junto à baronesa, Nietzsche relata à irmã os planos de ambos relativos a um casamento sob medida, com uma mulher que conviria a ele, necessariamente rica: *gut, aber reich* [boa, mas rica], conforme a fórmula de Malwida, que muito fazia rir os dois amigos (*Briefe* 5, p. 231).

Em uma carta escrita pelo filósofo à sua amiga Meta von Salis, em 14 de novembro de 1888, pode-se constatar a relação direta entre *Ecce homo* e a exasperação de Nietzsche diante dos diversos equívocos representados por Malwida. Nessa carta, ao mencionar seu novo livro, Nietzsche declara:

> nesse ínterim, já provido de asas novamente, um livro bastante incrível intitulado *Ecce homo* [...] alçou voo na direção de Leipzig... Eu mesmo sou este "*homo*", bem como o "*ecce*"; a tentativa de espalhar um pouco de luz

e de *horror* a meu respeito parece-me quase bem sucedida demais. [...] O caso Malwida me provou, recentemente, que era necessário certo *esclarecimento* a meu respeito. Com segundas intenções meio maliciosas, enviei-lhe quatro exemplares de *O caso Wagner*, pedindo-lhe que tomasse algumas providências relativamente a uma boa tradução em língua francesa. "Declaração de guerra" contra mim: eis a expressão utilizada por Malwida.

Cá entre nós, convenci-me ainda mais uma vez de que o famoso "idealismo" é, no fundo, neste caso, uma forma extrema de imodéstia, obviamente "inocente". Sempre se permitiu que ela se intrometesse na discussão e, segundo me parece, ninguém jamais lhe disse que ela não apenas se engana, mas *mente* a cada frase... Assim agem justamente as "belas almas", que não *podem* ver a realidade. Mimada durante toda a sua vida, ela se senta finalmente em seu sofá, como uma pequena e bizarra Pítia, e diz: "Vocês se enganam a respeito de Wagner! Disso entendo mais do que vocês! Exatamente o mesmo que *Michelangelo*." Escrevi-lhe imediatamente que Zaratustra quer eliminar os bons e os justos porque eles sempre *mentem*. Ela me respondeu, então, que concordava plenamente comigo a esse respeito, pois existiriam, na verdade, tão poucos *"realmente* bons"...

E foi *isso* que me defendeu por vezes diante de Wagner! (*Briefe* 8, p. 471) [inzwischen hat sich ein sehr unglaubliches Stück Litteratur, das den Titel führt *"Ecce homo*. [...]"— auch schon wieder mit Flügeln begabt und flattert [...] in der Richtung von Leipzig... Dieser homo bin ich nämlich selbst, eingerechnet das ecce; der Versuch, über mich ein wenig Licht *und Schrecken* zu verbreiten, scheint mir fast zu gut gelungen. [...] — Daß es einiger *Aufklärung* über mich bedarf, bewies mir jüngst noch der Fall Malwida. Ich sandte ihr, mit einer kleinen Bosheit im Hintergrunde, vier Exemplare des "Falls Wagner", mit dem Ersuchen, für eine gute französische Übersetzung einige Schritte zu tun. "Kriegeserklärung" an mich: Malwida gebraucht diesen Ausdruck. —

Ich habe, unter uns, mich noch einmal mehr davon überzeugt, daß der berühmte "Idealismus" in diesem Falle im Grunde eine extreme Form der Unbescheidenheit ist, — "unschuldig", wie es sich von selbst versteht. Man hat sie immer mitreden lassen und, wie mir scheint, hat ihr Niemand gesagt, daß sie mit jedem Satze nicht nur irrt, sondern *lügt*... Das machen ja die "schönen Seelen" so, die die Realität nicht sehen *dürfen*. Verwöhnt, durch ihr ganzes Leben hindurch, sitzt sie zuletzt, wie eine kleine komische Pythia, auf ihrem Sopha und sagt "Sie irren sich über Wagner! Daß weiß ich besser! Genau dasselbe, wie *Michel Angelo*!" — Ich schrieb ihr darauf, daß Zarathustra die Guten und Gerechten abschaffen wolle, weil sie immer lügen. Darauf antwortete sie, sie stimme mir darin völlig bei, denn es gäbe so wenig *Wirklich*-Gute...

Und das hat mich zeitweilig vor Wagnern verteidgt]

Nietzsche parecia não mais suportar essa "amizade" em que uma espécie de amor maternal se aliava à neutralização da ação corrosiva de seu pensamento. A apropriação de suas ideias pelos valores do idealismo correspondia a um verdadeiro amortecimento, à desativação do potencial explosivo do pensamento nietzschiano. Basta ressaltar o quanto o filósofo ficava sem dúvida irritado ao verificar de que forma Malwida operava um esvaziamento de sua denúncia do "homem bom", escrevendo-lhe, candidamente, que concordava com o filósofo quanto ao fato de existirem poucos homens "realmente" bons.

Através de Malwida von Meysenbug Nietzsche experimentava o potencial destrutivo de uma espécie de amor que ele havia anteriormente associado à mulher lúcida e clarividente no mundo do sofrimento. Como a baronesa, esse tipo de mulher experimenta um grande sentimento de piedade pelo homem de exceção, geralmente fadado ao martírio e ao aniquilamento. Movida pela compaixão, deseja ajudá-lo e socorrê-lo, indo muito além do que permitem suas forças. Eis de que forma esse gênero de mulher se engana, como o filósofo escreve no aforismo 269 de *Além do bem e do mal*: "a mulher quer acreditar que o amor pode *tudo*: tal é sua *crença* própria. Mas qual! Aquele que conhece o coração adivinha o quanto o amor, mesmo o melhor, mesmo o mais profundo, é pobre, tolo, desamparado, presunçoso, canhestro, bem mais apto a destruir do que a salvar!"

Em *Ecce homo* Nietzsche enuncia explicitamente sua recusa do efeito paralisante de toda espécie de complacência ou de benevolência a seu respeito. No quarto parágrafo do capítulo em torno de *O caso Wagner*, escreve: "há mais cinismo na benevolência para comigo do que em qualquer ódio..." (p. 149). Em 1888, a todo tipo de condescendência como a de uma Malwida, Nietzsche prefere seguramente o ódio e a indignação como respostas a seu pensamento. Em uma pequena carta à baronesa, datada de 5 de novembro, em que assina como "o imoralista", o filósofo parodia divertidamente uma frase de Pascal, citada aliás com bastante frequência — *Le moi est toujours haïssable* [o eu é sempre odioso]: "Espere apenas um pouco, venerável amiga! Ainda lhe enviarei a prova de que '*Nietzsche est toujours* haïssable' [Nietzsche é sempre *odioso*]. Sem dúvida alguma, *não agi corretamente* com a senhora. No entanto, já que sofro neste outono de um excesso de probidade, me faz verdadeiramente bem cometer iniquidades" [Warten Sie nur ein wenig, verehrteste Freundin! Ich liefere Ihnen noch den Beweis, daß "*Nietzsche est toujours* haïssable". Ohne allen Zweifel, ich habe Ihnen *Unrecht getan*: aber da ich diesen Herbst an einem Überfluß von Rechtschaffenheit leide, so ist es mir eine wahre Wohltat, Unrecht zu tun...] (ibid., p. 463).

O tom provocador e violento dos últimos escritos de Nietzsche visa, por um lado, a evidenciar de uma forma ainda mais direta a perspectiva própria a seu pensamento, e revela a exasperação do filósofo ante o sufocante círculo de mal-entendidos que procura romper através desse tipo de texto. Por outro lado, tal estilo cria obstáculos para tentativas de atenuação, de neutralização de suas ideias através de sua "tradução" em termos e valores pertencentes ao "idealismo". Essa espécie de texto dificilmente se adequa a uma leitura "benevolente"; sua virulência funciona tanto como uma arma quanto como uma estratégia de defesa, incessantemente produzindo empecilhos a toda abordagem "gentil", complacente. Extremamente seletivo, se pode incitar uma adesão radical, é ainda mais provável que suscite uma recusa igualmente total, até mesmo a intransigência, a intolerância e o ódio da parte de toda possível Malwida. Nesse sentido, para Nietzsche, a "compreensão" de seu pensamento, de um pensamento que implica a rejeição de todos os ideais de sua época, equivaleria a um verdadeiro equívoco. Ao contrário, a indignação e o ódio que sua obra poderia despertar lhe dariam sua verdadeira dimensão, levando ao mesmo tempo um leitor de uma forma ou de outra comprometido com valores idealistas a desmascarar-se como tal, e a revelar mais claramente seus pontos de vista morais. Em todo caso, é essa a posição que o próprio Nietzsche resume em uma carta à irmã, datada de 29 de agosto de 1883: "Cada palavra do meu Zaratustra é realmente um desprezo vitorioso e mordaz, e mais do que desprezo, pelos ideais desta época [...]. É absolutamente *necessário* que eu seja *incompreendido*; mais ainda: devo fazer tudo para ser *mal* entendido e *desprezado*" [Jedes Wort meines Zarathustra ist ja siegreicher Hohn und mehr als Hohn über die Ideale dieser Zeit [...]. Es ist ganz *notwendig*, daß ich *mißverstanden* werde; mehr noch, ich muß es dahin bringen, *schlimm* verstanden und *verachtet* zu werden] (*Briefe* 6, p. 439).

Se, de uma forma geral, o tom mais francamente agressivo dos livros de 1888 visa a provocar um tipo de recepção por assim dizer negativa, no caso específico de *Ecce homo* um traço particular de estilo remete à crítica à perspectiva idealista, funcionando como uma estratégia suplementar destinada a barrar esse tipo de apropriação. Trata-se dos títulos da maioria das partes que compõem o livro: "Por que sou tão sábio", "Por que sou tão inteligente [*klug*]", "Por que escrevo tão bons livros". Para se compreender com mais precisão a denúncia contida em títulos tão singulares e excessivos, é necessário reportá-los a uma especificação do ataque generalizado contra o idealismo, à falsidade de certos valores que fundam a perspectiva moral: os da modéstia, da humildade. Em um trecho já citado da carta a Meta von Salis em que Nietzsche trata do "caso Malwida", o filósofo afirma que o idealismo é, antes de mais nada, uma forma extrema de imodéstia, evidentemente cândida, "inocente". Ora, esses títulos funcionam como uma espécie de espelho deformante no qual, mirando-se na imagem de seu antípoda, a própria "modéstia" revela a hipocrisia grotesca de seus gestos, e vê exposto, de forma bizarra, o reverso de sua máscara. Exibir declaradamente, de forma quase caricatural, uma total falta de modéstia é ir de encontro à verdadeira megalomania que se dissimula no cristianismo, tal como Nietzsche denuncia em uma passagem do parágrafo 44 de *Anticristo*:

> A realidade é que [...] a *presunção dos eleitos*, extremamente consciente de si mesma, finge humildade. De uma vez por todas, colocou-se *a si mesmo*, quer dizer, a "comunidade", os "bons e justos", de *um* lado, o da "verdade"; e o resto, "o mundo", do outro... *Tal* foi a mais funesta espécie de megalomania que já existiu sobre a terra: uns pequenos abortos da natureza, carolas hipócritas e mentirosos começaram a reivindicar para si os conceitos "Deus", "verdade", "luz", "espírito", "amor", "sabedoria", "vida", como se fossem sinônimos deles mesmos, para com isso delimitar o "mundo" contra eles [...].

A essa verdadeira megalomania que se faz passar por humildade, Nietzsche opõe uma autoafirmação ingênua e direta, tal como expressada nos títulos dos capítulos de *Ecce homo*. Tanto mais porque ele havia experimentado na própria carne o aspecto negativo, potencialmente destruidor, de sua "modéstia". No texto autobiográfico, quando comenta uma das crises mais radicais de sua vida, contemporânea à elaboração de *Humano, demasiado humano*, toca explicitamente na questão:

> O que em mim então se decidiu não foi, como se poderia supor, uma ruptura com Wagner. Percebi um total desvio de meu instinto, do qual cada

erro particular, fosse ele Wagner ou a cátedra da Basileia, era apenas um sintoma. Uma *impaciência* comigo mesmo me tomou; vi que era mais do que hora de refletir, de retornar *a mim*. De súbito, ficou para mim terrivelmente claro quanto tempo já fora desperdiçado, quão inútil e arbitrariamente toda a minha existência de filólogo destoava de minha tarefa. Envergonhei-me dessa *falsa* modéstia... Dez anos já passados, durante os quais a *alimentação* do meu espírito havia literalmente cessado, em que não havia aprendido mais nada de útil, em que havia esquecido uma quantidade absurda de coisas, debruçado sobre uma tralha de erudição empoeirada. (pp. 108-109)

Quanto à "modéstia", portanto, Nietzsche fora o primeiro a sofrer suas consequências extremamente negativas. Desde 1883, em uma carta à irmã, registra a luta que se produzira em seu corpo para que pudesse ser ultrapassada a "modéstia" que, inscrita profundamente em sua natureza, impedia que ele "se tornasse ele mesmo". Escreve, então, a Elisabeth, em 29 de agosto de 1883:

Sua carta a Georg Rée me fez pensar muito, e ainda mais sua observação casual de que, apesar de tudo, minha situação na Basileia foi provavelmente a melhor até agora. Eu, no entanto, julgo da seguinte maneira: o único sentido dos terríveis sofrimentos físicos pelos quais passei reside no fato de que, *apenas por meio deles*, fui arrancado de uma concepção falsa, ou seja, mil vezes *baixa demais*, da tarefa da minha vida. *E*, já que sou, por natureza, um homem modesto, foram necessários os meios mais violentos para me chamar de volta a mim mesmo. (ibid., p. 439)
[Dein Brief an Georg Rée gab mir zu denken, und noch mehr Deine gelegentliche Bemerkung, mein Zustand in Basel sei doch wohl der beste bisher gewesen. Ich hingegen urteile so: der ganze Sinn der furchtbaren physischen Schmerzen, denen ich ausgesetzt war, liegt darin, daß ich *durch sie allein* aus einer falschen, nämlich hundertmal *zu niedrigen* Auffassung

meiner Lebens-Aufgabe herausgerissen worden bin. *Und* da ich zu den bescheidenen Menschen von Natur gehöre, so bedarf es der gewaltsamsten Mittel, um mich zu mir selber zurückzurufen..]

Eis o que Nietzsche concluiu a respeito de todo o seu sofrimento anterior à ruptura definitiva, em 1879, dos laços acadêmicos como professor de filologia na Basileia. Era, em sua opinião, tão modesto que foi preciso que seu próprio corpo, extremamente enfraquecido por uma verdadeira batalha interna, o arrancasse pela dor das obrigações acadêmicas, projetando-o irreversivelmente na aventura filosófica. As cartas do filósofo são ricas em reflexões sobre as diversas etapas, com seus avanços e recuos, dessa luta em direção à "própria tarefa", principalmente no que concerne a sua relação com a filologia. No capítulo da autobiografia dedicado a *Humano, demasiado humano*, resume o caminho percorrido nesse sentido. A doença terá um papel decisivo na vida de Nietzsche, funcionando como uma espécie de aguilhão que o incita a seguir sua vocação singular. Como filósofo que pensava com o corpo inteiro, Nietzsche conhecia o imenso valor estratégico de uma certa espécie de doença. Por conta de sua experiência própria, ele a avalia positivamente, como no aforismo 289 da primeira parte do *Humano, demasiado humano*, intitulado "Valor da doença": O doente deitado em seu leito descobre às vezes que normalmente está doente de seu emprego, de seus negócios ou de sua sociedade, e que, por causa deles, perdeu toda reflexão sobre si mesmo: ele extrai essa sabedoria do próprio ócio a que a doença o condena.

Uma certa "modéstia" havia sido, portanto, um obstáculo na trajetória de Nietzsche, retardando seus passos, quase impedindo que "se tornasse ele mesmo". Nesse sentido, os títulos dos capítulos de *Ecce homo* exprimem uma vitória radical sobre essa barreira. Além disso, ao inverter completamente a falsa modéstia cristã, desmascarando, de maneira indireta, a verdadeira megalomania daqueles que, posando como humildes, se autointitulam "eleitos", os títulos funcionam como uma estratégia para escapar de uma possível recuperação pelos valores idealistas. No entanto, os títulos bizarros, excessivos, abrem caminho, ao mesmo tempo, para um outro tipo de leitura, que já se manifestava durante a vida do filósofo e que também equivale a uma tentativa de desativação do potencial explosivo do seu pensamento. Trata-se da "psiquiatrização" de suas obras, da leitura de alguns de seus textos, inclusive de *Ecce homo*, como sintomas da loucura iminente, sob a forma de uma megalomania que se autoafirma. Como se pode constatar em suas cartas, esse tipo de neutralização já datava de algum tempo; remontava, em todo caso, à repercussão de *Além do bem e do mal*, publicado em 1886. Eis o que Nietzsche conta a esse respeito ao amigo Köselitz, em 20 de dezembro de 1887:

ex-centricidade

> Algumas resenhas sobre o meu *Além do bem e do mal*, enviadas a mim por Naumann, só revelam má vontade: as palavras "psiquiátrico" e "patológico" valeriam, segundo tais artigos, como base explicativa para o meu livro e como sua censura. (Cá entre nós: a empreitada em que me engajei através dele tem algo de imenso e de monstruoso, e não posso me irritar com ninguém que sinta por vezes despontar em si mesmo a dúvida a respeito de eu ainda estar "no uso de minhas faculdades mentais".) (*Briefe* 8, p. 213) [Ein Paar Recensionen meines "Jenseits", von Naumann mir übersandt, zeigen nur schlechten Willen: die Worte "psychiatrisch" und "pathologisch" sollen als Erklärungsgrund meines Buchs und als dessen Censur gelten. (Unter uns gesagt: die Unternehmung, in der ich drin stecke, hat etwas Ungeheures und Ungeheuerliches, — und ich darf es Niemandem verargen, der dahei den Zweifel hier und da in sich auftauchen fühlt, ob ich noch "bei Verstande" bin.)]

Aos adjetivos "psiquiátrico" e "patológico" vinculados a sua obra vem somar-se a acusação de "excentricidade", como Nietzsche relata ao velho amigo Paul Deussen, em 3 de janeiro de 1888, ou ao editor Naumann, na mesma data:

> No fundo, as resenhas enviadas não devem ser de maneira alguma subestimadas: elas revelam um certo espanto e curiosidade. Epítetos tais como "excêntrico", "patológico", "psiquiátrico" precedem, via de regra, todo grande acontecimento na história e na literatura. De minha parte, fico *mais agradecido* por tais palavras do que por um elogio qualquer. (ibid., p. 223) [Die übersandten Recensionen sind im Grunde gar nicht zu unterschätzen: sie zeigen eine Art Erstaunen und Neugierde. Solche Prädikate wie "excentrisch" "pathologisch" "psychiatrisch" laufen regelmäßig jedem großen Ereignis in der Geschichte und der Litteratur voraus: ich bin für meinen Teil für solche Worte *dankbarer* als für irgendein Lob.]

No início de 1888, portanto, Nietzsche não parecia se exasperar com esse tipo de interpretação; ao contrário, considerava-a inevitável, até mesmo desejável. Apenas alguns meses mais tarde irá se mostrar extremamente irritado por ser tratado na Alemanha como alguém que deveria estar em um hospício. É o que se pode constatar, por exemplo, na carta que escreve a Malwida von Meysenbug no final de julho de 1888: "Por acaso, tenho ainda o azar de ser contemporâneo de um empobrecimento, de um embotamento do espírito *alemão* dignos de pena. Tratam-me, em minha amada pátria, como alguém que deveria estar em um hospício. É assim que me 'compreendem'..." [Zufällig habe ich noch das Mißgeschick, mit einer Verarmung und Veródung des *deutschen* Geistes gleichzeitig zu sein, die Erbarmen macht. Man behandelt mich im lieben Vaterlande wie Einen, der ins Irrenhaus gehört: dies ist die Form des "Verständnisses" für mich!] (ibid., p. 378).

Anteriormente Nietzsche já havia retomado, como filólogo, o próprio sentido etimológico da palavra "excentricidade" e concluído que o mal-entendido provinha do fato de que aqueles que o chamavam de "excêntrico" não tinham a mais vaga ideia sobre aquilo que ocupava, realmente, *o centro* de sua vida. De forma bastante lúcida, analisa essa interpretação em uma carta a Karl Fuchs datada de 14 de dezembro de 1887:

> Na Alemanha reclama-se muito de minhas "excentricidades". No entanto, uma vez que não se sabe onde está o meu centro, dificilmente se alcançará a verdade sobre onde e quando eu fui, até agora, "excêntrico". Por exemplo, quando eu era filólogo, estava *fora* do meu centro (o que não significa, felizmente, de maneira alguma que eu tenha sido um mau filólogo). Da mesma maneira, parece-me hoje uma excentricidade que eu tenha sido wagneriano. Foi um experimento extremamente perigoso. Agora que sei que *não* morri por causa disso, sei também que *sentido* teve para mim: foi a mais forte prova para o meu caráter. Paulatinamente, o que é mais íntimo e profundo em nós acaba nos disciplinando e nos reconduzindo à unidade; aquela *paixão* para a qual, durante longo tempo, não dispúnhamos de um nome nos salva de toda digressão e dispersão, aquela *tarefa* da qual somos o missionário involuntário. (ibid., pp. 209-210)
> [In Deutschland beschwert man sich stark über meine "Excentricitäten". Aber da man nicht weiß, wo mein Centrum ist, wird man schwerlich darüber die Wahrheit treffen, wo und wann ich bisher "excentrisch" gewesen bin. Zum Beispiel, daß ich Philologe war — damit war ich *außerhalb* meines Centrum (womit, glücklicher Weise, durchaus nicht gesagt ist, daß ich ein schlechter Philologe war). Insgleichen: heute scheint es mir eine Excentricität, daß ich Wagnerianer gewesen bin. Es war ein über alle Maßen gefährliches Experiment; jetzt, wo ich weiß, daß ich *nicht* daran zu Grunde gegangen bin, weiß ich auch, welchen *Sinn* es für mich gehabt hat — es war meine stärkste Charakter-Probe. Allmählich disciplinirt Einen freilich das Innewendigste zur Einheit zurück; jene *Leidenschaft*, für die man lange keinen Namen hat, rettet uns aus allen Digressionen und Dispersionen, jene *Aufgabe*, deren unfreiwilliger Missionär man ist.]

Através dos excêntricos títulos de capítulo de *Ecce homo*, Nietzsche responde irônica e agressivamente à recuperação de suas ideias por uma perspectiva que tende a associar ao "patológico" todo afastamento apaixonado em relação a um centro, a uma norma, e que transformou a pretensa "modéstia" do homem moral em um dos elementos fundadores dos parâmetros da normalidade. Como antigo filólogo, recoloca no centro da noção de "patologia" o *pathos*, a paixão. Desde a segunda *Extemporânea*, aliás, Nietzsche havia denunciado a ausência de *pathos* da pretensa "objetividade" histórica que o século XIX erigira como um ideal. Toda a sua obra se encaminhará, a partir de então, para uma radicalização progressiva da crítica à pseudoneutralidade dos discursos de diversos saberes no seu século. No trecho de carta acima citado, Nietzsche coloca no centro — no *seu* centro — exatamente a paixão, entendida como uma força instintiva, como uma pulsão dominante que, agindo durante longo tempo em profundidade, silenciosamente, acaba por afastar toda digressão e dispersão, forçando afinal a assumir uma tarefa própria, que se impõe independentemente da vontade.

O combate a diferentes formas de apropriação indevida de seu pensamento constitui, portanto, uma espécie de horizonte de *Ecce homo*. Esse horizonte adquire, na obra, graus de nitidez bastante matizados: às vezes se inscreve no texto de forma explícita, como no caso das tentativas de recuperação pelos valores do idealismo. Outras, aparece de maneira indireta, funcionando como uma espécie de eixo gerador de certos traços do próprio estilo da obra, como, por exemplo, no que concerne aos títulos dos capítulos. Outras vezes, ainda, é apenas indicado de forma aparentemente episódica, sem deixar no entanto de ser fundamental para a compreensão de um dos fios condutores da obra: a resposta a diversos equívocos que cercavam Nietzsche, minando a eficácia de seu pensamento, e a utilização de estratégias para dificultar, e mesmo impedir, diferentes tentativas de neutralização a que estavam sujeitas suas ideias.

Chegamos assim à exposição detalhada de um mal-entendido que, mencionado sobretudo de forma indireta no texto autobiográfico, enfurecia enormemente o filósofo nos anos que precederam seu colapso. Trata-se da tentativa de apropriação de seu pensamento pelo movimento antissemita, que se tornava uma força política cada vez mais forte e articulada no Reich. A confusão podia realmente apoiar-se em circunstâncias concretas da vida de Nietzsche, apesar do esforço constante do filósofo para se desvencilhar de vínculos e situações que poderiam revelar-se comprometedores nesse sentido. Em primeiro lugar, o equívoco havia encontrado uma base de sustentação real na relação do filósofo com Wagner e o projeto de Bayreuth, aos quais se ligara intimamente o movimento antissemita em formação, principalmente através do periódico *Bayreuther Blätter* [Folhas de Bayreuth] e dos apologistas que nele escreviam. Por outro lado, a ligação de Nietzsche com o editor Schmeitzner, com o qual só rompeu por volta de fevereiro de 1884, contribuiu ainda mais para sua vinculação infundada com o movimento, já que o editor se havia tornado, nesse ínterim, um dos mais influentes e fervorosos divulgadores dessa organização política emergente. Com efeito, Schmeitzner era responsável pela publicação da *Antisemitischen Correspondenz* [Correspondência antissemita], além de ter participado da fundação do Antisemiten Partei [Partido dos Antissemitas]. Em uma carta do início de dezembro de 1885, endereçada a Franz Overbeck, Nietzsche se mostra claramente preocupado com essa confusão; escreve, entre parênteses: "([meus livros] são considerados em todos os lugares como 'literatura antissemita', como confirmam os livreiros de Leipzig)" [([meine Bücher] werden überall unter die 'antisemitische Litteratur' gerechnet, wie mir von den Leipziger Buchhändlern bestätigt wird)] (*Briefe* 7, p. 117). Essa identificação indevida se torna cada vez mais incômoda para Nietzsche, à medida que ele constata o interesse crescente de certos judeus por sua obra; esse será o caso, por exemplo, do círculo de admiradores de Viena e, mais tarde, do dinamarquês Georg Brandes.

antissemitismo

Em 1887 Nietzsche teve a ocasião de responder diretamente a esse tipo de equívoco, em um caso bastante preciso. Em 23 de março de 1887, escreve uma carta irônica ao antissemita e filólogo clássico Theodor Fritsch, de Leipzig, que, supondo que o filósofo fosse um de seus pares, o prevenira contra certos julgamentos pretensamente falsos sobre os judeus que se teriam infiltrado na obra do filósofo. Eis o que Nietzsche escreve nessa carta:

> Em minha opinião, os judeus são mais interessantes, objetivamente falando, do que os alemães: a história deles propõe vários problemas *mais fundamentais*. Em casos tão sérios quanto este, tenho o hábito de deixar de lado qualquer questão de simpatia ou de antipatia, como convém à disciplina, à moralidade e, finalmente, até mesmo ao *gosto* do espírito científico.
>   Confesso, ainda, que me sinto demasiadamente distante do atual "espírito alemão" para ter paciência com suas idiossincrasias particulares. Nestas incluo especialmente o antissemitismo. Devo mesmo muita diversão à "literatura clássica" desse movimento, louvada na página seis de seu ilustre periódico. Ah, se o senhor soubesse como ri, na primavera passada, por conta dos livros desse cabeça-dura, tão empolado quanto sentimental, chamado Paul de Lagarde! Falta-me, evidentemente, esse "superior ponto de vista ético" de que se fala naquela página.
>   Resta-me apenas agradecer-lhe por ter suposto, com benevolência, que eu não fui "induzido a meus julgamentos falsos por uma consideração qualquer de ordem social". E o senhor talvez se tranquilizará se eu acrescentar ainda, finalmente, que não tenho *nenhum* amigo *judeu*. Tampouco amigos antissemitas. (*Briefe* 8, pp. 45-46)
> [Die Juden sind mir, objektiv geredet, interessanter als die Deutschen: ihre Geschichte gibt viel *grundsätzlichere* Probleme auf. Sympathie und Antipathie bin ich gewohnt bei so ernsten Angelegenheiten aus dem Spiele zu lassen: wie dies zur Zucht und Moralität des wissenschaftlichen Geistes und—schließlich — selbst zu seinem *Geschmack* gehört.

Ich gestehe übrigens, daß ich mich dem jetzigen "deutschen Geiste" zu fremd fühle, um seinen einzelnen Idiosynkrasien ohne viel Ungeduld zusehen zu können. Zu diesen rechne ich in Sonderheit den Antisemitismus. Der aus S. 6 Ihres geschätzten Blattes gerühmten "klassischen Litteratur" dieser Bewegung verdanke ich sogar manche Erheiterung: oh wenn Sie wüßten, was ich im vorigen Frühling über die Bücher jenes ebenso gespreizten als sentimentalen Querkopfs, der Paul de Lagarde heißt, gelacht habe! Es fehlt mir offenbar jener "höchste ethische Standpunkt", von dem auf jener Seite die Rede ist.

Es bleibt nur übrig, Ihnen für die wohlwollende Voraussetzung zu danken, daß ich nicht "durch irgend eine gesellschaftliche Rücksichtnahme zu meinen schiefen Urteilen verführt" bin; und vielleicht dient es zu Ihrer Beruhigung, wenn ich zuletzt noch sage, daß ich unter meinen Freunden *keinen Juden* habe. Allerdings auch keine Antisemiten.]

Em um *post scriptum* à carta, Nietzsche acrescenta uma observação em que se manifesta sua maneira irônica e astuciosa de se livrar dos antissemitas que pretendiam identificá-lo ao movimento, sem no entanto passar a ser considerado, à sua revelia, como um defensor de causas judaicas. Sugere a Theodor Fritsch que faça uma listagem dos intelectuais e artistas alemães de origem judaica; afirma a seguir que, ao fazer tal lista, Fritsch estaria contribuindo significativamente para a história da cultura alemã. E acrescenta, ironicamente: "e também para sua crítica"...[33]

Alguns dias mais tarde, em 29 de março, o filósofo escreve outra carta a Theodor Fritsch, que provavelmente lhe enviara alguns números da *Antisemitischen Correspondenz*, publicação que circulava de

---

33. "Um desejo: faça, por favor, uma lista dos eruditos, dos artistas, poetas, escritores, atores e virtuoses alemães de origem ou ascendência judaica! (Seria uma valiosa contribuição à história da cultura alemã, e também à sua crítica!)" Cf. ibid., p. 46.

forma restrita, em caráter privado, somente entre os militantes em quem se podia confiar. A carta é tão reveladora quanto à postura de Nietzsche diante do movimento antissemita que vale a pena transcrevê-la integralmente:

> Devolvo, pela presente, os três números do jornal *Correspondenz* que o senhor me enviou, agradecendo pela confiança com que me permitiu dar uma olhada na bagunça de princípios que se encontra na base desse estranho movimento. Peço, no entanto, que não mais me remeta, de agora em diante, tal gênero de publicação: temo acabar, finalmente, perdendo a paciência. Creia-me: essa abominável mania de diletantes noéticos de se meterem na questão do *valor* dos homens e das raças, essa submissão a "autoridades" rejeitadas com um frio desprezo por todo espírito mais ponderado (por exemplo, E. Dühring,[34] R. Wagner, Ebrard, Wahrmund, P. de Lagarde: qual deles é o menos autorizado, o mais injusto, em questões de moral e de história?), essas constantes falsificações absurdas e acomodações de conceitos vagos, como "germânico", "semita", "ariano", "cristão", "alemão" — tudo isto poderia, no final das contas, acabar me enfurecendo seriamente e me tirando da irônica complacência com que, até agora, tenho considerado as virtuosas veleidades e o farisaísmo dos alemães atuais.
>
> E, finalmente, o que o senhor acha que eu sinto quando vejo o nome de *Zaratustra* na boca de antissemitas?... (ibid., p. 51)
> [Hiermit sende ich Ihnen die drei übersandten Nummern Ihres Correspondez-Blattes zurück, für das Vertrauen dankend, mit dem Sie mir erlaubten, in den Principien-Wirrwarr auf dem Grunde dieser wunderlichen Bewegung einen Blick zu tun. Doch bitte ich darum, mich fürderhin

---

[34]. Nietzsche reserva geralmente a Dühring os mais virulentos epítetos, tais como "molusco", "brutamontes alemão", e só lhe concede certo grau de consciência científica para melhor desprezá-lo por conta de sua ligação com o antissemitismo, de seus "delírios patrióticos" e, principalmente, de sua "teutomania".

nicht mehr mit diesen Zusendungen zu bedenken: ich fürchte zuletzt für meine Geduld. Glauben Sie mir: dieses abscheuliche Mitredenwollen noioser Dilettanten über den *Wert* von Menschen und Rassen, diese Unterwerfung unter "Autoritäten", welche von jedem besonneneren Geiste mit kalter Verachtung abgelehnt werden (z. B. E. Dühring, R. Wagner, Ebrard, Wahrmund, P. de Lagarde — wer von ihnen ist in Fragen der Moral und Historie der unberechtigtste, ungerechteste?), diese beständigen absurden Fälschungen und Zurechtmachungen der vagen Begriffe "germanisch", "semitisch", "arisch", "christlich", "deutsch" — das Alles könnte mich auf die Dauer ernsthaft erzürnen und aus dem ironischen Wohlwollen herausbringen, mit dem ich bisher den tugendhaften Velleitäten und Pharisäismen der jetzigen Deutschen zugesehen habe.

Und zuletzt, was glauben Sie, das ich empfinde, wenn der Name *Zarathustra* von Antisemiten in den Mund genommen wird?...]

A obra de Nietzsche era, já então, alvo de diferentes tentativas de apropriação indevida: Zaratustra, por exemplo, era por vezes interpretado por idealistas como Malwida, que o classificava como um "verdadeiramente bom" [*ein Wirklich-Guter*]; outras vezes, eram os antissemitas que procuravam aproximá-lo de suas ideias, como se pode inferir da carta acima citada. A partir do caráter cada vez mais explícito de sua associação infundada com o movimento antissemita, o filósofo chega a uma importante reflexão geral sobre as características de sua obra que possibilitavam esse tipo de recuperação por várias correntes político-ideológicas da época. Em uma carta a Overbeck, datada de 24 de março de 1887, exatamente entre as duas únicas cartas endereçadas ao antissemita Theodor Fritsch, o filósofo atribui a atração que extremistas de toda ordem sentiam por seus livros a certa radicalidade na pureza, na sinceridade, que atravessaria sua obra. Eis com que impressionante lucidez analisa o poder de sedução da atmosfera de autenticidade que envolve seus textos:

Acrescento aqui um fato bizarro de que estou cada vez mais consciente. Começo, pouco a pouco, a exercer certa "influência", evidentemente bastante subterrânea. Em todos os partidos radicais (junto a socialistas, niilistas, antissemitas, cristãos ortodoxos, wagnerianos), gozo de um prestígio estranho e quase misterioso. A extrema probidade da atmosfera que me envolve seduz... [...] No *Antisemitischen Correspondenz* (que é distribuído apenas a título privado, somente a "militantes de confiança"), meu nome aparece em quase todo número. Os antissemitas se apaixonaram por Zaratustra, "o homem divino"; há uma interpretação antissemita particular a respeito dele que já me fez rir muito. (ibid., p. 48)

[Anbei ein komisches Faktum, das mir mehr und mehr zum Bewußtsein gebracht wird. Ich habe nachgerade einen "Einfluß", sehr unterirdisch, wie sich von selbst versteht. Bei allen radikalen Parteien (Socialisten, Nihilisten, Antisemiten, christlichen Orthodoxen, Wagnerianern) genieße ich eines wunderlichen und fast mysteriösen Ansehens. Die extreme Lauterkeit der Atmosphäre, in die ich mich gestellt habe, verführt... [...] In der "antisemitischen Correspondenz" (die nur privatim versandt wird, nur an "zuverlässige Parteigenossen") kommt mein Name fast in jeder Nummer vor. Zarathustra "der göttliche Mensch" hat es den Antisemiten angetan; es gibt eine eigne antisemitische Auslegung davon, die mich sehr hat lachen machen.]

Nessa carta observa-se claramente que Nietzsche não se encontrava demasiadamente inquieto por conta dessa confusão, ainda não levada muito a sério. No entanto, quanto mais politicamente significativo se torna o movimento antissemita, mais necessário parece ao filósofo demarcar de maneira explícita sua posição contrária. A necessidade se tornou ainda mais premente a partir de 1885, quando, por intermédio da irmã, sua querida "lhama", Nietzsche se viu, à sua revelia, ligado por laços de parentesco a um dos fundadores do partido antissemita, Bernhard Förster.

Förster havia sido colaborador das *Bayreuther Blätter*, que Nietzsche tanto execrava. Em 22 de maio de 1885, esse notório "agitador" antissemita, como o chama Nietzsche,[35] se torna seu cunhado. No outono de 1885, Bernhard Förster publica o livro *As colônias alemãs no curso superior do rio da Prata, particularmente no Paraguai*, lido pelo filósofo em Nice, no mês de novembro do mesmo ano. Förster colocara, entretanto, sua ideologia racista ariana a serviço do colonialismo alemão bem antes dessa data. Sua primeira viagem à América do Sul foi, aliás, cercada por circunstâncias bastante ambíguas. No início dos anos 1880, incidentes constrangedores comprometem seu partido. Vendo-se implicado em um confronto de cunho político, o futuro cunhado de Nietzsche é obrigado a pedir demissão de seu posto como professor de um liceu de Berlim, no momento em que a nobreza húngara, aliada ao movimento antissemita alemão, é responsabilizada por um caso de assassinato ritual. Além disso, diferentes querelas, desavenças teóricas e pessoais haviam-se desenvolvido dentro do partido; tornara-se então aconselhável que Förster desaparecesse por algum tempo. Foi em tais circunstâncias que o futuro cunhado de Nietzsche embarcou para a América do Sul em fevereiro de 1883, a fim de avaliar a viabilidade da implantação de uma colônia alemã às margens do rio da Prata.

Nietzsche julgou, ingenuamente, que Förster havia rompido com o partido antissemita para se consagrar apenas a um empreendimento tão somente colonizador. Eis o que escreve à irmã no final de julho de 1883:

> Felicito sinceramente o dr. Förster por ter sabido a tempo dar as costas à Europa e à questão judaica. Pois ai do partido que se vê obrigado, após uma existência tão breve, a assumir a responsabilidade por um caso como esse processo de Tisza! E quando a aristocracia mais decadente do mundo — a nobreza húngara — pertence a um partido, tudo está perdido. (*Briefe* 6, p. 415)

---

35. Cf., por exemplo, a carta do filósofo à sua mãe do final de maio de 1885 (*Briefe* 7, p. 54).

[Ich gratuliere aufrichtig dem Dr. Förster, daß er noch zur rechten Zeit Europa und die Judenfrage hinter sich gelassen hat. Denn wehe einer Partei, welche genötigt ist, nach so kurzem Bestande schon einen solchen Tisza-Prozeß auf ihr Conto zu schreiben! Ja, wenn der verkommenste Adel der Welt, der ungarische, zu einer Partei gehört, da ist Alles verloren.]

Nietzsche estava totalmente enganado: a viagem de Förster à América do Sul correspondia, antes, à construção de alicerces ainda mais sólidos para a sustentação do movimento antissemita. Sua própria irmã, Elisabeth, esposa apaixonadamente a causa do antissemitismo e o projeto colonialista do marido, razão suplementar para que o filósofo rompa com sua "lhama" no início de 1884. Em 2 de abril de 1884, Nietzsche enumera amargamente a Overbeck todas as perdas que lhe haviam sido até então infligidas pelo movimento antissemita:

> A maldita antissemitalhada arruinou todos os meus cálculos relativos à independência financeira, discípulos, novos amigos, influência; ela nos tornou, a mim e a Richard Wagner, inimigos; provocou uma ruptura *radical* entre mim e minha irmã etc. [...] Soube aqui [em Nice] de que modo me censuram, em Viena, por ter um tal editor. (ibid., p. 493)
> [Die verfluchte Antisemiterei verdirbt mir alle meine Rechnungen, auf pekuniäre Unabhängigkeit, Schüler, neue Freunde, Einfluß, sie hat Richard Wagner und mich verfeindet, sie ist die Ursache eines *radikalen* Bruchs zwischen mir und meiner Schwester u.s.w. [...]. Ich erfuhr hier, wie sehr man mir in Wien einen solchen Verleger zum Vorwurf macht.—]

Nessa carta, Nietzsche aproxima, no tocante ao antissemitismo, Wagner, sua irmã e Schmeitzner; via assim configurar-se a seu redor um verdadeiro turbilhão cujas forças representavam para ele uma constante agressão intelectual e afetiva. Frequentemente ameaçado por esse turbilhão, torna-se cada vez mais violento com um dos seus elementos, infiltrado em sua própria família. Em 1884 o filósofo descreve sua irmã a Malwida von Meysenbug como uma "tola presunçosa e inoportuna", aconselhando a baronesa a não mais se prestar ao papel de mediadora entre ele e Elisabeth, como em 1882, por ocasião da primeira ruptura de Nietzsche com a irmã por causa de Lou von Salomé. Anuncia, assim, a Malwida: "rompi radicalmente com minha irmã. Pelo amor de Deus, nem pense em querer agir como mediadora, em querer nos reconciliar. Não *há*, entre mim e essa tola vingativa e antissemita, nenhuma reconciliação possível" [ich mit meiner Schwester radical gebrochen habe: denken Sie um des Himmels willen nicht daran, da vermitteln und versöhnen zu wollen — zwischen einer rachsüchtigen antisemitischen Gans und mir *gibt* es keine Versöhnung] (ibid., p. 500).[36]

Em agosto de 1886 Nietzsche se revela verdadeiramente aliviado por conta da distância que separa a Europa do Paraguai, para onde partira o casal Förster. Como "bom europeu", julgava esse gênero de pessoas tão detestáveis definitivamente banido da Europa, de maneira voluntária. Eis o que escreve à mãe em 17 de agosto de 1886: "Veja você: por causa desse tipo de gente [os antissemitas] já não poderia ir ao Paraguai. Estou tão feliz por eles se autoexilarem espontaneamente da Europa. Pois, mesmo que me julguem um mau alemão, nem por isso deixo de ser, em todo caso, um *ótimo europeu*" [Siehst Du, dieser Gattung Menschen wegen könnte ich schon nicht nach Paraguay gehen: ich bin so glücklich darüber, daß sie sich freiwillig aus Europa verbannen. Denn, wenn ich auch ein schlechter Deutscher sein sollte — jedenfalls bin ich ein *sehr guter Europäer*] (*Briefe* 7, p. 233).

Nietzsche não estará mais espiritualmente presente quando sua irmã regressar à Alemanha, no início de setembro de 1893, após o fracasso do projeto colonialista no Paraguai e o suicídio do marido, evento

---

36. Karl Schlechta provou que esta carta foi falsificada por Elisabeth e publicada como uma carta a ela endereçada. Cf., a este respeito, G. Colli e M. Montinari, op. cit., p. 140.

que ela tentou a todo custo escamotear. Tendo-se tornado nesse ínterim uma experiente mulher de negócios, Elisabeth tentará, a partir de então, ao assumir a direção do Nietzsche-Archiv, tirar proveito da audaciosa aventura filosófica do irmão, chegando a anexá-lo ao Archiv como singular objeto de culto, a transformá-lo, ainda vivo, em efígie, e a expô-lo para visitantes especiais, fazendo pairar sobre a cena a atmosfera mágica e envolvente de um ritual.[37] Sem se privar de nenhuma espécie de censura e de falsificação, Elisabeth empreenderá, assim, uma verdadeira tentativa de "colonização" do pensamento do irmão. Não seria portanto, o distante Paraguai que livraria Nietzsche, de uma vez por todas, de sua querida "lhama" — mesmo depois de seu colapso, no início de 1889.

À medida que Nietzsche verificava a expansão do poder político do antissemitismo, revoltava-se ainda mais com a insistência do movimento em invocar seu nome indevidamente. A aliança de sua irmã com Bernhard Förster, além do mais, só vinha reforçar tal identificação equivocada. A carta que escreve à mãe em 29 de dezembro de 1887 expressa significativamente seu estado de irritação extrema por conta de uma confusão que, combatida em um de seus componentes, voltava a envolvê-lo sorrateiramente a partir de outro ponto. Eis o que escreve na carta, da qual só foi conservado um fragmento:

> li a *Antisemitischen Correspondenz*, abandonei toda e qualquer moderação. Este partido me corrompeu, um após o outro, o editor, a reputação, a irmã, os amigos; nada representa obstáculo maior à minha influência do que a associação do nome de Nietzsche com antissemitas como E. Dühring. Não se deve me levar a mal se eu lançar mão de meios de *legítima defesa*. Sou capaz de jogar porta afora quem quer que me inspire a menor suspeita nesse ponto. (Você compreende que verdadeiro *benefício* representa, para mim, o

---

37. Cf., a este respeito, Janz, *Biographie* III, op. cit., p. 568 e p. 574.

fato de tal partido começar a me declarar guerra; só que isto acontece com dez anos de atraso...). (*Briefe* 8, pp. 216-217)
[der "antisemitischen Correspondenz" gelesen habe, kenne ich keine Schonung mehr. Diese Partei hat der Reihe nach mir meinen Verleger, meinen Ruf, meine Schwester, meine Freunde verdorben—nichts steht meinem Einfluß mehr im Wege, als daß der Name Nietzsche in Verbindung mit solchen Antisemiten wie E. Dühring gebracht worden ist: man muß es mir nicht übel nehmen, wenn ich zu den Mitteln der *Notwehr* greife. Ich werfe Jeden zur Türe hinaus, der mir in diesem Punkte Verdacht einflößt. (Du begreifst, in wie fern es mir eine wahre *Wohltat* ist, wenn diese Partei anfängt, mir den Krieg zu erklären: nur kommt es 10 Jahre zu spät).]

Na mesma época, o rascunho de uma carta a Elisabeth revela ainda mais claramente o extremo desespero de Nietzsche diante dessa confusão. Eis o que escreve à irmã:

Agora que tanto já foi alcançado, tenho de me defender com unhas e dentes da confusão com a canalha antissemita, depois que minha própria irmã, minha antiga irmã, estimulou a mais funesta de todas as confusões. Depois que li na *Antisemitischen Correspondenz* o próprio nome de Zaratustra, minha paciência se esgotou: encontro-me agora em estado de *legítima defesa* em relação ao partido do seu esposo. Essas malditas caricaturas antissemitas não *devem* tocar no meu ideal!!

Quanto já sofri pelo fato de ter nosso nome envolvido com esse movimento por causa do seu casamento! Nos últimos seis anos, você perdeu toda razão e toda consideração.

Céus, como tudo isso se torna pesado para mim!

Como é justo, jamais exigi que você compreendesse a posição que ocupo, como filósofo, em nossa época. No entanto, com algum instinto de amor, você teria podido evitar se estabelecer tão diretamente junto a meus antípodas. Penso agora, com relação a irmãs, mais ou menos o mesmo que

Schopenhauer: elas são supérfluas e provocam absurdos. (ibid., pp. 218-219)
[— Jetzt ist so viel erreicht, daß ich mich mit Händen und Füßen gegen die Verwechslung mit der antisemitischen Canaille wehren muß; nachdem meine eigne Schwester, meine frühere Schwester [...] zu dieser unseligsten aller Verwechslungen den Anstoß gegeben [hat]. Nachdem ich gar den Namen Zarathustra in der antisemitischen Correspondenz gelesen habe, ist meine Geduld am Ende — ich bin jetzt gegen die Partei Deines Gatten im Zustand der *Notwehr*. Diese verfluchten Antisemiten-Fratzen *sollen* nicht an mein Ideal greifen!!

Daß unser Name durch Deine Ehe mit dieser Bewegung zusammen gemischt ist, was habe ich daran schon gelitten! Du hast die letzten 6 Jahre allen Verstand und alle Rücksicht verloren.

Himmel, was mir das schwer wird!

Ich habe, wie es billig ist, nie von Dir verlangt, daß Du etwas von der Stellung verstündest, die ich als Philosoph zu meiner Zeit einnehme; trotzdem hättest Du, mit ein wenig Instinkt der Liebe, es vermeiden können, so geradewegs Dich bei meinen Antipoden anzusiedeln. Ich denke jetzt über Schwestern ungefähr so, wie Schopenhauer dachte, — sie sind überflüssig, sie stiften Unsinn]

Com uma lucidez impressionante Nietzsche previa, em 1883, as consequências funestas do antissemitismo em um futuro bastante próximo. É o que podemos constatar a partir do que o filósofo afirma, em 2 de abril de 1883, em uma carta ao editor Schmeitzner:

Podem me considerar um "anarquista", se quiserem me detratar: mas com certeza *prevejo* anarquias e terremotos europeus de monstruosas proporções. Todos os movimentos vão nessa direção, inclusive o seu antissemita.

Visto com certo recuo, o "antissemitismo" se assemelha totalmente a uma luta contra os ricos e contra os meios de enriquecimento utilizados até agora. (*Briefe* 6, pp. 355-356)

[Mag man mich zu den "Anarchisten" rechnen, wenn man mir übel will: aber gewiß ist, daß ich europäische Anarchien und Erdbeben in ungeheurem Umfange *voraussehe*. Alle Bewegungen führen dahin — Ihre antijüdische eingerechnet.

Aus einiger Entfernung gesehen sieht der "Antisemitismus" ganz und gar so aus wie der Kampf gegen die Reichen und die bisherigen Mittel, reich zu werden]

Ainda mais funestamente proféticas ressoam as reflexões endereçadas a Malwida, em uma carta do início de maio de 1884, sobre futuras apropriações indevidas de sua obra, especialmente de *Zaratustra*. Já que o sentido de toda prática humana, de todo pensamento, não é, para Nietzsche, uma "coisa em si", mas depende das forças que deles se apropriam, reinterpretando-os, e uma vez que sua obra era objeto de leituras equivocadas em sua própria época, o filósofo só poderia ficar apreensivo diante das consequências das futuras interpretações a que estaria exposta. Na carta a Malwida afirma:

Quem sabe quantas gerações terão de passar até que sejam engendrados alguns homens capazes de sentir, em toda a sua profundidade, *o que* eu fiz! E, mesmo então, fico ainda assustado quando penso que espécie de homens desautorizados, totalmente inadequados, recorrerão um dia à minha autoridade. Mas esse é o tormento de todo grande educador da humanidade: ele sabe que *pode* se tornar, em certas circunstâncias e por alguma infeliz coincidência, uma fatalidade para os homens, tanto quanto uma bênção. (ibid., p. 499)

[Wer weiß wie viele Generationen erst vorüber gehen müssen, um einige Menschen hervorzubringen, die es in seiner ganzen Tiefe nachfühlen, *was* ich getan habe! Und dann selbst noch macht mir der Gedanke Schrecken, was für Unberechtigte und gänzlich Ungeeignete sich einmal auf meine Autorität berufen werden. Aber das ist die Qual jedes großen Lehrers der

Menschheit: er weiß, daß er, unter Umständen und Unfällen, der Menschheit zum Verhängnis werden *kann*, so gut als zum Segen.]

Em *Ecce homo* o ataque ao antissemitismo se exprime de forma explícita e implícita. Quando Nietzsche reúne os wagnerianos na fórmula "Nohl, Pohl, *Kohl*, com graça *in infinitum*", acrescenta: "Nenhum aborto da natureza falta entre eles, nem mesmo o antissemita" (p. 108). Além disso, Nietzsche mina as próprias bases desse movimento, ao atacar o "alemão do Reich" que opõe, no capítulo "O caso Wagner", ao "alemão no velho sentido da palavra" (p. 144). Nesse capítulo, desenvolve principalmente as seguintes objeções quanto aos alemães de sua época: a falta de gosto de seus contemporâneos, sua ausência, portanto, de seleção, aliada à decadência e pobreza de seus instintos; a "honestidade" [*Ehrlichkeit*] dos alemães do Reich, a que opõe, invariavelmente, a "probidade", a "retidão" [*die Rechtschaffenheit*] (cf. p. 147), valor positivamente reavaliado; seu espírito ávido, capaz de se alimentar, com apetite invejável, de contradições, e de engolir, com um estômago "neutro", "tanto 'a fé'" como o espírito científico, "tanto o 'amor cristão' como o antissemitismo..." (p. 144). Um pouco mais adiante, Nietzsche denuncia a maneira alemã de escrever a História, maneira "alemã do Reich" [*reichsdeutsche*],

história   na qual a palavra "alemão" se torna, por si só, argumento suficiente, e a famosa divisa *Deutschland, Deutschland über Alles* [a Alemanha acima de tudo — começo do hino nacional alemão] funciona como princípio organizador por excelência, considerando os germânicos como supostos representantes históricos da "ordem moral universal". Dentre as maneiras falsificadoras de escrever a História, Nietzsche especifica uma que nos interessa aqui especialmente: "há, receio, até mesmo uma [historiografia] antissemita" (p. 145).

O filósofo prossegue seu ataque contra os alemães, denunciando-os como falsários, falsos moedeiros intelectuais, por seu idealismo, sua covardia diante da realidade. Propõe, então, que se designe internacionalmente com a palavra "alemão" toda espécie de "impureza [*Unsauberkeit*] *in psychologicis*", que seria típica dos alemães, e desfaz ao mesmo tempo o mito da "profundidade" alemã: os alemães simplesmente não teriam "fundo" — o qual seria consequentemente inatingível —, sem, no entanto, chegarem a ser *flach* [ao mesmo tempo "raso" e "superficial"].[38] Seriam, assim, os antípodas dos gregos, que, na brilhante formulação de Nietzsche, ao final do prefácio a *Gaia ciência*, teriam sido superficiais — por profundidade.

Na última parte do capítulo sobre *O caso Wagner*, Nietzsche se carac-

---

38. Nesse trecho de *Ecce homo*, Nietzsche aproxima, curiosamente, o alemão da mulher: "Mais ou menos como no caso da mulher, nunca se chega ao fundo do alemão: ele simplesmente não o tem, e isto é tudo. Mas com isso não se chega sequer a ser superficial [*flach*]." (Cf. § 3 do capítulo sobre *O caso Wagner*.) A propósito da "falta de fundo" da mulher, cf. principalmente o final do prefácio a *Gaia ciência*: Nietzsche compara a "verdade", tão indecentemente buscada pelos metafísicos, a Baubo, personagem dos mistérios de Elêusis que levantou a saia e mostrou seu sexo a Deméter, fazendo finalmente rir a deusa da fecundidade, então atormentada pelo desaparecimento de sua filha Perséfone. A "verdade" não está nem "atrás" nem "por baixo" de algo; conforme afirma Nietzsche, assim como a mulher, ela talvez tenha motivos [*Gründe*] para não mostrar "seus fundos" [*Gründe*]. Talvez nada tenha a esconder sob suas saias. Ou, como diriam alguns psicanalistas, apenas uma ausência capaz de provocar risadas infantis, bem como o sorriso cúmplice, um quê teorizante, de alguns leitores de Freud. No texto de Nietzsche, o que importa é que, por não ter "fundo", a mulher é a própria verdade, superfície de ilusão e de sedução. Como Nietzsche afirma em outra famosa passagem do prefácio a *Além do bem e do mal*, a verdade-mulher resiste a todo filósofo dogmático importuno que tem a indelicadeza e a falta de tato de querer "desvelá-la". Cf. igualmente, a esse respeito, Kofman, "Baubô (pervesion théologique et fétichisme)", in *Nietzsche et La scène philosophique*. Paris: Galilée, 1986; e Derrida, *Eperons (les styles de Nietzsche)*. Paris: Flammarion, 1978. Observemos ainda que, nesse trecho de *Ecce homo*, a aproximação entre o alemão e a mulher se restringe à ausência "de fundo" que lhes é comum. No entanto, se na mulher tal ausência é uma positividade, no alemão ela é preenchida por uma mentira, transformando-se em um dos diversos sintomas de seu "desasseio [*Unreinlichkeit*] psicológico" (cf. p. 147). O alemão teria procurado escamotear sua "falta de fundo" forjando o mito da profundidade, recusando a afirmação da vida como aparência sedutora, arte da dissimulação, gosto por adornos, véus e artifícios.

teriza como "desprezador dos alemães", *canaille* incapaz de estabelecer hierarquias e de lidar com matizes. Afirma que, como "uma *nuance*", era um dos primeiros a sofrer por conta dessa falta de tato. Chega então ao ataque implícito do antissemitismo, através de uma frase provocativa lançada contra a pretensa superioridade de que se revestia o alemão do Reich: "Minha vida inteira é a prova *de rigueur* [rigorosa] destas frases. Nela busco em vão um indício de tato, de *délicatesse* para comigo. Da parte de judeus sim, nunca ainda da parte de alemães" (pp. 148-149).

Reencontramos finalmente o mesmo gênero de ataque indireto ao antissemitismo, sob forma de provocação, no sétimo parágrafo de "Por que sou tão inteligente". Após declarar o que espera da música — "que ela seja alegre e profunda como uma tarde de outubro", "singular, travessa e terna" como uma mulher cheia de malícia e de graça —, Nietzsche afirma que, para um alemão, é impossível saber o que ela é. E acrescenta: "Aqueles que são chamados de músicos alemães [...] *são estrangeiros*, eslavos, croatas, italianos, holandeses — ou judeus" (p. 72). Tais passagens de *Ecce homo* se dirigem, evidentemente, a interlocutores precisos: os antissemitas, que Nietzsche provocava indiretamente dessa forma.

Resta-nos precisar uma última distorção que incomodava o filósofo, e cujos ecos se inscrevem de forma direta em seu texto autobiográfico. O equívoco vem acrescentar-se àqueles já analisados, completando a rede imbricada de interlocutores mais imediatos que permeia esse texto tão complexo, em que se cruzam diversos diálogos e discussões, e que parece por vezes obscuro para quem não conhece seu contexto de maneira detalhada. Esse mal-entendido a ser desfeito aparece já no prólogo de *Ecce homo* e se vincula a outro fio condutor do texto autobiográfico: a releitura que Nietzsche opera de sua obra e o lugar especial que atribui, então, a *Assim falou Zaratustra*:

> Entre minhas obras, ocupa o *Zaratustra* um lugar à parte. [...] Esse livro, cuja voz atravessa e ultrapassa milênios, é não apenas o livro mais elevado

que existe, autêntico livro do ar das alturas [...]; é também *o livro mais profundo*, nascido da riqueza mais secreta da verdade [...]. Aqui não fala nenhum "profeta", nenhum daqueles horrendos híbridos de doença e vontade de potência[39] chamados fundadores de religiões. É preciso antes de mais nada *ouvir* corretamente o som que sai desta boca, este som alciônico, para não se cometer uma injustiça deplorável quanto ao sentido de sua sabedoria. (p. 41)

Nietzsche não queria de forma alguma ver seu Zaratustra confundido com profetas e fundadores de religiões. Esse esclarecimento parecia-lhe extremamente necessário, na medida em que ele mesmo havia expressado, em determinado momento, certa imprecisão ao caracterizar seu projeto filosófico, que a partir de *Assim falou Zaratustra* deveria desembocar na "transvaloração de todos os valores", nunca efetivamente concluída. Em 2 de setembro de 1884, após a publicação da terceira parte de *Zaratustra*, ao fazer um balanço do verão para sua amiga Resa von Schirnhofer, Nietzsche se refere à sua obra futura como filosofia, religião, ou ainda outra coisa para a qual não encontrava um nome: "Em suma: estou satisfeito com o verão, na medida em que esbocei, para os próximos seis anos, o projeto de minha 'filosofia', ou 'religião', ou — que sei eu? Pouco importa; é ainda *preciso que ele seja vivido*" [In summa: ich bin mit dem Sommer zufrieden, in-

    Zaratustra

---

39. Embora Paulo César de Souza, mantendo-se fiel ao sentido de *"Macht"* [poder], proponha para *"Wille zur Macht"* a tradução "vontade de poder", optei pela solução usual por considerar que ela resgata, em certa medida, o dinamismo expresso pela partícula *"zur"* [que contém a ideia de "em direção a"], transpondo-o para o substantivo "potência", como algo em devir, não mero "objeto" de uma vontade que lhe seria, por assim dizer, exterior. Tal solução apresenta ainda a vantagem de evitar leituras apressadas e equivocadas do conceito nietzschiano de *"Wille zur Macht"*, que dá inteligibilidade à natureza, à própria vida, confundindo-se com a tendência de todo elemento vital (mesmo no nível das pulsões, dos instintos) a aumentar e intensificar a própria potência.

sofern ich für 6 Jahre den Entwurf gemacht habe, den Entwurf meiner "Philosophie" oder "Religion" oder was weiß ich? Genug, es *muß* noch gelebt werden] (ibid., p. 528).

Um mês após a conclusão da quarta parte de *Assim falou Zaratustra*, em carta datada de 14 de março de 1885, na qual anuncia a Köselitz sua decisão de editar o livro por conta própria, Nietzsche se caracteriza como "poeta–profeta" (cf. *Briefe* 7, p. 21). De maneira semelhante, ao mencionar a Köselitz, em primeiro de julho de 1883, os obstáculos cristãos e antissemitas à impressão e à distribuição de *Zaratustra* 1, o filósofo, dessa vez em tom de pilhéria, associa tais contratempos a "verdadeiras 'aventuras de fundador de religião'" (cf. *Briefe* 6, p. 388).

Esse mal-entendido poderia portanto encontrar apoio em certas declarações do próprio Nietzsche, como as que acabamos de citar, já que mesmo o tom leve e bem-humorado que caracteriza a última delas não anula o fato de ela corroborar certa identificação entre o filósofo e um "fundador de religião". Essa confusão poderia igualmente se apoiar em uma leitura de *Zaratustra* que não levasse em conta um de seus traços essenciais: a produção, através dele, de uma inversão e ultrapassagem do cristianismo, por meio da paródia da linguagem bíblica. Com efeito, esse texto de Nietzsche contém, por seu próprio estilo, paródias de diversas passagens da Bíblia. Alguns trechos retomam especificamente a linguagem e o ritmo da tradução da Bíblia efetuada por Lutero, que, além do mais, é em geral considerada como o primeiro texto escrito em língua alemã, um texto, portanto, duplamente inaugural. O último parágrafo do trecho de *Zaratustra* citado no final do prólogo a *Ecce homo* é um exemplo claro da referência a um famoso episódio do Evangelho segundo Mateus, em que o apóstolo Pedro renega Cristo três vezes. Tal episódio é parodiado e invertido no texto de Nietzsche; contrariamente a Cristo, Zaratustra, seu antípoda, ordena exatamente a seus discípulos que eles o reneguem: "Agora ordeno que me percais e vos encontreis; e somente *quando me tiverdes todos renegado retornarei a vós*" (p. 42).

Não é apenas a paródia presente em *Zaratustra* que, se não for levada em conta, poderia contribuir para a confusão do personagem com um "fundador de religião". O lugar especial concedido por Nietzsche a *Assim falou Zaratustra*, que equivaleria àquele atribuído, no Ocidente, até agora exclusivamente à Bíblia, também poderia prestar-se a equívocos. Em carta a Paul Deussen de 26 de novembro de 1888, na qual o filósofo pede a seu amigo de juventude ajuda financeira para poder realizar um projeto relativo à compra dos direitos em mãos do editor Fritzsch, ele parece ratificar uma predição de Köselitz segundo a qual o livro seria em breve vendido e lido como a Bíblia: "desejo ter em minhas próprias mãos toda a minha literatura. [...] Não apenas por ela ser um imenso patrimônio, pois meu *Zaratustra* será lido como a Bíblia; simplesmente não é mais possível que ela permaneça nas mãos de E. W. Fritzsch" [ich will meine ganze Litteratur selbst in den Händen haben [...] Sie ist nicht nur ein ungeheures Vermögen, denn mein Zarathustra wird wie die Bibel gelesen werden, — sie ist einfach in den Händen von E. W. Fritzsch nicht mehr möglich] (*Briefe* 8, p. 492).

Por todas essas razões era preciso que Nietzsche deixasse bem claro, desde o início de *Ecce homo*, que Zaratustra não era um sacerdote, nem por seu discurso nem por seu "tipo" e ensinamento. Escreve, assim, no prólogo: "Aqui não fala um fanático, aqui não se 'prega', não se exige *fé* [...]. Uma delicada lentidão é o *tempo* desses discursos" (pp. 41-42).

Da mesma forma, em uma carta a Jean Bourdeau de 17 de dezembro de 1888, da qual apenas o rascunho foi conservado, Nietzsche procura desfazer a identificação entre um "fanático" ou um "apóstolo" e ele próprio, confirmando desse modo sua preocupação com esse tipo de mal-entendido, que devia se manifestar igualmente enquanto vivia. Assim como Zaratustra, ele afirma não poder suportar qualquer sabedoria desprovida do tempero da malícia e do bom humor: "sou também o oposto de um fanático e de um apóstolo e não suporto nenhuma sabedoria que não seja bem temperada com grandes doses de malícia e de bom humor. Meus livros não são nem um pouco monótonos e, no entanto, nenhum alemão até agora tem a menor ideia do que eles são" [auch bin ich das Gegenteil eines Fanatikers und Apostels und vertrage keine Weisheit außer mit sehr viel Bosheit und guter Laune gewürzt. Meine Bücher sind nicht einmal langweilig — und trotzdem hat noch kein Deutscher einen Begriff davon...] (ibid., p. 535).

Nem o filósofo nem Zaratustra se consideravam portanto "fanáticos", "fundadores de religião"; pelo menos é o que Nietzsche declara explicitamente nos trechos citados. No início do capítulo "Por que sou um destino", de *Ecce homo*, a questão é ainda uma vez retomada: "E com tudo isso, nada tenho de fundador de religião. Religiões são assunto da plebe; sinto necessidade de lavar as mãos após o contato com pessoas religiosas..." (p. 150).

No entanto, a própria insistência com que o filósofo mencionava esse mal-entendido para tentar desfazê-lo parece ter sua razão de ser para além de toda explicação até aqui sugerida. Se Zaratustra não pretende de forma alguma ser um sacerdote, um monstruoso ser híbrido, mistura de doença e de vontade de potência, o fato é que na leitura que Nietzsche faz de sua obra em *Ecce homo* não apenas concede a ele um lugar privilegiado como também o investe de certa auréola sagrada. Liberto da figura malsã do sacerdote, o lugar vazio do sagrado passaria, assim, a ser ocupado por Zaratustra. Entretanto, para compreendermos o sentido e a dimensão dessa espécie de sacralização de *Zaratustra* é preciso analisar, de maneira mais detalhada, a leitura de sua obra operada por Nietzsche em *Ecce homo*.

Zaratustra:
do "trágico" ao trágico

Desde o prólogo de *Ecce homo*, Nietzsche atribui um lugar à parte a *Assim falou Zaratustra*, chegando mesmo a caracterizá-lo como o "livro mais elevado que existe", livro definitivo, aquele em que se inscreve o "ar das alturas" (p. 41). Esta valorização radical pode resumir-se na seguinte afirmação:

> Que um Goethe, um Shakespeare não saberiam respirar sequer um instante nessa paixão e nessa altura tremendas; que Dante, comparado a Zaratustra, seja apenas um crente, e não alguém que primeiro *cria* a verdade, um espírito que *governa o mundo*, um destino; que os poetas do Veda sejam sacerdotes, e indignos até mesmo de desatar as sandálias de um Zaratustra, tudo isso é o mínimo, e não dá nenhuma noção da distância, da solidão *anil* em que essa obra vive. (p. 129)

Livro superior a qualquer outro, *Zaratustra* é também considerado como obra excepcional na leitura que Nietzsche opera de sua própria produção. Com efeito, em *Ecce homo*, ele se transforma em centro e referência de toda a obra do filósofo. Diversos elementos colocam em evidência o caráter excepcional que Nietzsche atribui a esse livro: importância, primeiro, quantitativa — trata-se do mais longo comentário de um de seus escritos; além disso, insistência particular quanto ao papel central do livro em sua obra, evidenciada pela grande quantidade de longas citações. Quando o filósofo cita *Gaia ciência* (aforismo 382, "A grande saúde"), é ainda para se referir a *Zaratustra*. Quando trata de *Além do bem e do mal*, situa o livro no conjunto da obra a partir de uma relação direta com *Zaratustra*: "Depois de resolvida a parte de minha tarefa que diz Sim, era a vez da sua metade que diz Não, que *faz o Não*" (p. 136). *Além do bem e do mal* representaria, assim, um momento negativo de sua tarefa — momento, portanto, segundo —, complementar à afirmação radical a que corresponderia *Zaratustra*. Por outro lado, o próprio *"régime"* que teria presidido à escritura de *Além do bem e do mal* estaria totalmente vinculado a *Zaratustra*:

> Considerando-se que o livro vem *após* Zaratustra, talvez se adivinhará também o *régime* dietético ao qual deve seu nascimento. O olho, mal-acostumado por uma necessidade tremenda de ver *longe* — Zaratustra enxerga ainda mais longe que o czar —, é obrigado a enfocar com agudeza o imediato, a época, o *em torno*. Em tudo, e sobretudo na forma, se encontrará um afastamento *deliberado* daqueles instintos que tornaram possível um Zaratustra. (p. 137)

No que concerne ao livro *Genealogia da moral*, o procedimento é idêntico. No pequeno capítulo sobre ele, Nietzsche resume de início o assunto de cada uma das três dissertações de que é composto. Com referência à terceira dissertação, associa a enorme potência até então conservada pelo ideal ascético à ausência de um ideal concorrente, de um "contraideal", acrescentando: "*até Zaratustra*" (p. 139). O filósofo relaciona *Genealogia* a *Zaratustra*, considerando-o mais uma vez como positividade com relação às desconstruções realizadas nas três dissertações.

Além disso, lido em *Ecce homo*, *Zaratustra* não funciona apenas como uma espécie de ponto de fuga para o qual convergiriam as obras posteriores a ele; é igualmente relacionado, por exemplo, ao primeiro livro do filósofo. Quando Nietzsche comenta o *Nascimento da tragédia*, conclui o capítulo com a seguinte afirmação: "Na página 71, o *estilo* de *Zaratustra* é descrito e antecipado com incisiva segurança; e jamais se encontrará expressão mais grandiosa para o *acontecimento* Zaratustra, o ato de uma colossal purificação e consagração da humanidade, do que a encontrada nas páginas 43 a 46" (p. 97).

No primeiro livro de Nietzsche, Zaratustra já se encontraria virtualmente inscrito. Quando lê sua obra, portanto, o filósofo projeta incessantemente esse livro nos escritos que o antecederam e o sucederam: dessa forma, desde o início, Zaratustra teria sido "profetizado" (ibid.).

Examinemos agora o sentido que Nietzsche atribui a *Assim falou Zaratustra* no capítulo referente ao livro. Ao retraçar a história da gênese da obra, o filósofo a pontua com elementos míticos e sagrados. Inicialmente (primeiro parágrafo), data e localiza "a concepção fundamental da obra", a ideia do eterno retorno. O dado geográfico — "seis mil pés além [*jenseits*] do homem e do tempo" — investe-se, ao longo de todo o capítulo, de uma dimensão simbólica bastante evidente. No alto, além de tudo o que é humano, demasiado humano, Nietzsche teria concebido tal ideia, que lhe teria acontecido como uma revelação, junto a um "imponente bloco de pedra em forma de pirâmide". Zaratustra: sacralização/ mitificação

Concretização arquitetônica da ideia de morte e ressurreição, não deixando de remeter, de certa maneira, ao eterno retorno, a pirâmide se associa a um outro elemento que intervém no texto imediatamente a seguir: a Fênix. Reportando-se a alguns meses antes, Nietzsche indica, como signo premonitório dessa verdadeira revelação, "uma mudança súbita e profundamente decisiva" em seu gosto, sobretudo no que se refere à música; relaciona então Zaratustra a um "renascimento da arte de ouvir", associado por sua vez a sua experiência musical em Recoara, durante a primavera de 1881, com o maestro Peter Gast, também ele um "renascido" [*Wiedergebornen*]. Afirma, ainda, ter descoberto naquele momento que "a Fênix Música passava [por eles] em voo, com uma plumagem mais leve e luminosa do que jamais exibira" (p. 122). Fênix

As cartas escritas por Nietzsche em Recoara, entre 18 de maio e 23 junho de 1881, contêm efetivamente rastros dessa experiência. Em uma carta à mãe e à irmã, datada de 18 de maio, por exemplo, o filósofo menciona o entusiasmo provocado pela "descoberta" da ópera cômica de seu amigo Köselitz (Peter Gast). Afirma então: "É exatamente a música afinada à minha filosofia" [es ist gerade die Musik, die zu meiner Philosophie gehört] (*Briefe* 6, p. 88). Alguns dias mais tarde, Nietzsche escreve ao próprio Köselitz, que havia nesse meio tempo retornado a Veneza, uma vez que a saúde de Nietzsche não permitia ao filósofo nem mesmo a companhia do amigo, dizendo-lhe que jamais tinha vivido semelhante mês de maio. Refere-se então à descoberta da música de Gast usando termos que sugerem a ideia de revelação: "Jamais houve para mim, até agora, um mês de *maio* tão intenso quanto este. Tantas coisas se *revelaram*..." [Noch nie gab es für mich einen *Mai*, der es so sehr gewesen wäre, wie dieser! Es ist so vieles *offenbar* geworden...] (ibid., p. 90).

A imagem da Fênix, associada nessa passagem de *Ecce homo* à música de Peter Gast, remete, por sua vez, à do fogo, frequentemente empregada por Nietzsche para caracterizar a relação entre certo tipo de criador e sua obra. No aforismo 208 de *Humano, demasiado humano* I, por exemplo, Nietzsche parte da relação autor-livro, utilizada como paradigma de toda ação humana capaz de engendrar outras ações, resoluções e pensamentos — tudo o que acontece encadeando-se necessariamente a tudo o que irá se suceder —, para chegar à ideia da imortalidade real, ligada ao movimento. Segundo Nietzsche, o quinhão mais feliz terá sido atribuído ao autor que, em sua velhice, puder afirmar que ele próprio não representa nada além de cinzas, uma vez que o fogo que nele havia perdura a salvo em sua obra, intensificado, levado mais longe ainda. O aforismo seguinte (209), desdobramento do precedente, descreve a inquietante alegria do pensador, do artista que, tendo colocado na obra em segurança o melhor de si, sente uma "alegria quase maligna" ao ver seu corpo e seu espírito pouco a pouco corroídos, destruídos pelo tempo: "como se, escondido, observasse um ladrão tentando abrir seu cofre, sabendo de antemão que este está vazio, e que todos os seus tesouros estão a salvo."

O autor transformado em cinzas; o fogo preservado na obra, que a ele sobrevive e se imortaliza, não na rigidez de um monumento, mas no movimento do próprio *devir*, eis uma das versões do eterno retorno, no sentido da potência de propagação, de expansão de uma obra, já que tudo o que acontece "se liga indissoluvelmente a tudo o que acontecerá" (cf. aforismo 208). Essa forma real de imortalidade, que implica destruição e renascimento pelo fogo, remete, além disso, à concepção heraclitiana do mundo, tal como Nietzsche a sintetiza e interpreta em um ensaio inacabado de 1873, "A filosofia na época trágica dos gregos": o mundo concebido como jogo de Zeus, ou, em termos físicos, como jogo do fogo consigo mesmo (cf. § 6).

No aforismo 568 de *Aurora*, é o próprio pássaro Fênix que fala ao criador. Mostra-lhe um rolo de papel incandescente, quase carbonizado — a obra do escritor. Por não expressar nem o espírito de sua época nem o daqueles que são contra ela, tal obra atópica, radicalmente extemporânea deve, segundo a Fênix, ser queimada, o que seria aliás bom sinal. Pois, acrescenta a ave mítica, retomando em parte a epígrafe de *Aurora*:[1] "Há diversas espécies de aurora." Assim, não apenas o autor mas a própria obra será consumida pelo fogo, irradiando seu brilho fulgurante, para se transformar, a seguir, em cinzas, a pulverização equivalendo à condição mesma de sua verdadeira imortalidade. Mais uma vez, e de maneira ainda mais radical, o que resta é o puro movimento que, ultrapassando a obra, a destrói em sua forma estática e a liberta da própria morte. Fim e novo começo; fogo, cinza e incandescência de uma nova e brilhante aurora, a obra só perfaz seu destino dionisíaco

---

1. "Há tantas auroras que ainda não brilharam", diz a epígrafe de *Aurora*. Foi Köselitz que, ao passar a limpo o manuscrito quase indecifrável de Nietzsche (que sofria então enormemente da vista), acrescentou à obra essa epígrafe, da qual será tirado o próprio título do livro. A frase remete ao *Rig-Veda*, primeiro dos quatro livros sagrados da Índia, contendo o essencial da mitologia, da cosmogonia e da filosofia bramanista. Köselitz, no entanto, não indicou a fonte dessa tradução. Cf., a este respeito, Janz, *Biographie* II, p. 348.

destruindo-se e produzindo o surgimento de outra coisa — em outro lugar, mais longe.

Metáforas semelhantes, relacionadas à criação, se inscrevem igualmente em *Assim falou Zaratustra*. No capítulo "Do caminho do criador", no primeiro livro, afirma-se que todo aquele que cria deve submeter-se ao destino da Fênix: "Deves querer queimar-te em tua própria chama: como queres renovar-te sem antes te reduzires a cinzas?" No segundo livro, Zaratustra se afasta dos eruditos, que gostam de sentar-se à sombra, como eternos espectadores, e evitam o fogo de todo sol. Eis como Zaratustra afirma seu caráter solar: "Sou por demais ardente, incendiado por meus próprios pensamentos: perco frequentemente a respiração por causa disto. Preciso então sair ao ar livre, longe de todos os gabinetes empoeirados."

Identicamente inflamado e consumido pela intensidade ígnea de seus próprios pensamentos, extenuado principalmente após a escritura de cada parte de *Zaratustra*, Nietzsche se confunde cada vez mais com o pássaro mítico, a ponto de chegar a se assinar como "a Fênix" em uma carta a Köselitz datada de 9 de dezembro de 1888 (cf. *Briefe* 8, p. 515). Conta a seu amigo, entusiasmado, que estava relendo seus livros e que apenas há duas semanas conseguia compreendê-los e avaliar-lhes a verdadeira dimensão. A identificação de Nietzsche com a Fênix relaciona-se mais de perto à criação de *Zaratustra*: em todo o caso, é o que o filósofo sugere em certos trechos de *Ecce homo*. No quarto parágrafo do capítulo sobre *Assim falou Zaratustra*, quando descreve seu estado melancólico, cujo eco se faz sentir no "Canto noturno" (cf. *Zaratustra* II) que então compunha, cita o refrão que o perseguia insistentemente, e que resume o duplo movimento implicado em seu processo criativo: "morto de imortalidade" (p. 127). Um pouco mais adiante, no início do quinto parágrafo, descreve seu estado de extrema prostração toda vez que terminava cada uma das três primeiras partes da obra. Após cada período fértil, sentia-se como que pulverizado sob o peso da enorme carga de energia dispendida. Transformado em cinzas após essas breves erupções criadoras — dez dias para cada uma das partes —, passava então por uma espécie de morte, vendo ao mesmo tempo assegurada a sobrevivência do fogo e da paixão na obra, condição de sua verdadeira "imortalidade real":

> Excetuando essas obras de dez dias, os anos durante e sobretudo *após* o *Zaratustra* foram de um infortúnio sem igual. Paga-se [*Man büßt*] caro ser imortal: para isto, morre-se várias vezes em vida. Existe algo que chamo de *rancune* [rancor] do que é grande: tudo o que é grande, uma obra, um ato, uma vez realizado, volta-se imediatamente *contra* aquele que o fez. Precisamente por tê-lo feito, ele se encontra *enfraquecido*; não suporta mais seu ato, não consegue mais encará-lo. Ter *atrás* de si algo que nunca se deveria ter querido, algo em que se ata o nó do destino da humanidade, e tê-lo doravante *sobre* si [sob sua responsabilidade]!... Quase que esmaga... A *rancune* do que é grande! (p. 128)

Curiosamente, nessa passagem intervém uma expressão religiosa ligada à noção de pecado, de expiação: o verbo *büßen*, que significa "expiar", "pagar", ou em outra construção ainda, "cumprir uma penitência". No entanto, essa linguagem remete aqui a uma experiência bastante singular, à economia interna de um corpo que, tendo ousado demasiadamente, se encontra enfraquecido, extenuado, como que calcinado. Em se tratando de Nietzsche, nada impede que palavras de um certo registro — neste caso, o registro religioso — sejam utilizadas em uma direção diferente, reapropriadas por uma força, como aqui, não cristã e mesmo anticristã: com efeito, "*büßen*" remete, no trecho, exclusivamente a um estado de corpo, e "corpo" no sentido nietzschiano, que supõe a ultrapassagem da distinção metafísica entre "corpo" e "alma". "Corpo" é, nesse sentido, apenas um nome que recobre, de fato, uma multiplicidade: afetos, pulsões, que, intensificados, movidos pela vontade de potência, lutam entre si e, ao vencerem, subjugam os demais. No entanto, o emprego desse tipo de linguagem, mesmo em um sentido radicalmente diferente daquele em geral associado à tradição judaico-cristã, não deixa ao mesmo tempo de contribuir para uma certa sacralização e mitificação de *Zaratustra* no texto autobiográfico, em função do próprio peso, do valor simbólico dos termos empregados. Uma das estratégias mais utilizadas por Nietzsche consiste em retomar exatamente termos relacionados à tradição metafísica ocidental, atribuindo-lhes um sentido totalmente diverso, por vezes até mesmo oposto. No exemplo citado, há certa paródia do sentido religioso de "*büßen*"; mas, conforme frisamos, o caráter sacralizador de tal linguagem corrobora, ainda assim, o processo de mitificação de *Zaratustra*.

A correspondência de Nietzsche revela a intensidade de sua experiência quando da escritura de cada parte de *Zaratustra*. Menciona essa experiência diversas vezes, sempre em termos muito concretos. Em suas descrições refere-se sobretudo a seu corpo como um campo aberto onde afetos se defrontam e se expressam com grande intensidade. Em 1883, por exemplo, imediatamente após ter concluído a segunda parte de *Zaratustra*, o filósofo descreve diversas vezes o estado de abandono, de abatimento em que se encontrava, principalmente nas cartas datadas de 6, 9 e 13 de julho, endereçadas respectivamente à irmã, a Franz Overbeck e a Heinrich Köselitz. Por ocasião do aniversário de sua "querida lhama", exatamente no dia do término de *Zaratustra* II, Nietzsche escreve à irmã, exortando-a a obter, junto ao editor Schmeitzner, a promessa da impressão imediata desse texto; pois, acrescenta: "Quero terminar de vez com isso e me liberar da expansão de sentimento provocada por tais produções: já me ocorreu diversas vezes que eu possa morrer subitamente por algo assim" [Ich will damit zu Ende kommen und von dieser Expansion des Gefühls erlöst sein, die solche Produktionen mit sich führen: es ist mir öfter der Gedanke gekommen, daß ich an so Etwas plötzlich sterbe] (*Briefe* 6, p. 392).

Nietzsche acrescenta, na carta, que somente após a publicação dessa obra recuperaria a saúde, bastante abalada por tal dispêndio de energia criadora. Termina fazendo um apelo desesperado à irmã: "Você não pode sequer ter a menor ideia da *veemência* de tais nascimentos. É nisto, no entanto, que reside seu perigo. Pelo amor de Deus, esclareça tudo isto com Schmeitzner; eu próprio estou agora por demais excitado. Ah, que bom que posso escrever coisas assim para você!" [Du kannst Dir von der *Vehemenz* solcher Entstehungen nicht leicht einen zu großen Begriff machen. Darin aber liegt ihre Gefahr. — Um des Himmels Willen, bringe dies mit Schmeitzner in's Reine; ich selber bin jetzt zu reizbar gestimmt. —Ach, wie schön, daß ich Dir so Etwas schreiben kann] (ibid., p. 392).

Na carta a Overbeck, Nietzsche descreve de forma mais detalhada seu abatimento, sua extrema suscetibilidade após o "nascimento" de *Zaratustra* II:

> Duas coisas me parecem incuráveis: primeiro, o fato de que *todo* trabalho intelectual regular, após um certo *tempo* (cerca de duas semanas) provoca uma profunda ruína, por conta de sua extrema intensidade (de forma alguma por sua *duração*: neste sentido, os próprios olhos já estabelecem limites bem precisos!). Em segundo lugar, minha *sensação* tanto do agradável quanto do desagradável passa por explosões tão violentas que basta não mais do que um *instante* para eu ficar *completamente* doente, sem dúvida por causa de uma alteração da circulação sanguínea (mais ou menos doze horas depois tudo está decidido; isso dura de dois a três dias). (ibid., p. 394) [Zweierlei scheint mir incurabel: das Eine, daß *jedes* regelmäßige geistige Arbeiten, nach einer gewissen *Zeit* (c. 2 Wochen) einen tiefen Verfall nach sich zieht, weil es zu intensiv ist (der *Zeit* nach gar nicht: da geben ja schon die Augen sehr bestimmte Grenzen!) Sodann: mein *Gefühl*, sei es des Angenehmen oder des Unangenehmen, hat so heftige Explosionen, daß ein *Augenblick*, im strengsten Sinne, hinreicht, um, durch eine Veränderung

der Blut-cirkulation wahrscheinlich, mich *vollkommen* krank zu machen (etwa 12 Stunden später ist es entschieden, es dauert 2-3 Tage]

Na carta a Peter Gast, além de uma idêntica descrição do aspecto altamente perigoso da explosão de sentimento provocada por *Zaratustra* II, é reforçada de modo ainda mais claro a relação estabelecida na carta a Elisabeth entre o processo de criação da obra e a "concepção", seguida de um "nascimento". Nietzsche escreve:

> Desde minha última carta, tenho-me sentido melhor e mais animado; de uma só vez concebi a *segunda* parte de *Zaratustra* e, *após* a concepção, também veio o nascimento. Tudo com a maior veemência.
>   (Ocorreu-me então que um dia ainda morrerei provavelmente por causa de uma *tal* explosão e expansão do sentimento. Que o diabo me carregue!). (ibid., p. 397)
> [Seit meinem letzten Briefe gieng es mir besser und muthiger, und mit Einem Male hatte ich die Conception zum *zweiten* Teile *Zaratustra* — und *nach* der Conception auch die Geburt: Alles mit der größten Vehemenz.
>   (Dabei ist mir der Gedanke gekommen, daß ich wahrscheinlich an einer *solchen* Gefühls-Explosion und Expansion einmal sterben werde: hol' mich der Teufel!)]

Embora nessa carta a Gast Nietzsche se mostre cheio de coragem com relação aos riscos de tais excessos, é mais frequentemente o medo do perigo que se expressa na correspondência em que trata a respeito da criação de cada parte de *Assim falou Zaratustra*. Por exemplo, a descrição de sua extrema fragilidade e vulnerabilidade após o parto de *Zaratustra* II reaparece na carta ao editor Schmeitzner datada de 18 de janeiro de 1884, momento do término da obra, que o filósofo pensava então ter definitivamente concluído: "A veemência do sentimento em tais situações é além disso tão grande que se pode com isso *estilhaçar* de uma só vez, como um recipiente de vidro; e enquanto eu não vir essa terceira e última parte *impressa* na minha frente e continuar a ser atormentado dia e noite por essa veemência, o *perigo* não é nada pequeno" [Die Vehemenz des Gefühls bei solchen Dingen ist übrigens so groß, daß man wie ein gläsernes Gefäß auf Ein Mal dabei springen kann: und bevor dieser dritte und letzte Teil nicht *gedruckt* vor mir liegt, und ich von dieser Vehemenz täglich und nächtlich geqüält bin, ist die *Gefahr* keine geringe] (ibid., p. 466).

Logo a seguir, na mesma carta, Nietzsche suplica que seu editor o "libere" [*erlösen*] de tais sofrimentos, ao menos com a promessa provisória de acelerar o processo de impressão do livro. Cada vez que concluía uma parte de *Zaratustra*, Nietzsche pagava bastante caro, com sofrimentos atrozes, a intensidade dessas erupções de apenas dez dias. A Fênix sofria então sua morte, para renascer mais uma vez das próprias cinzas — "morta de imortalidade". No entanto, não é somente com relação a *Zaratustra* que a imagem da Fênix surge na correspondêcia do filósofo. Já em 1880, às voltas com terríveis sofrimentos, ele se consolava e buscava novas forças evocando o pássaro mítico. Eis o que escreve, por exemplo, em uma pequena carta a Overbeck datada de 17 de novembro de 1880: "Nesse ínterim, penso nas cinzas e na Fênix: para cima!" [Inzwischen denke ich der Asche und des Phönix: aufwarts!] (ibid., p. 48). No entanto, nos textos de Nietzsche, a imagem da Fênix remete sobretudo ao ato criador, como no caso de *Assim falou Zaratustra*; seus componentes principais são: o elemento ígneo, preservado na obra, associado ao ato que "se vinga", imediatamente, no próprio autor; a imortalidade assegurada pelas mortes constantes; o eterno retorno no nascimento da obra que, por sua vez, engendra outras obras, ações e pensamentos. Em seu gesto criador, portanto, o autor-Fênix morre e renasce de suas cinzas.

Não é por acaso que, quando Nietzsche "conta a história" de *Zaratustra* em *Ecce homo*, à imagem da Fênix se segue a do   gravidez "parto" da obra. A gravidez é geralmente utilizada pelo filósofo como paradigma de toda criação artística.² Aliás, desde 1876 o filósofo havia confessado a Malwida von Meysenbug — que, sem nunca ter-se casado, adotara e educara Olga Herzen, filha de um amigo — a importância que ele atribuía a certa forma de amor maternal. Em 14 de abril de 1876, Nietzsche escreve à baronesa: "Um dos motivos mais elevados que, através da senhora, comecei a pressentir é o do amor materno sem o laço físico entre mãe e criança" (*Briefe* 5, p. 149, trecho já citado no primeiro capítulo deste livro).

Em Nietzsche, esse gênero de amor tomará a forma da relação autor-obra. Em *Ecce homo* o filósofo acrescenta que a gestação de *Zaratustra* I, tendo consumido dezoito meses, atingira uma duração que ultrapassa a da espécie humana: Nietzsche a aproxima da prenhez da fêmea do elefante. Sugere ser ele mesmo uma fêmea de elefante. Ao parto da obra se associa mais uma vez a morte, relacionando-se o término de *Zaratustra* à hora precisa — "hora sagrada" — em que morria Wagner.

Dando prosseguimento à sacralização, à mitificação de *Zaratustra*, Nietzsche menciona a "*gaya scienza*", que, produzida no período intermediário, "contém mil indícios da proximidade de algo incomparável", e

2. Dentre os diversos textos nos quais Nietzsche utiliza o paradigma da gravidez nesse sentido, desenvolvendo-o de várias maneiras, cf. a quarta *Consideração extemporânea*, § 10; o prefácio a *Humano, demasiado humano* I, § 7; *Humano, demasiado humano* II, aforismo 216; *Aurora*, aforismo 552; *A gaia ciência*, aforismo 72, em que os contemplativos são considerados como "mães masculinas"; bem como o aforismo 369, no qual o criador constante é comparado a um homem "maternal" [*eine "Mutter" von Mensch*], e o aforismo 376; *Assim falou Zaratustra* III, "Da beatitude a contragosto"; *Zaratustra* IV, "Do homem superior", parte II; *Além do bem e do mal*, aforismos 206 e 248; *Ecce homo*, "Por que sou tão inteligente", § 3, no qual afirma que uma das astúcias instintivas da gestação espiritual é "emparedar-se a si mesmo". Encontramos igualmente esse paradigma nas cartas de Nietzsche: cf. as cartas do início de dezembro de 1882 a Hans von Bülow; a Franz Overbeck de 18 de agosto e de 13/14 de novembro de 1884; a Heinrich Köselitz de 13 de fevereiro de 1888, em que os artistas são caracterizados como seres férteis e "periódicos" como as mulheres.

que teria propiciado o começo de *Zaratustra* e sua ideia fundamental — o eterno retorno. Logo a seguir, cita o "Hino à vida", a única partitura que quis publicar, sintomática do que chama de seu *"pathos* trágico", paixão afirmativa por excelência. Nietzsche desejava que se cantasse esse hino no futuro, em sua memória. O nascimento de *Zaratustra* aparece, dessa forma, mais uma vez associado à morte. Além disso, a valorização insistente da gênese dessa obra ressalta seu aspecto inaugural, como um texto cuja história deve ser registrada com precisão.

A essa "história" de *Assim falou Zaratustra*, que funciona como um dos elementos de sua mitificação, corresponde a consagração dos lugares nos quais a obra foi meditada e redigida. Depois de se referir ao bloco de pedra em forma de pirâmide junto ao qual lhe teria vindo a ideia do eterno retorno, Nietzsche descreve dois de seus passeios habituais quando da estada em Rapallo, perto de Gênova: o caminho para Zoagli e a caminhada ao longo da baía de Santa Margherita. Foi durante tais passeios, no inverno 1881-1882, que o primeiro *Zaratustra* lhe teria ocorrido e que Zaratustra enquanto "tipo" teria literalmente "caído sobre ele" (cf. p. 124). A sacralização de *Zaratustra* é sugerida, nessa passagem, pela importância especialmente atribuída a essas caminhadas solitárias, que a memória recupera e consigna com precisão no texto autobiográfico, transformando-as em percursos de uma revelação. A ideia de revelação, de inspiração, é sugerida pelas expressões utilizadas: "ocorrer", "ter a ideia" (o expressivo verbo *einfallen*, composto por "cair" [*fallen*] e "dentro" [*herein*]) e, mais particularmente, "assaltar", "cair sobre" (*über-fallen*, composto a partir de *fallen* e *über*, "sobre"). Nelas se exprime o caráter súbito, involuntário, por assim dizer "exterior" tanto de uma revelação quanto de uma inspiração.

Nietzsche dedicará, com efeito, o terceiro parágrafo do capítulo sobre *Zaratustra* a uma reavaliação, em seu sentido, das noções de inspiração e de revelação. Quanto à inspiração, procura arrancá-la à tradição romântica, reportando-se à ideia que dela faziam os poetas "de épocas fortes" (cf. p. 126). Ela se confundiria, então, com a noção de revelação [*Offenbarung*] mística, acreditando-se ser o poeta mera encarnação, porta-voz, simples médium de forças muito mais poderosas (ibid.). Em sua versão nietzschiana, a revelação se torna um "estado de fato". Mais uma vez, é o corpo, a intensidade de seus afetos, que está em questão. Eis os termos em que Nietzsche descreve esse estado: um êxtase cuja extrema tensão se desata por vezes em torrentes de lágrimas, dando o compasso, marcando o ritmo, ora acelerado, ora mais lento, a que obedecem os pés; um estar fora de si, acompanhado de uma nítida consciência de delicados tremores que percorrem o corpo todo, até os dedos dos pés; uma profusão de luz, um abismo de felicidade, que englobam necessariamente a maior dor e a mais completa obscuridade; um instinto para relações rítmicas e a necessidade de um ritmo amplo — tudo isso como um modo de compensar a imensa pressão desse tipo de estado (ibid.). A esse relato, vem-se acrescentar o que Nietzsche afirma no final do quarto parágrafo, a propósito dos movimentos de seu corpo no momento da composição de *Zaratustra* III:

> aquele capítulo decisivo que traz o título "De velhas e novas tábuas" foi composto na subida extremamente penosa da estação ao maravilhoso castelo mourisco de Eza. Minha agilidade muscular sempre atingiu o máximo quando a força criadora fluía com maior pujança. O *corpo* está entusiasmado: deixemos a "alma" de fora... Com frequência podiam me ver dançando; eu podia, sem sombra de cansaço, caminhar durante sete ou oito horas pelas montanhas. (p. 128)

pêdân   Essas descrições lembram, em certos aspectos, a expressão física, a gestualidade e a fisiologia dos corpos nos ritos dedicados a Dioniso de que fala Marcel Detienne no livro *Dioniso a céu aberto* (1988). A "pulsão saltatória", o frêmito que invade o corpo das bacantes é provocado por certo ritmo que o pé [*poûs*] impõe ao corpo, fazendo-o pular [*pêdân*] e "saltar longe de" [*ekpêdân*]. Dessa forma, as mênades são lançadas em movimentos frenéticos, violentamente arrancadas para fora de si mesmas, em uma "*ekstáseis*" (cf. p. 84).

Sendo o órgão do corpo humano que palpita igualmente associado a Dioniso e à sua potência (cf. pp. 103-104), o próprio músculo cardíaco se torna uma bacante que, em transe dionisíaco, dança e pula no interior da caixa torácica. Função de um pé e de um coração que saltam e dançam, o "entusiasmo" nietzschiano é, portanto, uma questão de músculos, principalmente daqueles capazes de palpitar; é sobretudo uma questão de ritmo. Dessa forma, Nietzsche se afasta da visão romântica da "inspiração", bem como da versão judaico-cristã da "revelação", aliando-se à experiência de ritos gregos bem mais arcaicos.

No quarto parágrafo do capítulo sobre *Assim falou Zaratustra*, Nietzsche retoma de forma ainda mais explícita a sacralização dessa obra através da história de sua gênese, complementada por dados geográficos precisos. Conta que, após uma "primavera melancólica em Roma" e algumas tentativas malsucedidas de encontrar um lugar anticristão, ele regressou "ao local sagrado onde o primeiro clarão de *Zaratustra* brilhara" para ele, para encontrar o "segundo *Zaratustra*" (cf. p. 127). Em seguida, será a vez de Nice: sob seu céu alciônico, o filósofo teria mais uma vez "encontrado" o terceiro *Zaratustra*. Acrescenta, então: "Muitos recantos e muitas alturas da paisagem de Nice são, para mim, santificados [*geweiht*, i.e., 'consagrados', 'abençoados', 'sacralizados'] por instantes inesquecíveis" (p. 128).

No trecho acima, Nietzsche atribui a importância sagrada do lugar a algo de pessoal; no entanto, a descrição exata de todas essas peregrinações singulares sugere que, no texto autobiográfico, o filósofo delineava uma verdadeira cartografia para uso da posteridade. Certos percursos e locais se tornaram, aliás, desde o final do século XX, locais de visitação, ou ao menos — e ironicamente — atrativos turísticos complementares, tanto na região de Nice ("o caminho Nietzsche", ligando a praia de Eza ao vilarejo de mesmo nome) quanto em Sils-Maria, onde se pode visitar o quarto em que Nietzsche morava. Quanto à Alta Engadina suíça, Nietzsche a consagra em um trecho do capítulo sobre *Crepúsculo dos ídolos*, em que escreve: "Apenas a 20 de setembro deixei Sils-Maria, retido por inundações, por fim há muito o último hóspede desse lugar maravilhoso, ao qual minha gratidão quer fazer o dom de um nome imortal" (p. 141).

A sacralização de *Zaratustra*, tão evidente em *Ecce homo*, se anuncia de maneira mais indireta, mas não menos reveladora, em algumas cartas de Nietzsche do início de 1887. Eis o curioso contexto dessas cartas: um terremoto abalara Nice, onde o filósofo residia temporariamente, seis horas após a última girândola no carnaval. De forma bastante mordaz, Nietzsche zomba nas cartas da época do verdadeiro pânico que se apoderara da população, e do sensacionalismo exagerado com que a imprensa local envolvera o acontecimento. Apesar do abalo sísmico, o filósofo havia permanecido na pensão em que habitava, trabalhando tranquilamente. Quando deixava o quarto, era para assistir ao espetáculo, com um deleite ao mesmo tempo irônico e dionisíaco. É o que sugere a carta endereçada a seu amigo Reinhart von Seydlitz, em 24 de fevereiro de 1887, na qual escreve:

> imediatamente depois dele [do carnaval], [...] aconteceu de novo outro charme da existência, estimulante, ainda mais raramente experimentado. Vivemos realmente na mais interessante expectativa de *perecer*, graças a um tremor de terra bem intencionado, que não fez somente os cães uivarem a toda volta. Que prazer quando as velhas casas chacoalham sobre nossas cabeças feito moinhos de café! Quando o tinteiro se torna independente! Quando as ruas se enchem de figuras aterrorizadas, seminuas e com sistemas nervosos em frangalhos! Ontem à noite, por volta de duas, três horas, como *gaillard* [gracejador] que sou, fiz uma ronda de inspeção nas diferentes partes da cidade para verificar em que lugar o medo era maior.

A população está acampando noite e dia ao ar livre; tudo está com um aspecto bem militar. E agora até mesmo nos hotéis! Nos quais muita coisa desabou e reina, consequentemente, pânico total. Encontrei todos os meus amigos e amigas miseravelmente deitados debaixo de árvores verdejantes, cobertos com flanela, por causa do frio penetrante, pensando sombriamente no fim a cada pequeno abalo. [...] e, com exceção de uma senhora idosa bastante devota que está convencida de que o bom Deus não *pode* fazê-la sofrer, eu era o único ser *alegre*... (*Briefe* 8, pp. 31-32)

[dicht hinter ihm [dem Carneval], [...] gab es schon wieder neue und seltener erprobte Reize des Daseins. Wir leben nämlich in der interessantesten Erwartung zu *Grunde zu gehen* — Dank einem wohlgemeinten Erdbeben, das nicht nur alle Hunde weit und breit heulen macht. Welches Vergnügen, wenn die alten Häuser über Einem wie Kaffemühlen rasseln! wenn das Tintenfaß selbständig wird! wenn die Straßen sich mit entsetzten halbbekleideten Figuren und zerrütteten Nervensystemen füllen! Diese Nacht machte ich, gegen 2-3 Uhr, comme *gaillard*, der ich bin, eine Inspektionsrunde in den verschiedenen Teilen der Stadt, um zu sehen, wo die Furcht am größten ist—die Bevölkerung campiert nämlich Tags und Nachts im Freien, es sah hübsch militärisch aus. Und nun gar in den Hôtels! wo Vieles eingestürzt ist und folglich eine vollkommene Panik herrscht. Ich fand alle meine Freunde und Freundinnen, erbärmlich unter grünen Baumen ausgestreckt, flanelliert, denn es war scharf kalt, und bei jeder kleinen Erschütterung düster an das Ende denkend. [...]; und abgesehen von einer alten sehr frommen Frau, welche überzeugt ist, daß der liebe Gott ihr Nichts zu leide tun *darf*, war ich der einzige *heitre* Mensch...]

Por causa do terremoto, a casa onde Nietzsche havia escrito a terceira e quarta partes de *Assim falou Zaratustra* foi condenada; a propósito, eis a observação que o filósofo acrescenta entre parênteses, em uma carta à amiga Emily Finn, mais ou menos em 4 de março de 1887: "(A casa onde nasceram duas de minhas obras ficou de tal forma abalada e condenada que terá de ser demolida. Eis aí uma vantagem para a posteridade: ela terá um local de peregrinação a menos para visitar)" [(Das Haus, in welchem zwei meiner Werke entstanden sind, ist dermaßen erschüttert und unhaltbar geworden, daß es abgetragen werden muß. Dies hatte den Vorteil für die Nachwelt, daß sie eine Wallfahrtsstätte weniger zu besuchen hat)] (ibid., p. 38).

O tom da observação é, sem dúvida alguma, o de pilhéria. No entanto, mesmo de forma negativa ("um local de peregrinação a menos"), o aspecto sagrado da casa onde foram engendrados *Zaratustra* III e IV não deixa de ser sugerido. O próprio fato de a casa ter sido sacudida por um tremor de terra a aproxima de certo sentido de sacralidade, se levarmos em conta o caráter excessivo, dionisíaco, de uma natureza em perpétuo *devir*. Com efeito, todo terremoto abala as construções aparentemente sólidas com as quais o homem se defende do caráter transitório da existência, nutre uma ilusão de perpetuidade, "esquece", enfim, a morte. Sacudido pela natureza, ele se vê recolocado, de uma maneira bastante concreta, na própria instabilidade que o espreita por baixo das rígidas construções por ele erguidas. Essa verdadeira lição dada aos hóspedes de Nice e a seus habitantes não era, sem dúvida, estranha ao júbilo de Nietzsche diante do espetáculo da cidade abalada, dos homens grotescamente (ou demasiado humanamente) pegos desprevenidos em sua estabilidade tão precária quanto ilusória. Conforme o relato de Nietzsche, uma feliz coincidência tornava tal espetáculo ainda mais saboroso: a festa dionisíaca da natureza ocorrera apenas seis horas após os últimos folguedos do carnaval de Nice, oferecendo desse modo um contraste irônico suplementar em relação a um rito já bastante domesticado, no qual o desregramento, o desvio da norma é de antemão regulado, verdadeiro simulacro dos arcaicos ritos dionisíacos.

A relação entre a casa em que nasceram *Zaratustra* III e IV e o dionisíaco não é sugerida apenas pelo tremor de terra a que Nietzsche reagiu com tanto humor, como mostra a carta citada. O próprio fato de ela ter de ser demolida a identifica a um santuário adequado à singularidade desse deus nômade. É o que podemos constatar, reportando-nos a um curioso e inquietante rito dionisíaco em terra gálica, descrito por Estrabão, geógrafo contemporâneo de Augusto, a partir das observações de Posidônio de Apameia, historiador e filósofo estoico grego. Nesse rito, o santuário do deus nomadizante, que preferia habitações modestas a templos suntuosos, devia ter seu telhado desfeito e refeito em um só dia. Eis como Estrabão descreve o rito, a partir do relato do estoico grego:

> Posidônio afirma que há no Oceano uma pequena ilha, que ele situa na embocadura do rio Loire, e não de todo em alto mar; que essa ilha é habitada pelas mulheres dos "namnetas", mulheres possuídas por Dioniso e dedicadas a apaziguar esse deus por meio de ritos e todo tipo de cerimônias sagradas. Nenhum macho pode pôr o pé na ilha. Em contrapartida, as próprias mulheres, todas casadas, atravessam as águas para se unirem aos maridos e regressam em seguida. Manda o costume que uma vez por ano elas retirem o telhado do santuário e coloquem um outro no mesmo dia, antes do pôr-do-sol, cada uma trazendo sua carga de material. Aquela cujo fardo cai no chão é estraçalhada pelas outras, que passeiam seus membros em volta do santuário, gritando o evoé. Não cessam enquanto seu delírio [*lúttê*] não termina. E sempre acontece que uma ou outra caia e tenha de sofrer o mesmo destino.[3]

Esse insólito Dioniso, deus insular, difere de seu irmão Apolo, deus arquiteto do panteão, fundador de grandes cidades, também neste aspecto: mesmo quando recebe, por sua vez, grandes templos bem construídos, no século IV antes de nossa era, sua morada preferida será sempre semelhante à que lhe oferece, um pouco mais tarde, um médico de

---

3. Citado, com pequenas alterações relativas à tradução, a partir de Detienne, *Dioniso a céu aberto*. Rio de Janeiro: Jorge Zahar, 1988, pp. 76-77.

Taso: "Um templo ao ar livre [...] comum altar e seu leito de pâmpanos; um belo antro sempre verde; e, para os iniciados, um lugar onde cantar o evoé" (ibid., p. 81).

É um Dioniso semelhante que, em *Assim falou Zaratustra*, se senta sobre os escombros de velhas igrejas para ali fazer seu santuário a céu aberto, coberto de grama, semeado de papoulas vermelhas, um templo que um céu alciônico invade com seu olhar luminoso: "E quando o céu puro, através dos tetos em ruínas, contemplar de novo a grama e as papoulas vermelhas que crescem sobre os muros em ruínas, somente então voltarei novamente meu coração para as moradas desse deus" (cf. *Zaratustra* II, "Dos sacerdotes"); "Pois amo até mesmo as igrejas e os túmulos de deuses, quando o olho puro do céu atravessa os tetos em ruína; como a grama e a papoula vermelha, gosto de me sentar sobre igrejas em ruína" (*Zaratustra* III, "Os sete selos", parte 2).

Sobre as ruínas do cristianismo senta-se, triunfante, o antigo deus nômade; sobre os escombros da tradição judaico-cristã Dioniso se reapropria dos velhos templos. Eis aí sugerido o sentido da sacralização de *Zaratustra* em *Ecce homo*: dissociação entre o sagrado e o cristianismo, lido genealogicamente como decadência, identificando-se Zaratustra ao oposto de todo "sábio", "santo", "salvador do mundo" ou "qualquer outro *décadent*" (p. 42). Ao mesmo tempo, eterno retorno de Dioniso, de quem Nietzsche afirma ser discípulo: "Sou um discípulo do filósofo Dioniso; preferiria antes ser um sátiro a um santo" (prólogo, p. 39). Zaratustra também é identificado a essa divindade em *Ecce homo*. No capítulo sobre o livro, quando Nietzsche cita um trecho em que a alma do "tipo" Zaratustra é definida como a condição de possibilidade de seu acesso às coisas mais opostas, comenta enfaticamente: "*Mas esta é a ideia mesma do Dioniso*" (p. 131). Sustenta a identificação entre Zaratustra e Dioniso, evocando três aspectos do que considera o problema psicológico desse "tipo": de que modo aquele que diz e "faz não" ao que até agora sempre se disse sim pode ser o oposto de um espírito de negação; de que forma o espírito que carrega o destino mais pesado pode ser o mais leve, um verdadeiro bailarino; e, finalmente, como aquele que tem a visão mais dura e terrível da realidade encontra aí mesmo um motivo suplementar para ser o eterno sim a todas as coisas (cf. p. 131). Dando prosseguimento à identificação entre Zaratustra e Dioniso, no parágrafo seguinte (o sétimo), Nietzsche inscreve seu personagem na tradição dionisíaca por sua linguagem, afirmando que quando um tal espírito fala consigo mesmo, emprega o ditirambo, o canto em louvor ao deus grego.

A sacralização de *Assim falou Zaratustra* no texto autobiográfico poderia surpreender em uma obra como a de Nietzsche, que dessacralizou a marteladas tantos ídolos. Poderia assim contribuir para a confusão entre esse personagem e um "profeta", um "fundador de religião", "horrendo híbrido de doença e vontade de potência" (cf. prólogo, quarto parágrafo). Tal equívoco poderia, além disso, se apoiar em uma leitura de *Zaratustra* que não levasse em conta seu tom e estilo paródicos. Com efeito, muitas vezes o personagem fala como um sacerdote. A própria narração adota, em alguns momentos, uma dicção bíblica. No entanto, isso não implica necessariamente uma contradição com relação à denúncia do ser híbrido que é o sacerdote, pois o traço característico da paródia é justamente produzir, no interior de um discurso, sua destruição; é miná-lo, por assim dizer, "a partir do interior", provocando uma tensão estratégica entre certo texto, que é retomado, "imitado", e aquilo que é efetivamente afirmado.[4]

---

4. Em *Assim falou Zaratustra* IV, o capítulo "A ceia" é um exemplo bastante evidente da corrosão interna de um discurso pelo efeito da paródia. Nesse capítulo, por exemplo, quando se pede a Zaratustra pão para a ceia, ele responde rindo: "Pão? [...] Pão é exatamente o que os eremitas não têm. No entanto, nem só de pão vive o homem, mas também da carne de bons cordeiros; tenho dois deles aqui." Além da dupla referência paródica ao Evangelho ("nem só de pão vive o homem" e a referência aos "bons cordeiros"), a passagem remete diretamente ao exemplo do cordeiro e da ave de rapina que Nietzsche utiliza (cf. § 13 da primeira dissertação da *Genealogia*) para ilustrar a gênese não aristocrática do conceito de "homem bom", forjado pela perspectiva do ressentimento.

Mesmo levando-se em conta essa desconstrução própria à paródia, bastante presente em *Assim falou Zaratustra*, a sacralização desse texto e desse personagem na autobiografia não deixa de ser embaraçosa, em uma primeira leitura. Esta segunda aparente contradição não se sustenta, no entanto, se considerarmos, por um lado, que o sagrado não se restringe de forma alguma à tradição judaico-cristã e, por outro, que Nietzsche inscreve Zaratustra, no texto autobiográfico, em outra tradição religiosa, aproximando-o explicitamente de Dioniso.

A sacralização de Zaratustra deve ser além disso vinculada ao caráter bastante complexo da relação entre o cristianismo, referência paródica por excelência do texto de Nietzsche, e o dionisíaco, antípoda daquela religião, ao qual Zaratustra se identificaria. Certos trechos de outras obras do filósofo nos autorizam a afirmar que, compreendida em um movimento mais vasto, a relação entre o cristianismo e Dioniso escaparia a uma simples oposição binária. Através de *Zaratustra* e de sua leitura na autobiografia, Nietzsche teria levado o próprio cristianismo às suas últimas consequências, e isto pelo menos por duas razões. De início, pelo fato de que, uma vez radicalizados alguns de seus próprios valores, essa religião não se subtrairia a uma lei que, superior a ela, rege segundo Nietzsche toda "coisa excelente" sobre a terra. Essa "lei da vida" é assim formulada na terceira dissertação (§ 27) de *Genealogia da moral*: "Todas as grandes coisas perecem por si mesmas, 'levantando-se a si mesmas' [durch einen Akt der Selbstaufhebung]:[5] assim o

> Selbstaufhebung

---

5. "*Selbstaufhebung*" é geralmente traduzido para o francês pelo equivalente de "autodestruição" ou "autossupressão". Embora procure manter, em meu texto, o substantivo em alemão, quando se tratar de seu equivalente verbal [*sich selbst aufheben*] não traduzirei por "se autossuprimir" para evitar a contaminação com o sentido hegeliano do termo. Traduzirei, portanto, como "levantar-se" ou "se autolevantar", expressões mais conformes ao original, partindo da solução sugerida tanto por J. Derrida quanto por S. Kofman, *se relever soi-même*. Em nota na página 79 de seu *Nietzsche et la métaphore* (Paris: Galilée,

deseja a lei da vida, a lei da necessária 'vitória sobre si' [*Selbstüberwindung*] que faz parte da essência da vida..."

Uma vez que a vida quer mais potência e se autossupera nesse movimento, não é de todo impossível que a moral, indo bem longe em sua própria direção — o que já suporia o trabalho de forças ativas —, possa chegar a se "autolevantar". A fim de compreender melhor esse movimento em toda a sua complexidade, reportemo-nos ao terceiro parágrafo de "Por que sou um destino" (*Ecce homo*), no qual Nietzsche explica o sentido que o nome "Zaratustra" tem em sua boca, a do "primeiro imoralista". Nesse parágrafo, o filósofo afirma que Zaratustra foi o primeiro a identificar na luta entre o bem e o mal a verdadeira roda motriz na engrenagem das coisas; sua obra corresponderia à transposição da moral para o plano metafísico, como força, causa, fim em si. Tendo ele próprio criado o mais funesto de todos os erros — a moral —, deve ser o primeiro a reconhecer tal erro, já que é mais "veraz" [*wahrhaftiger*] que qualquer outro pensador. Além disso, Nietzsche acrescenta que, possuindo uma experiência maior e mais longa do que todos os outros pensadores, Zaratustra sabe que toda a história é de fato a refutação empírica da pretensa "ordem moral universal". Já que foi ele quem transpôs a moral para o plano metafísico, ao levar às últimas consequências sua virtude suprema, a veracidade [*Wahrhaftigkeit*], deverá enfim reconhecer a moral como algo criado, relativizando-a e arrancando-a, ao mesmo tempo, à metafísica. Sua diferença em relação aos idealistas consiste sobretudo no fato de que, não sendo covarde, não bate em retirada diante da realidade e ousa destruir a moral, fazendo

1983), Kofman faz a seguinte observação: "a *Aufhebung* nietzschiana, não implicando qualquer trabalho do negativo, não tem nada a ver com *Aufhebung* hegeliana. Nietzsche opera uma reavaliação paródica desse conceito metafísico." A propósito da justiça que "se levanta" em graça, prerrogativa do mais potente (cf. § 10 da segunda dissertação de *Genealogia*), Nietzsche remete a esta mesma lei da vida: "ela [a justiça] termina como toda boa coisa sobre a terra, se autolevantando [*sich selbst aufhebend*, 'se autossuprimindo']."

valer suas virtudes persas: "falar a verdade" e "atirar bem com flechas". No final desse parágrafo, Nietzsche conclui significativamente: "Compreendem-me?... A autossuperação [*Selbstüberwindung*] da moral por veracidade, a autossuperação do moralista em seu contrário — em mim: isto significa em minha boca o nome Zaratustra" (p. 152).

A possibilidade de autossuperação da moral não está de forma alguma excluída, desde que "virtudes" transvaloradas, tais como "veracidade" ou "probidade", possam ir até o fim de si mesmas, movidas por forças ativas. Assim radicalizadas, elas terminariam por denunciar o caráter mentiroso das ficções forjadas pelos sacerdotes. Ficções que querem se passar por verdades, e não se apontam como tais, como invenções, nesse sentido, não são probas, honestas. Por intermédio de Zaratustra, essas qualidades virtuosas levadas às suas últimas consequências realizam, portanto, a *Selbstaufhebung* da moral. Tal movimento explica por que, como imoralista, Nietzsche emprega frequentemente um vocabulário moralista, nomeando virtudes que, exercidas com radicalidade, acabam por virar-se contra a própria moral dos sacerdotes.

Já que a *Selbstaufhebung* da moral é possível, nada impede que, por intermédio das virtudes persas de Zaratustra, o cristianismo possa ceder o lugar do sagrado ao dionisíaco. No entanto, não é apenas por conta desse movimento, dessa lei da vida que a relação complexa entre o cristianismo e Zaratustra escapa a uma simples oposição. Para compreender de uma maneira mais matizada o papel e o sentido de Zaratustra, é necessário distinguir sua relação com o cristianismo de sua visão da figura de Cristo. Nesse sentido, algumas passagens de *Assim falou Zaratustra* mostram que o personagem de Nietzsche chega a se identificar, sob certos aspectos, com Jesus. No capítulo "Da morte livre", da primeira parte, no qual Zaratustra prega que não se deve morrer nem cedo nem tarde demais, mas "no momento certo" [*zur rechten Zeit*], afirma que o hebreu Jesus teve uma morte prematura, o que teria sido uma verdadeira fatalidade para vários homens. Segundo Zaratustra,

Jesus foi tomado pelo desejo de morrer, só tendo conhecido até então as lágrimas e a melancolia do hebreu, bem como o ódio dos bons e dos justos. Zaratustra acrescenta que se Jesus tivesse permanecido no deserto, longe dos bons e dos justos, talvez tivesse aprendido a viver e a amar a terra; talvez tivesse aprendido a rir. E conclui: "Creiam-me, meus irmãos! Ele morreu cedo demais; ele próprio teria renegado sua doutrina se tivesse chegado à minha idade! Era suficientemente nobre para se retratar! // Mas ele ainda não tinha amadurecido."

De acordo com esse texto, a diferença fundamental entre Jesus e Zaratustra é associada a uma certa "maturidade", no sentido nietzschiano: teria sido preciso que Jesus tivesse atingido a idade de quarenta anos, como Zaratustra. Houvesse tido a ocasião de dominar, de alguma forma, a "aversão ao homem", a náusea que lhe provocava o triste espetáculo do ser humano, certamente não teria mais querido morrer. Pois, como afirma Zaratustra logo a seguir: "Mas no homem há mais de criança do que no adolescente, e menos melancolia: ele sabe mais sobre a vida e a morte." Jesus, portanto, teria morrido antes de se tornar suficientemente "maduro", ou seja, criança, para superar sua própria melancolia. Eis mais um trecho do mesmo discurso de Zaratustra: "Mas no homem há mais criança do que no jovem, e menos melancolia: ele já entende melhor sobre morte e vida."

O caminho de Zaratustra difere nesse aspecto do de Jesus: tendo deixado sua terra natal aos trinta anos, o personagem nietzschiano permaneceu durante dez anos na montanha, até completar quarenta anos, idade a que Nietzsche se refere em *Humano, demasiado humano* II como a de uma certa maturidade. No aforismo 269 de "Andarilho e sua sombra", o filósofo identifica os quarenta anos ao outono, época da colheita, de uma alegria serena, da suavidade das nuances:

> Finalmente os quarenta anos: misteriosos como tudo o que fica imóvel; semelhantes a um planalto vasto e montanhoso, sobre o qual corre um vento

fresco; com um céu límpido e puro acima dele, olhando sempre, durante o dia e noite adentro, com a mesma clemência. É o tempo da colheita e da mais cordial alegria; é o *outono* da vida.

Reencontramos um tom e imagem semelhantes no pequeno trecho de abertura de *Ecce homo*, após o prólogo. No dia em que completa 44 anos, do "planalto vasto e montanhoso" dos quarenta anos, Nietzsche abraça com o olhar toda a sua vida, olha adiante e atrás de si, e inaugura o gesto autobiográfico em pleno isolamento: "E assim me conto minha vida." Mostra-se cheio de gratidão, principalmente por causa dos "presentes" que 1888 lhe dera: seus livros. No início desse pequeno texto, uma luminosidade outonal envolve os misteriosos dons e a doce alegria próprios, segundo Nietzsche, aos quarenta anos: "Neste dia perfeito, em que tudo amadurece e em que não é apenas a videira que doura, um raio de sol acabou de cair sobre a minha vida..." (p. 43).

Ainda segundo Zaratustra, no mesmo capítulo do primeiro livro, a mais grave consequência do fato de que Jesus não tivesse alcançado a maturidade é que sua morte representou uma injúria ao homem e à terra. Zaratustra deseja, entretanto, uma morte que incite a se amar ainda mais esta terra; em sinal de gratidão, afirma que quer voltar a ser terra, a fim de encontrar o repouso naquela que o engendrou. Nessa passagem, atribuindo as mais funestas consequências à morte prematura de Jesus, o personagem nietzschiano se aproxima de Cristo, interpretando-o, no final das contas, de forma favorável, avaliando-o como uma natureza nobre, que, tivesse alcançado a maturidade, teria sido capaz de renegar uma doutrina que calunia a vida sobre a terra.

Também em outro texto de *Assim falou Zaratustra*, na terceira parte, Jesus é aproximado do personagem nietzschiano. Trata-se do § 26 da grande parte intitulada "Das velhas e novas tábuas", na qual Zaratustra interpreta à sua maneira uma passagem do Evangelho. Afirma, inicialmente, que os bons e os justos representam a maior ameaça para todo o futuro da humanidade, pois, acreditando saber de antemão e de uma vez por todas aquilo que é "bom e justo", voltam-se necessariamente contra todos aqueles que ainda procuram e experimentam nesse campo, ou seja, contra os criadores de valores. É contra os que se pretendem bons e justos que, segundo Zaratustra, Cristo teria lançado sua acusação: "Ah, meus irmãos, alguém olhou certa vez dentro do coração dos bons e dos justos, e disse: 'São fariseus.' Mas ele não foi compreendido."

A essa interpretação da frase de Cristo se acrescenta uma releitura da crucificação que aproxima mais uma vez os personagens Jesus e Zaratustra:

> Os bons *precisam* crucificar aquele que inventa, para si, sua própria virtude! Esta é a verdade! [...]
> Pois os bons não *podem*, na verdade, criar: são sempre o começo do fim: — eles crucificam aquele que inscreve novos valores sobre novas tábuas, eles sacrificam o futuro *em seu próprio proveito*; crucificam todo o futuro dos homens!

Nesse mesmo parágrafo, Zaratustra afirma ser um continuador de Cristo, na medida em que, como Jesus, denuncia os fariseus: "o segundo", diz o texto, a ter descoberto "o país, o coração e o solo dos bons e dos justos", Zaratustra teria sido capaz de avaliar toda a extensão da ameaça que eles representam. Tendo sido aquele que perguntou sobre "quem eles mais odeiam" — para responder de imediato "os criadores de novos valores" —, teria tornado mais clara e precisa a dimensão do grave perigo implicado na perspectiva conservadora dos "bons e dos justos".

O fato de não haver uma simples oposição entre Zaratustra e Jesus se compreende de forma ainda mais clara quando nos reportamos a outros textos de Nietzsche. É de fato um Jesus bastante próximo de Zaratustra, um Cristo criador de seus próprios valores, refratário à formação de seitas e que não deseja de forma alguma ser cegamente seguido por seus discípulos, que afirma, segundo Nietzsche: "A lei foi feita para os escravos; amai a Deus como eu o amo, como seu filho! Que nos importa a moral, a nós, filhos de Deus?" (*Além do bem e do mal*, aforismo 164).

É contudo em *Anticristo* (principalmente nos § 31 a 44), cujo título em alemão, *Der Antichrist*, significa ao mesmo tempo "Anticristo" (como sinônimo de *Widerchrist*) e "anticristão", que Nietzsche desenvolve sua interpretação da figura histórica de Jesus: ele teria sido o mais interessante de todos os decadentes, uma espécie de Buda "nascido em um solo bem pouco indiano". Os primeiros discípulos o teriam caricaturado, deformado, interpretando-o como profeta, como Messias. Segundo Nietzsche, Jesus era incapaz de se defender, de negar "o mundo" (noção eclesiástica), de se encolerizar; não pregava uma nova crença, mas praticava um novo modo de vida. Nele, as noções de pecado, de distância na relação entre o homem e Deus estariam ausentes. Tendo vivido e morrido na beatitude, teria sido o primeiro e o último dos cristãos: com ele, afirma Nietzsche, o Evangelho morreu na cruz. Livre da interpretação dada pelos discípulos, sua própria morte teria expressado sua distância em relação ao ressentimento.

Segundo Nietzsche, foi o apóstolo Paulo, verdadeiro gênio do ódio, nova encarnação do instinto sacerdotal judaico, que introduziu no ensinamento de Jesus a crença na imortalidade pessoal, concebida como recompensa. A fim de tiranizar as massas e estabelecer a dominação dos sacerdotes, ele teria inventado essa crença, ou seja, a doutrina do "julgamento final". Assim, conclui Nietzsche, teria terminado o esboço novo e original de um movimento de paz budista, a perspectiva de uma felicidade efetiva sobre a terra, e não mais apenas prometida. Liberto, portanto, de sua leitura por Paulo, o Evangelho — o modo de vida de Jesus — deixa de ser demasiadamente distante de Zaratustra. Se o apóstolo Paulo precisou da morte na cruz para formar rebanhos e dominá-los por meio da propagação da farsa do "Jesus ressuscitado", para Zaratustra é exatamente a morte prematura de Jesus, o fato de ele não ter vivido suficientemente para superar o desgosto em relação aos homens, que constitui sua principal objeção a Cristo.

Além disso, o traço específico da paródia, bastante presente em *Assim falou Zaratustra*, é justamente indicar uma dupla direção. Se, por um lado, ela tem por efeito solapar o discurso a que remete, por outro "comemora", por assim dizer, o texto parodiado, que não deixa de retornar à memória. Por essa razão suplementar a paródia dos textos sagrados judaico-cristãos em *Assim falou Zaratustra* não exclui a possibilidade de uma aproximação eventual entre o personagem nietzschiano e Jesus: ao contrário, em seu movimento duplo, complexo e paradoxal, sustenta e possibilita tal aproximação.

A leitura de Zaratustra na autobiografia confere a essa obra um papel-chave na *Aufhebung* do cristianismo e no eterno retorno do dionisíaco. A própria autobiografia reflete e duplica, em uma espécie de *mise en abyme*, a tensão entre estes dois polos: *ecce homo*, emblema do Cristo coroado de espinhos, que encabeça a obra, se desdobra na frase "Dioniso contra o Crucificado", que fecha o texto como uma espécie de dupla assinatura final, explicitando o sentido paródico do título do livro. É, em suma, a tensão entre os dois personagens sagrados que Nietzsche ressalta em sua leitura de *Zaratustra*; é igualmente essa tensão que, enquadrando o texto por suas duas extremidades (o título e a frase final), constitui um dos nervos centrais da autobiografia. Para melhor dimensionar o sentido dessa tensão e suas implicações, convém, remetendo a outras obras de Nietzsche, relacioná-la às considerações do filósofo a respeito da tragédia e da paródia, ou, de forma mais precisa, da passagem de um certo tipo de tragédia a um outro. Ao primeiro serão associadas certas religiões, principalmente o cristianismo; ao segundo, o dionisíaco. Compreenderemos então mais exatamente o papel da paródia no jogo entre esses tipos diferentes de "trágico".

No primeiro aforismo de *Gaia ciência*, intitulado "Os doutores da finalidade da existência", Nietzsche afirma: "por   o "trágico" enquanto, estamos ainda na época da tragédia, na época das morais e das religiões." Nesse texto, remete a invenção das morais e das religiões ao "instinto de conservação da espécie", considerado como "a *essência* de nossa espécie gregária". É esse instinto potente, inexorável, irredutível que o filósofo coloca na base de todas as morais, de toda doutrina que atribui à existência humana uma pretensa "finalidade".

Notemos que, nesse texto, Nietzsche não parece ainda dispor de sua própria linguagem, como, por exemplo, da noção de vontade de potência, para dar conta da invenção das morais e das religiões. Ora, no aforismo 349 da mesma obra ele lança mão exatamente da noção de "instinto de conservação da espécie" contra Espinosa e o darwinismo. Nesse aforismo do quinto livro de *Gaia ciência*, acrescentado posteriormente à obra, Nietzsche afirma que os pensadores do instinto de conservação, tais como Espinosa e, mais recentemente, os naturalistas anglo-saxões, deviam à sua origem social o papel decisivo atribuído, em suas filosofias, a esse princípio explicativo, pois eram homens "do povo", de ascendência bastante pobre, frequentemente doentes (como o tísico Espinosa). Habituados a um regime de penúria, teriam generalizado o estado perpétuo de miséria, de falta, estendendo-o a toda a natureza. Segundo Nietzsche, não é a penúria que reina na natureza, mas exatamente seu contrário: a abundância, até mesmo o mais absurdo desperdício. Já que o impulso vital aspira, por sua própria natureza, a uma expansão de sua potência — e não apenas à sua preservação —, é muitas vezes em função da vida que a conservação se vê ameaçada e, em alguns casos, sacrificada. Assim, ao contrário de Espinosa e dos darwinistas, Nietzsche considera a vontade de potência, de expansão, própria à vida como o princípio de inteligibilidade da natureza.

No aforismo 349 de *Gaia ciência*, o filósofo utiliza portanto sua própria linguagem, o que não ocorre no primeiro aforismo. Esse aforismo é ainda por outra razão difícil de ser lido e até mesmo desconcertante em uma primeira leitura: além de recorrer a noções tais como "instinto de conservação da espécie", Nietzsche não emprega nesse texto um procedimento genealógico, diferencial, atribuindo tal "instinto" a todo homem, independentemente de seu "tipo". No entanto, lendo-se um texto que se segue quase imediatamente àquele (terceiro aforismo: "Nobre e vil"), constata-se que o filósofo já estabelecia uma tipologia com relação à ideia de conservação, o que uma leitura isolada do primeiro aforismo não faria supor. Com efeito, no terceiro aforismo Nietzsche distingue das naturezas vulgares, que só agem movidas por considerações de ordem prática, tais como seu proveito ou interesse próprios, as naturezas superiores, nobres, generosas, capazes de chegarem a se sacrificar em nome, por exemplo, de uma paixão pelo conhecimento. Tais naturezas são evidentemente encaradas pelas primeiras como ensandecidas. Tirando as devidas consequências dessa distinção tipológica, colocaríamos do lado das naturezas vis todo pensamento que dá primazia à conservação (de si, da espécie) e que recorre a categorias explicativas como "útil" e "proveitoso" para explicar a gênese de valores morais tais como "bom" e "mau".

A partir da leitura de outros aforismos de *Gaia ciência*, ainda do primeiro livro, somos portanto levados a concluir que, se o instinto de conservação é tratado no primeiro aforismo como "essência da nossa espécie gregária", se ele não se encontra associado nesse texto a determinado tipo de homem, a uma natureza vil, isso não ocorre pelo fato de faltar a Nietzsche, na época, o esboço de uma tipologia. Como vimos, uma distinção tipológica intervém realmente no terceiro aforismo da mesma obra. Tampouco é porque o filósofo concederia então certa primazia à conservação como princípio que daria inteligibilidade à vida. Conforme ocorre frequentemente em Nietzsche, a generalização de uma categoria (esse instinto, por exemplo) vinculada a uma perspectiva que o filósofo pretende desqualificar corresponde, antes, a uma estratégia bastante precisa: atacar determinado pensamento em seu próprio terreno.

Com efeito, nos aforismos iniciais de *Gaia ciência* o procedimento de Nietzsche consiste em se distanciar criticamente de noções e interpretações caras aos empiristas ingleses (como, por exemplo, "conservação", "utilidade" como motores da ação; a associação entre "prejudicial" e "mau"; o caráter supostamente fundamental da oposição "egoísta/altruísta" como base da moral),[6] dos darwinistas (tais como a "luta pela vida", o "progresso", a "evolução" da espécie humana), no interior da própria linguagem de seus antípodas. Dito de outra forma: seu procedimento consiste em jogar tais conceitos e ideias contra os próprios ingleses. O início do quarto aforismo ("O que conserva a espécie") é um exemplo bastante evidente da estratégia nietzschiana. O filósofo afirma: "Os espíritos mais fortes e maus foram os que até agora mais contribuíram para o avanço da humanidade..." No elenco dos agentes desse "progresso" bem pouco inglês, Nietzsche inclui os que cometeram toda espécie de impiedade, criando novas morais e religiões. O início do primeiro aforismo é outro exemplo do uso estratégico da linguagem do pensamento inglês já mencionado, para chegar a uma visão, a uma conclusão radicalmente oposta: Nietzsche afirma que todo homem age no sentido do que é vantajoso para a conservação da espécie, para concluir, em oposição aos ingleses, que o homem mais nocivo e "mau" também participa, portanto, mesmo à sua revelia, da "surpreendente economia

---

6. No quarto parágrafo do prefácio à *Genealogia*, Nietzsche alude a esse ponto: afirma que seu conceito de "moralidade dos costumes", em *Humano, demasiado humano*, remete a uma moral mais arcaica, primitiva, que se afasta radicalmente daquilo que os genealogistas ingleses (dentre os quais, Paul Rée) consideram como o modo de avaliação moral "em si": a avaliação altruísta. No primeiro e principalmente no segundo parágrafo da primeira dissertação, Nietzsche analisa e denuncia a perspectiva vil ("de rã"), a falta de espírito histórico do pensamento inglês no que concerne à questão da gênese da moral, que os ingleses associam a conceitos tais como "utilidade", "esquecimento" (entendido como mera passividade, fruto da usura do tempo, como *vis inertiae* [força de inércia], cf. primeiro parágrafo da segunda dissertação da *Genealogia*), "hábito" e "erro".

da conservação da espécie"; que tal tipo de homem talvez conserve mais a espécie do que aqueles que apenas fazem o que é aparentemente útil e proveitoso. Só no final do quarto aforismo o filósofo explicita, em linhas gerais, os interlocutores implicados nas discussões do início de *Gaia ciência*, enunciando por fim de modo direto sua própria posição:

> Existe atualmente uma radical heresia da moral particularmente preconizada na Inglaterra. Segundo tal heresia, os julgamentos do que é "bom" e "mau" traduziriam a soma das experiências do "útil" [*zweckmäßig*, i.e., literalmente, "conforme ao fim"] e do "inútil" [*unzweckmäßig*, "inoportuno", inadequado a um fim]: diz-se "bom" tudo o que conserva a espécie; "mau", tudo o que a prejudica. No entanto, as pulsões [*Triebe*] más são, na verdade, em um mesmo grau elevado tão úteis [*zweckmäßig*], tão indispensáveis à conservação da espécie quanto as pulsões boas; só que elas têm uma função diferente.

Se Nietzsche recorre à ideia de instinto de conservação da espécie no primeiro aforismo de *Gaia ciência*, o faz por um lado para inocentar, indo de encontro à moral, mesmo aqueles que são considerados os "piores". Nesse sentido, termina jogando essa noção contra os empiristas ingleses; pois se tal instinto existe, seria uma contradição supô-lo ativo somente em certos indivíduos, submetê-lo à escolha, à vontade dos indivíduos, imaginar em suma que estaria ao alcance de alguns homens agir de forma contrária a ele, ou seja, de forma prejudicial à espécie. Colocando na base da moral a associação entre a experiência do "prejudicial" e a atribuição do valor moral "mau", os empiristas ingleses se revelam, aliás, prisioneiros da própria moral cuja gênese pretenderam estudar, na medida em que estabelecem e legitimam desse modo, e de uma maneira pretensamente "objetiva", a falaciosa equivalência entre os dois termos. Contrariando esse tipo de pensamento, Nietzsche "irresponsabiliza", inocenta todo indivíduo no que concerne à conservação da espécie: de fato, se tal instinto existe, tudo aquilo que o indivíduo fizer, irá necessariamente fazê-lo no sentido desse instinto. O filósofo vai ainda mais longe nessa crítica aos empiristas ingleses, quando afirma que os assim chamados "maus" são na verdade frequentemente mais úteis para a espécie do que os supostamente "bons", seja porque alimentam em si mesmos ou nos outros, por sua influência, impulsos e instintos sem os quais a humanidade já teria há muito se enfraquecido e deteriorado — tais como o ódio, a alegria diante do sofrimento alheio, a sede de rapina e de dominação (cf. primeiro aforismo); seja porque, além disso, eles sempre despertam o espírito de comparação, de contradição, o gosto pelo novo, pelas tentativas audaciosas, pela experiência que ainda está por se fazer (cf. quarto aforismo).

Observemos, além disso, que, opondo-se à moral e aos empiristas ingleses, em *Ecce homo* Nietzsche propõe uma nova versão de "egoísmo", no texto alemão, *Selbstigkeit*, palavra por ele forjada a partir de *Selbst* ["si mesmo", equivalente ao inglês *self*], isenta do sentido negativo da valoração de ordem moral, que exprime simplesmente uma afirmação radical de si mesmo, ou, em termos nietzschianos, a tutela estrita e necessária de um instinto dominante, que hierarquiza as demais pulsões concorrentes, forçando alguém a seguir um só caminho, seu "próprio" caminho (cf. p. 65, "Por que sou tão inteligente", final do segundo parágrafo). Em sentido idêntico, quando menciona a importância da escolha do regime alimentar, do lugar e do clima, das diversões, Nietzsche recorre à sua noção de "autoconservação" [*Selbsterhaltung*]: para ele, é um instinto de autoconservação que comanda essa necessidade de seleção; é ele que preside, em última instância, a tais escolhas (cf. "Por que sou tão inteligente", § 8). A conservação de si mesmo seria portanto uma verdadeira obra-prima na qual se revela, a posteriori, a astúcia da própria vida. Essa guerra interna entre os instintos pela supremacia, a vitória de uma só pulsão sobre as demais — que se submetem, por sua vez, ao comando temporário daquela — que transforma alguém de um puro e simples acaso em uma necessidade: eis o sentido do "instinto de autoconservação" no pensamento de Nietzsche. Essa concepção distingue-se radicalmente daquela dos darwinistas e empiristas ingleses; simultaneamente, a "conservação" nietzschiana parodia e desconstrói um dos conceitos básicos dessas correntes do pensamento inglês do século XIX, na medida em que o mesmo termo é utilizado, em um sentido porém diverso e mesmo antitético, sintomático de outro tipo de força que dele se apropriou. A "conservação" nietzschiana, implicando incessantemente novos riscos e o trabalho subterrâneo e implacável da vontade de potência, é na verdade o antípoda da "conservação" inglesa.

Não é entretanto com o único propósito de atacar certo pensamento inglês de sua época que o filósofo organiza o primeiro aforismo de *Gaia ciência*. Em um sentido que não mais remete diretamente a ele, Nietzsche recorre à noção de instinto de conservação da espécie para ressaltar o elemento pulsional, irracional portanto, que preside a toda invenção moral, a toda religião, a qualquer atribuição de "finalidades" para a existência. Com efeito, as morais e religiões também são associadas, nesse aforismo, a esse instinto, a uma simples pulsão, que em diferentes intervalos de tempo inventa razões, fins para a existência, acabando por modificar a natureza humana, acrescentando-lhe uma necessidade suplementar, formulada por Nietzsche da seguinte maneira: "É necessário que, de tempos em tempos, o homem acredite que sabe por que existe; sua espécie não pode prosperar sem uma confiança periódica na vida!"

Mesmo à sua revelia, os doutores da finalidade da existência agem em função da própria vida, que, no que lhe concerne, corresponde ao que se produz necessariamente, sempre por si só, e dispensa "fins". Ao mesmo tempo, utilizando estrategicamente o instinto de conservação da espécie, Nietzsche se opõe a esses "doutores", que atribuem um valor imenso ao indivíduo em detrimento da espécie, e que transformam a existência, nós mesmos e principalmente eles próprios, em algo de sério a que se deve toda a mímica do respeito. Assim, os inventores de "finalidades" nos proíbem o riso corretivo e salutar, o riso aliado à sabedoria, que explode "do fundo da verdade inteira" sobre nossa "miséria de moscas e rãs". Tais doutores nos interditam, em suma, o exercício de uma "gaia ciência".

Para descrever os fundadores de morais e de religiões, Nietzsche emprega metáforas teatrais que exprimem sua distância crítica em relação à seriedade desses trágicos:

> O que significam esses heróis neste palco? Pois, até agora, eles têm sido os heróis deste palco, e tudo o mais que, durante algum tempo, era visível e por demais próximo só serviu para a preparação de tais heróis, seja como maquinaria e bastidores, seja no papel de confidentes e criados-de-quarto. (Os poetas, por exemplo, sempre foram criados-de-quarto de uma moral qualquer.) É evidente que estes trágicos trabalham igualmente no interesse da espécie, mesmo quando pensam fazê-lo no interesse de Deus e como enviados de Deus. Eles também favorecem a vida da espécie, ao favorecer a crença na vida.

O ressurgimento incessante de semelhantes personagens corresponde, portanto, à entrada em cena de heróis cuja gestualidade remete a uma mímica da seriedade. Eles envolvem a comédia da existência na "horrível contrapartida do riso", tornando, por um certo tempo, a vida e os homens "interessantes". O olhar lançado por Nietzsche, nesse texto, a tais personagens de tão triste figura, equivale ao de um espectador à altura desse grande espetáculo, um espectador que possui um "terceiro olho" bastante exercitado. Eis de que forma, em *Aurora* (aforismo 509), Nietzsche define esse órgão suplementar, o único que permite assistir com interesse e certo distanciamento ao que acontece no palco da existência. Uma vez desenvolvido, esse olhar capaz de usufruir das peças encenadas neste palco funciona, além disso, como uma porta de saída para a alegria, como uma defesa eficaz

"terceiro olho"

contra o sofrimento, já que ajuda aquele que o possui a escapar do domínio das próprias paixões, fazendo com que se desbobre em ator e ao mesmo tempo em espectador de seu próprio drama:

> O quê? Você ainda precisa de teatro? Ainda é assim tão jovem? Use a inteligência e procure a tragédia e a comédia lá onde elas são mais bem representadas! Onde tudo se passa de maneira mais interessante e mais interessada! É bem verdade que não é muito fácil permanecer nela como mero espectador; mas aprenda a fazê-lo! Aí então, em quase todas as situações difíceis e penosas, você conservará uma pequena porta para a alegria e um refúgio, mesmo quando suas próprias paixões desabarem sobre você. Abra seu olho de teatro, o grande terceiro olho que considera o mundo através dos dois outros!

Voltando seu "terceiro olho" para os "doutores da finalidade da existência", Nietzsche rompe com a seriedade trágica que tais personagens instauram sobre a terra. Somente por efeito desse órgão suplementar o mundo pode-se tornar mais leve, libertando-se do peso criado e mantido por todo fundador de moral e de religião. Para falar do triunfo a longo prazo, e até segunda ordem, "do riso, da razão e da natureza" sobre cada um desses doutores da finalidade, o filósofo emprega uma imagem criada por uma outra espécie de trágico: "a breve tragédia jamais cessou de passar e de retornar, no final das contas, à eterna comédia da existência; é necessário que as 'ondas de hilaridade inumerável' — para usar a expressão de Ésquilo — se abatam finalmente sobre o maior desses trágicos."

Nesse trecho, dois tipos de trágicos são contrapostos. De um lado, os doutores da finalidade da existência, que são como dramaturgos cuja rigidez e gravidade impedem a própria apreensão do aspecto lúdico das peças que inventam; dramaturgos a quem escapa a visão da comédia da existência, a quem falta, em suma, o *pathos* introduzido pelo terceiro olho nietzschiano. O segundo tipo de trágico, que é capaz dessa visão distanciada — condição de toda "gaia ciência" —, é sugerido pela alusão a Ésquilo, que Nietzsche privilegia desde *O nascimento da tragédia*, dentre os grandes trágicos gregos, como o mais próximo do dionisíaco. O dois gêneros de trágicos serviriam igualmente para a "conservação da espécie": "Não apenas o riso e a sabedoria alegre, mas também o trágico, com toda a sua sublime desrazão, figuram dentre os meios e necessidades da conservação da espécie!" — acrescentaria, segundo Nietzsche, "o mais prudente amigo do gênero humano". A aparição alternada de cada um deles constituiria a "nova lei do fluxo e — do refluxo" (cf. final do primeiro aforismo). Nietzsche anuncia, finalmente, a proximidade de seu tempo, do tempo do riso liberador e inocente, que livra os "trágicos" das morais e das religiões do pesado fardo de sua seriedade. Esse riso, que explode a partir da própria verdade, se confunde com a percepção do caráter verdadeiramente cômico e teatral da existência humana.

Os trágicos nietzschianos são ao mesmo tempo atores e espectadores: vivendo e simultaneamente observando o espetáculo da existência de cima, de uma distância superior, jamais se fundem completamente com as peças encenadas na existência, reservando sempre a seu alcance uma pequena porta de saída para a alegria. São, na verdade, trágicos de segundo grau, pois projetam sobre o que acontece um olhar capaz de apreender a teatralidade inerente à vida humana; jamais esquecem de que são os próprios homens que inventam suas "tragédias", fabricando "fins" para a existência: pois, para o homem, o sofrimento só se torna suportável se lhe atribuímos um sentido (cf. *Genealogia*, terceira dissertação, § 20). Em contraste com os fundadores de morais e de religiões, esse tipo de trágico vive em um mundo-teatro e sabe disso, chegando ao ponto de reconhecer a necessidade de se forjarem ilusões. Para ele, essa necessidade passa a funcionar até mesmo como um encanto suplementar da existência. Já que "tudo o que é profundo ama a máscara" (cf. *Além do bem e do mal*, "O espírito livre", aforismo 40) e que a máscara nunca esconde um rosto, mas necessariamente outras máscaras (cf. ibid., aforismo 289), esses homens superficiais por profundidade avançam pudicamente mascarados e apontam com o dedo para a máscara que recobre sua ausência de um rosto definitivamente fixado.

Comparando-se os doutores da finalidade da existência, incapazes de alcançar a distância a partir da qual a comédia da existência pode ser percebida, com o olhar trágico que inclui necessariamente o riso corretivo, chega-se à conclusão de que Nietzsche emprega a noção de *trágico* em dois sentidos diversos. Por um lado, o "trágico" (com aspas) como mímica da seriedade criada pelos fundadores de morais e de religiões, que não percebem que são elementos integrantes de uma cena teatral, avaliados por Nietzsche a partir da ótica do ator-espectador da existência. Por outro lado, o trágico nietzschiano propriamente dito, ligado de modo direto ao dionisíaco, que implica o jogo e um riso associado à sabedoria. É em suma tal capacidade de rir da teatralidade da existência humana e, consequentemente, de si mesmo, que constitui a condição básica para a saída do círculo sufocante do "trágico" em direção à amplitude liberadora do trágico dionisíaco. Na obra de Nietzsche, a passagem do "trágico" das morais e das religiões para essa outra máscara será indissociável da paródia.

O movimento em direção ao riso e à paródia se apresenta de maneira mais explícita em *Gaia ciência*. No entanto, se levarmos em conta *o gosto* expresso por Nietzsche leitor de literatura, encontraremos desde os livros anteriores uma valorização idêntica do riso aliado à sabedoria. Nesse sentido, o aforismo 113 de *Humano, demasiado humano* II ("Opiniões e sentenças variadas"), em torno de Laurence Sterne, é bastante revelador. Significativamente, o aforismo integra o livro dedicado a Voltaire, livro, segundo Nietzsche, por vezes "frio", "duro e sarcástico", no qual um "gosto *nobre* parece se impor e se sobrepor continuamente a uma corrente mais apaixonada

paródia

que flui no fundo" (*Ecce homo*, p. 106). Nesse livro em que, atacando implicitamente Wagner e a arte wagneriana, Nietzsche valoriza a contenção (cf. aforismo 230), elogia a simplicidade, a sobriedade apolíneas da cultura grega (cf. aforismo 219),[7] Sterne é considerado "o escritor mais livre" (título do aforismo) de todos os tempos.

No aforismo 113, Nietzsche ressalta o traço essencial do estilo do autor de *Tristram Shandy* — a ambiguidade — e seu elemento constitutivo, o humor. Em uma leitura bastante moderna de Sterne, o filósofo mostra de que forma o escritor se esquiva continuamente de toda apreensão unívoca, centrada, produzindo invariavelmente o "indecidível": Sterne associaria em seu texto, por exemplo, profundidade e farsa. Segundo Nietzsche, o autor jamais se cristaliza em um único papel: em seu livro, escapa da máscara de autor e utiliza frequentemente a de leitor. Sua obra produz, dessa forma, um efeito de *mise en abyme*, ou, conforme Nietzsche afirma, o efeito de "uma peça dentro de outra", de um "público diante de outro público de teatro". A partir de um confronto entre *Jacques, le fataliste* e *Tristram Shandy*, o filósofo assinala, ainda, a genialidade com que Diderot respondeu à ambiguidade e ao humor de Sterne, criando uma obra em que predominam esses dois elementos,

---

7. Ao valorizar o apolíneo na arte, em *Humano, demasiado humano* II, Nietzsche visa sobretudo a atacar Wagner. A esse respeito, cf. a carta escrita à wagneriana Mathilde Maier em 15 de julho de 1878, alguns meses antes da redação de "Opiniões e sentenças variadas" (novembro de 1878): "Esta cegueira metafísica diante de tudo o que é verdadeiro e simples, a luta com a razão contra a razão, que quer ver em tudo e em todos um prodígio, uma quimera; além disso, uma arte barroca, inteiramente correspondente, da exaltação e da glorificação da ausência do senso de medida — refiro-me à arte de Wagner —: estes dois elementos fizeram, finalmente, com que eu adoecesse, com que eu ficasse cada vez mais doente e quase arruinaram meu bom temperamento e meu talento" (*Briefe* 5, pp. 337-338). Além disso, no capítulo da autobiografia dedicado a *Humano, demasiado humano*, Nietzsche afirma que, com esse livro, ele se separava definitivamente de Wagner e do projeto de Bayreuth.

superpondo-se com uma espécie de "super-humor" [*Überhumor*][8] ao texto do escritor irlandês.

O aforismo termina com as objeções que Nietzsche faz ao homem Sterne, que teria sido, em sua opinião, "infelizmente" "por demais aparentado ao escritor", e cuja "alma de esquilo", de uma turbulência indomável, conheceria "tudo o que se encontra entre o sublime e o ignóbil". Tais objeções explicam, aliás, a diferença entre a opinião de Goethe e a de Nietzsche sobre Sterne, mencionadas no início do aforismo. Se, para Goethe, Sterne era "o espírito mais livre de seu século", para o filósofo o autor irlandês deveria apenas ser considerado como "o *escritor* mais livre de todos os tempos", na medida em que a ambiguidade, qualidade máxima de sua escritura, se tornava, no homem, inquietação e turbulência. No entanto, no final do aforismo, Nietzsche traça um retrato do autor em que se mesclam elementos paradoxais — tais como sua "benevolência impiedosa", "sua imaginação barroca e corrupta", aliada à "graça da inocência" —, o que provoca, por sua vez, um efeito dúbio que alia a crítica ao elogio. Eis portanto um final de texto digno de Sterne, verdadeira homenagem de Nietzsche a esse "mestre da ambiguidade".

A leitura que Nietzsche faz de Sterne revela seu gosto acentuado pelo jogo de máscaras, pela paródia, pela *mise en abyme*, pela polissemia produzida por textos. Trata-se de um tipo de gosto cujas premissas o próprio Nietzsche analisa mais tarde, em um aforismo de *Além do bem e do mal*. Na seção "Nossas virtudes", aforismo 223, caracteriza o europeu do século XIX como "o homem-mistura" [*Mischmensch*][9]

---

8. Lançando mão das possibilidades virtuais da língua alemã para fabricar a palavra *Überhumor* [humor sobre-humor, humor elevado à segunda potência], cujo aspecto paródico, de *mise en abyme*, se dilui na tradução, Nietzsche revela sua afinidade com a paródia, que a própria palavra por ele forjada reproduz e, por assim dizer, mimetiza, performa.

9. A tradução de *Mischmensch* é bastante problemática. Em francês, Geneviève Bianquis propôs "*le métis (européen)*", e Henri Albert, "*l'homme-mixture*". Na tradução portuguesa da editora Guimarães, lê-se "o homem mestiço" (p. 146); já na tradução a cargo de Márcio

eternamente em busca de um traje "sob medida", continuamente desesperado por não se sentir à vontade com nenhuma das fantasias que toma emprestadas. Por não possuir um estilo próprio, o homem-mistura vê-se obrigado a lançar mão da História como de uma espécie de "depósito" [*Vorratskammer*] repleto de fantasias, ou seja, de "morais, artigos de fé, gostos estéticos e religiões". Nietzsche delineia dessa maneira uma imagem caricatural do homem de seu século: com suas "efêmeras predileções", seu "carnaval multicor de todos os estilos", o europeu do século XIX se sente invariavelmente mal e se apresenta ora fantasiado de romântico, ora de clássico, de cristão ou ainda de "nacionalista". O filósofo afirma a seguir que essa agitação desesperada do europeu favorece o "espírito histórico", cuja função fundamental passa a ser a de lhe fornecer exóticos andrajos provenientes do passado e de países estrangeiros. É com esses farrapos "históricos" que o europeu recobre e esconde a feiúra de seu corpo decadente.

O filósofo retrata, portanto, de forma bastante irônica esses "plebeus bem feios" que necessitam sempre de disfarces. A falta de estilo próprio, lucidamente identificada por Nietzsche em seu século, constitui, ao mesmo tempo, a condição de possibildade da emergência de uma nova

> Pugliesi, publicada pela USP em convênio com a Hemus, "o europeu moderno, produto do cruzamento de raças" (p. 158). Optei pela solução "homem-mistura" por julgar que a expressão criada por Nietzsche não aponta única e exclusivamente para o sentido de "mistura racial". Com efeito, os termos alemães dicionarizados em que aparece o componente *Misch-* podem remeter apenas a uma "mistura", como em *Mischkultur* [plantação diversificada], *Mischung* [mistura, confusão], ou o verbo *mischen* [misturar], que vai dar, por exemplo, *gemischter Salat* [salada mista]. Já em outros derivados, o mesmo elemento pode realmente remeter ao sentido de mistura racial, como em *Mischling* [mestiço] e *Mischvolk* [povo mestiço]. De qualquer forma, importa ressaltar que, se o sentido de mestiçagem se encontra embutido no termo engendrado por Nietzsche, ao designar o europeu como *Mischmensch* o filósofo vai de encontro a qualquer pretensão europeia a uma suposta "pureza racial", opondo-se, portanto, aos discursos racistas que ganhavam crescente expressão política na época.

estética e modo de ser: no final desse aforismo, o filósofo afirma que é exatamente essa ausência de identidade estável e fechada, a lacuna na constituição do "próprio", que prepara esses homens, mais do que qualquer outra época, para "um carnaval de grande estilo, para a mais espiritual gargalhada e irreverência carnavalesca, para a elevação transcendental da suprema imbecilidade e da derrisão aristofanesca do mundo".

Assim, como frequentemente em Nietzsche, um processo anteriormente depreciado recebe, subitamente, no final imprevisível do aforismo, uma leitura que lhe confere uma positividade: a necessidade de fantasiar-se corresponderia, assim, a "nosso *gênio inventivo*", ao "reino em que ainda podemos ser originais", "como parodistas da história universal e bufões de Deus". A resposta a essa ausência de estilo, de identidade, será portanto o carnaval, a paródia e um riso multicor, arlequinal: eis um gosto que escapava, em geral, à gravidade característica do século XIX e que Nietzsche reencontra em certa literatura do século XVIII. No aforismo sobre Sterne, o filósofo anuncia e antecipa, dessa forma, uma estética que viria a marcar o século seguinte.

O aforismo acima referido revela portanto a lucidez do olhar de Nietzsche em relação a uma nova estética e sugere que, nos movimentos de seu espírito no final de 1888, iria levar às últimas consequências as reflexões sobre sua época, realizando de modo radical a única estética original que, em sua opinião, o século XIX poderia gerar. O filósofo compõe com seus numerosos escritos, com seus gestos e atitudes, com as cartas e bilhetes do final de 1888 e do início de 1889, seu texto original de parodista. Em toda a produção dessa época, bem como nas farsas e até mesmo em seu silêncio final, se inscrevem exatamente seu estilhaçamento por trás de várias máscaras, como em um carnaval dionisíaco, seus pulos e danças de bufão de Deus. Esse movimento final encontra-se, por sua vez, anunciado e produzido no texto autobiográfico, em que, a partir de um título paródico, Nietzsche se apresenta fantasiado de Cristo coroado de espinhos e, além disso, veste a máscara de um outro deus quando apõe sua dupla assinatura final. O filósofo leva às últimas consequências sua condição de "homem-mistura" do século XIX, condição tão lucidamente descrita no aforismo 223 de *Além do bem e do mal*. Transformando em positividade, de uma forma radical, a falta de estilo próprio que caracterizaria o europeu de sua época, irá ao mesmo tempo parodiá-lo e ultrapassá-lo.

Esse movimento em direção à radicalidade da paródia já se anuncia no início de *Gaia ciência*. Na segunda edição da obra, Nietzsche acrescenta-lhe a seguinte epígrafe: "Moro em minha própria casa / [...] / E rio de todo mestre / Que não ri de si mesmo." ("Inscrição na porta de minha casa".) Rir de si mesmo, condição de toda sabedoria, é associado a certa potência desde a primeira *Consideração extemporânea*: "É verdade: só quando se é potente se aprende, de bom grado, a zombar de si mesmo" (segundo parágrafo). No prefácio à segunda edição de *Gaia ciência*, escrito no outono de 1886, Nietzsche atribui à embriaguez da convalescença, ao excesso de potência provocado por um processo de cura, após um longo período de privação, sua necessidade de exercer a maldade e a malícia da paródia:

> Ah, não é apenas nos poetas e em seus belos "sentimentos líricos" que este ressuscitado tem de extravasar sua malícia: quem sabe que tipo de vítima ele procura, que monstro de assunto paródico o excitará em breve? *Incipit tragoedia* — está escrito no final desse livro de uma inquietante desenvoltura. Que se tome cuidado! Algo de essencialmente mau e sinistro se anuncia: *incipit parodia*, não resta a menor dúvida...

Em 1886, Nietzsche traça o caminho que seu pensamento viria a tomar a partir de então: o da superação da "tragédia" das morais e das religiões pelo trágico dionisíaco, através da paródia. A própria organização dos dois últimos livros de *Gaia ciência* é bastante reveladora. Se o quarto livro termina com um aforismo significativamente intitulado "*Incipit tragoedia*", que corresponde ao início de *Zaratustra*, o quinto livro, acrescentado à segunda edição, traz como epígrafe a inquietante advertência atribuída a Turenne, famoso marechal francês: "Carcaça, tu tremes? Tremerias ainda mais se soubesses aonde te levo." O aforismo 153 do terceiro livro (*Homo poeta*) explicita ainda mais o sentido da organização dos dois últimos livros de *Gaia ciência*, sugerindo o papel de *Assim falou Zaratustra* no movimento geral do pensamento nietzschiano. Nesse aforismo, o próprio *homo poeta* toma a palavra:

> Eu mesmo, que compus de maneira altamente pessoal esta tragédia das tragédias, se é que ela está concluída; eu, que fui o primeiro a atar o nó da moral no seio da existência, e o fiz de tal forma cego que só um deus poderá desatá-lo [...], eis que eu mesmo acabei de assassinar todos os deuses no quarto ato — por moralidade! Como será então o quinto ato? De onde ainda tirar um desfecho trágico? Devo começar a pensar em um desfecho cômico?

Por um lado, o *homo poeta* que atou o nó cego da moral pode ser identificado a Zaratustra, tal como lido por Nietzsche em *Ecce homo*. Como o filósofo afirma no texto autobiográfico, a obra desse personagem correspondeu à transposição da moral em metafísica, em causa e fim em si. Ele teria, assim, composto a "tragédia das tragédias". No entanto, conforme ressaltado, através de suas virtudes persas, da "veracidade", da coragem de Zaratustra, a moral é superada (cf. *Ecce homo*, "Por que sou um destino", terceiro parágrafo). Dessa forma, com Zaratustra se completaria o quarto ato dessa tragédia. Uma vez concluída a *Selbstaufhebung* da moral, restaria apenas encontrar um desfecho à altura do grande espetáculo. O aforismo 281 da *Gaia ciência* sugere que, para Nietzsche, o *homo poeta* deve ser um mestre na arte de "encontrar o final": "Os mestres de primeira grandeza distinguem-se pelo fato de saberem encontrar o final de maneira perfeita, tanto nas grandes quanto nas pequenas coisas, seja o fim de uma melodia ou de um pensamento, do quinto ato de uma tragédia ou de uma ação política."

Quanto à resposta à indagação que se fazia o *homo poeta* — desfecho trágico ou cômico? —, a solução de Nietzsche já se encontrava inscrita nas reflexões sobre o ato final da tragédia composta por Wagner. Na terceira dissertação de *Genealogia* (terceiro parágrafo), o filósofo mostra de que forma, com seu *Parsifal*, Wagner não soube "encontrar um final" digno da tragédia, digno dele mesmo:

> Como? Este *Parsifal* nasceu de uma intenção *séria* de Wagner? Seríamos tentados a supor, e mesmo a desejar, o contrário: que o *Parsifal* de Wagner tivesse nascido de uma intenção alegre, como peça final e drama satírico através do qual o trágico Wagner tivesse querido se despedir de nós, de si mesmo e, sobretudo, *da tragédia*, de forma conveniente e digna dele mesmo, ou seja, com um excesso de suprema e maliciosa paródia do próprio trágico, de toda a horrenda seriedade e desolação do mundo de outrora, *da mais grosseira forma* da contranatureza do ideal ascético enfim superada. Eis o que teria sido, como dissemos, realmente digno de um grande trágico: como todo artista, só alcança o ponto mais elevado de sua grandeza quando sabe *olhar de cima* sua arte e sua própria pessoa, quando sabe *rir* de si mesmo.

Esse texto responde às indagações do *homo poeta*: ao contrário de Wagner, que termina ajoelhando-se diante da cruz, Nietzsche se despede de nós, de si mesmo e de toda a tragédia inventando um drama final satírico. A máscara com a qual se apresenta no título da autobiografia corresponde efetivamente a uma paródia radical de "toda a horrenda seriedade e desolação do mundo de outrora", da "mais grosseira forma da contranatureza" do ideal ascético. *Ecce homo* constitui, desse modo, uma das cenas do quinto ato — ato final — da tragédia, uma vez que a paródia é, ao mesmo tempo, o ápice do "trágico" e a única condição de sua ultrapassagem. Isso explica inclusive por que Zaratustra adquire uma importância tão grande em *Ecce homo*: ambas as obras equivalem a dois importantes atos finais do drama dionisíaco do "Destino da alma" a que Nietzsche se refere no prefácio (sétimo parágrafo) de *Genealogia*. A paródia presente em *Assim falou Zaratustra* só atinge sua forma extrema em *Ecce homo*: nesta obra, a não ser pelo título, não está mais em jogo a paródia de textos sagrados judaico-cristãos, mas a vitória sobre toda a gravidade, sobre o véu de desolação, de tristeza, de culpa e má consciência que recobria "o mundo de outrora". Se em *Zaratustra* Nietzsche se refere com frequência à tradição judaico-cristã, parodiando passagens do Novo e do Velho Testamento, em sua autobiografia esse movimento paródico vai ainda mais longe. Ato posterior através do qual o filósofo inventa um desfecho para a sua tragédia e cria uma nova intriga para o drama dionisíaco, a própria imagem de Cristo martirizado, condenado à crucificação, é totalmente dessacralizada e se torna, finalmente, um elemento cênico central na grande farsa de Dioniso, deus carnavalizador, eterno autor cômico de nossa existência.

Para poder chegar à farsa, ao quinto ato da tragédia, uma condição entretanto se impõe: adquirir constantemente uma "grande saúde". No penúltimo aforismo de *Gaia ciência* (aforismo 382), Nietzsche desenvolve sua noção de "grande saúde".

_{a "grande saúde"}

Notemos de início que esse aforismo mostra com bastante evidência a forte ligação entre *Gaia ciência* — especialmente o final do livro IV e o livro V —, *Zaratustra* e o texto autobiográfico. Com efeito, o aforismo se repete em *Ecce homo* (capítulo "Assim falou Zaratustra", segundo parágrafo) como explicação da condição fisiológica da existência do "tipo" Zaratustra. O que articula sobretudo os três textos de Nietzsche é precisamente um movimento de radicalização progressiva da gaia ciência, da capacidade de rir da comédia da existência e de si mesmo. Somente uma saúde que se coloca sempre à prova, tornando-se cada vez mais resistente, possibilita uma aventura de tais dimensões.

Conquistar para si uma "grande saúde" é, para Nietzsche, a condição necessária para se poder experimentar um amplo leque de valores, de aspirações; é a condição de possibilidade da existência de uma alma como a de Zaratustra, "que possui a mais longa escala e pode descer mais fundo" (*Ecce homo*, p. 131). Trata-se de uma saúde que permite tirar proveito da própria doença, como Nietzsche mostra quando descreve seu próprio caso no segundo parágrafo de "Por que sou tão sábio". Nesse texto, explica que, para alguém "no fundo sadio", até mesmo a doença pode vir a se tornar "um enérgico *estimulante* para a vida, para o mais-viver" (p. 47). Considerando-se um doente "tipicamente são", Nietzsche afirma ser ao mesmo tempo um *décadent* e "também o seu contrário" (p. 47), identificando-se igualmente nesse aspecto a seu personagem. No mesmo parágrafo de *Ecce homo*, também acrescenta que a capacidade de encontrar seus próprios remédios, de não se deixar "cuidar, servir, *socorrer* por médicos duvidosos [*beärzteln*]" constitui uma prova decisiva da segurança de um instinto que trabalha em silêncio a serviço da saúde. Uma vez que a noção nietzschiana de "grande saúde" se opõe a toda noção de conforto e de bem-estar relativos à conservação de si mesmo, a própria doença passa a ser positivamente avaliada. Sobretudo quando é ela que permite que alguém, como no caso de Nietzsche,[10] se

---

10. A esse respeito, cf. *Ecce homo*, "Humano, demasiado humano", quarto parágrafo: "A doença deu-me igualmente o direito a uma completa inversão de todos os meus hábitos; ela me permitiu, me ordenou esquecer; deu-me de presente a obrigação ao repouso, ao ócio, à espera e à paciência... Mas é isso que significa pensar!... Meus olhos puseram sozinhos um fim à bibliofagia, leia-se 'filologia': estava salvo do 'livro', nada mais li durante anos — o maior benefício que já me fiz! Aquele 'eu' [*Selbst*] mais subterrâneo, quase enterrado, quase emudecido sob a constante imposição de ouvir outros 'eus' [*Selbste*] — e isto significa ler! —, despertou lenta, tímida e hesitantemente, mas enfim voltou a falar. Nunca fui tão feliz comigo mesmo quanto nos períodos mais doentios e dolorosos de minha vida..." (p. 110). No aforismo 289 de *Humano, demasiado humano* I, citado no primeiro capítulo deste ensaio, Nietzsche ressalta o imenso "valor da doença", título do aforismo.

liberte paulatinamente dos obstáculos que o impediam de "se tornar o que ele era". Além disso, o filósofo estava consciente da imensa vantagem representada pelas infinitas variações de sua saúde, pois, conforme afirma no terceiro parágrafo do prefácio de *Gaia ciência*, "um filósofo que atravessou e está sempre de novo atravessando diversos estados de doença percorreu também um número equivalente de filosofias".

Segundo Nietzsche, a diferença fundamental entre um ser tipicamente mórbido e alguém basicamente são consiste no fato de que apenas este último é capaz de se curar, o que exige o exercício incessante de um princípio de seleção bastante rigoroso (cf. "Por que sou tão sábio", segundo parágrafo). Esse novo sentido de "saúde" supõe riscos constantes, na medida em que, estando associada a seres que vão cada vez mais longe na exploração de suas próprias almas, nunca é alcançada de uma vez por todas. As reflexões de Nietzsche sobre a "grande saúde" resumem um saber que corresponde à experiência vivida pelo filósofo em relação a seu próprio corpo. Ainda nesse sentido, a correspondência é bastante reveladora. Nas cartas, o filósofo analisa incansavelmente as causas da precariedade de sua saúde, evidenciada por terríveis crises de enxaqueca, acessos de febre e vários problemas digestivos. No esforço para pensar a singularidade de seu corpo, afasta-se progressivamente do saber médico da época. Sempre experimentando novos tratamentos — todos sistematicamente votados ao fracasso —, Nietzsche irá pouco a pouco se encarregar de sua própria cura. A partir das experiências em diversos climas, estabelece uma relação necessária entre suas doenças e os céus nublados e carregados do norte, tanto de sua terra natal quanto da Basileia. A peregrinação de Nietzsche em direção ao sul, a procura da alegria alciônica dos céus do *Midi* se somavam a um conhecimento cada vez mais profundo das idiossincrasias de seu corpo. O filósofo colocava assim em prática uma medicina que levava em conta os aspectos singulares de um corpo particular.

Ao praticar tal medicina, Nietzsche irá aos poucos aprendendo a ler sintomas de origem climática e meteorológica em seu próprio corpo, como se ele fosse um instrumento de medida exato e extremamente sensível (cf. "Por que sou tão inteligente", segundo parágrafo). Nesse sentido, chegará a escolhas bastante precisas quanto aos lugares nos quais podia residir. Após várias experiências, convencido de que somente um clima seco, um céu a maior parte do tempo aberto e limpo, uma temperatura variando entre 7°C e 9°C lhe eram convenientes, irá passar os últimos anos que antecederam a crise de Turim entre Sils-Maria (Alta Engadina, Suíça), no verão, e Nice (Côte D'Azur, França), no inverno. Nas penosas estações intermediárias, só em 1888 encontrará, finalmente, seu pouso ideal — Turim. A partir de suas experiências, conclui que a genialidade depende, em última instância, "de um ar seco, de um céu puro" (cf. *Ecce homo*, p. 64), uma vez que tais elementos climáticos favorecem um metabolismo rápido, possibilitando portanto a apropriação da energia necessária a toda grande tarefa.[11] Estas conclusões de ordem geral se apoiam não apenas em suas próprias experiências mas igualmente em um trabalho de pesquisa realizado durante a década de 1880.

Com efeito, a partir de 1881, Nietzsche se interessa por obras de medicina, de química, de fisiologia e de higiene. Em uma carta datada de 21 de junho de 1881, pede por exemplo que o editor Schmeitzner lhe envie diversos livros vinculados a esses campos do saber (cf. *Briefe* 6, p. 94). A decisão de se tornar seu próprio médico data da mesma época, como revela a carta à mãe e à irmã de 9 de julho do mesmo ano: "doravante, eu mesmo quero ser meu próprio médico; e ainda se dirá a meu respeito

---

11. Cf. carta do filósofo à irmã datada de 14 de setembro de 1888, na qual Nietzsche planeja, para os anos seguintes — anos da continuação do "trabalho de sua vida"—, passar o inverno em Nice, a primavera em Turim, o verão em Sils-Maria e dois meses do outono novamente em Turim (*Briefe* 8, p. 428).

que fui um *bom* médico — e não apenas para mim" [ich will durchaus mein eigner Arzt nunmehr sein, und die Menschen sollen mir noch nachsagen, daß ich ein *guter* Arzt gewesen sei—und nicht nur für mich allein] (ibid., p. 103).

Desejando suprir importantes lacunas de sua formação, a verdadeira "ignorância *in physiologicis*" [em questões de fisiologia], sintomática do "maldito 'idealismo'", Nietzsche dedica-se à leitura de livros de fisiologia e de medicina. A necessidade de adquirir conhecimentos nesses campos era tão grande na ocasião que o filósofo reservava quase que exclusivamente a pequena acuidade visual que lhe restava para esses estudos em fisiologia e medicina, conforme escreve a Overbeck em 20-21 de agosto de 1881 (cf. ibid., p. 117). Pouco a pouco, estabelece uma relação entre o componente elétrico de determinadas variações atmosféricas e seu estado de saúde. Convencido acerca da influência nefasta da eletricidade atmosférica sobre seu estado geral, passa a se interessar igualmente por livros sobre meteorologia e decide procurar um local cujas condições atmosféricas fossem adequadas à sua natureza. Pensa por exemplo nessa ocasião em se instalar nos elevados planaltos do México, onde havia uma colônia suíça chamada "Nova Berna" (cf. carta a Overbeck de 28 de outubro; ibid., p. 137). Decepcionado com o estado incipiente dos conhecimentos no campo da "meteorologia médica", escreve na carta a Overbeck de 14 de novembro de 1881:

> Talvez se saiba mais *agora*: eu deveria ter ido à exposição sobre eletricidade em Paris, por um lado para saber o que há de mais novo nessa área e, por outro, para ser exposto. Pois, como verdadeiro farejador de alterações elétricas, como um assim chamado profeta do tempo, sou semelhante aos macacos e, ao que parece, uma "especialidade". Será que *Hagenbach* pode dizer com que vestuário (ou correntes, anéis etc.) podemos nos proteger melhor de influências assim tão fortes? (ibid, p. 140)
> [Vielleicht weiß man *jetzt* mehr—ich hätte in Paris bei der Elektrizi-

täts-Ausstellung sein sollen, teils um das Neueste zu lernen, teils als Gegenstand der Ausstellung: denn als Witterer von elektrischen Veränderungen und sogenannter Wetter-Prophet nehme ich es mit den Affen auf und bin wahrscheinlich eine "Spezialität". Kann *Hagenbach* vielleicht sagen, durch welche Kleidung (oder Ketten, Ringe u.s.w.) man sich am besten gegen diese allzustarken Einflüsse schützt?]

Tal qual um símio que pressente a mais sutil variação atmosférica e reage imediatamente, como uma antena hipersensível, Nietzsche gastava imensa quantidade de energia e muita paciência em combates desnecessários contra certos "elementos irracionais" (cf. carta a Köselitz de 22 de setembro de 1881; ibid., p. 131): céus nublados, tempestuosos, climas eternamente cambiantes. Em um cartão-postal datado de 24 de agosto de 1881, indaga sua mãe a respeito de diferentes efeitos das tempestades sobre a família Nietzsche (cf. ibid., p. 121). O filósofo experimentava em seu corpo elétrico, de maneira extremamente opressiva, a presença das nuvens, principalmente daquelas carregadas de eletricidade como as que se formam antes e durante as tempestades. Quando Nietzsche fala portanto de céus puros não está de forma alguma fazendo uso metafórico da linguagem; refere-se, antes, a experiências bem concretas, relativas a seu próprio corpo.

Cada vez mais consciente de sua extrema sensibilidade a qualquer sobrecarga de eletricidade na atmosfera, Nietzsche começa a transpor a necessidade de um céu realmente puro a outros campos. No final de 1882, por exemplo, bastante decepcionado e ferido por causa de Lou von Salomé, anota em um rascunho de carta a Paul Rée (cf. ibid., p. 297) que nunca conseguira, em sua relação com Lou, o céu puro e límpido de que tanto precisava quando estava só ou em companhia de outras pessoas. No final de novembro de 1882, esperando ainda poder salvar a amizade com Lou, Nietzsche pede à jovem russa, em tom de súplica, que ela "crie um céu puro" entre eles (cf. ibid., p. 281). Durante o inverno

1882-1883, sofrendo enormemente por causa do fracasso total dos planos referentes ao que chamou de "Santíssima Trindade" — a associação Nietzsche-Lou-Rée —, o filósofo explica a Peter Gast que se considera vítima de uma perturbação da natureza; estabelecendo uma verdadeira continuidade entre seus pensamentos e sentimentos, sua produção e as variações de uma natureza carregada de elementos elétricos e ígneos, afirma na mesma carta de 19 de fevereiro de 1883, escrita em Rapallo, perto de Gênova: "A imensa carga que, por causa do clima, pesa sobre mim (até mesmo o velho Etna começa a cuspir!) transformou-se em pensamentos e sentimentos cuja pressão foi *terrível*. E, a partir da brusca *supressão* desse peso, após dez dias de janeiro absolutamente alegres e frescos, nasceu meu 'Zaratustra'..." [Die ungeheure Last, die in Folge des Wetters auf mir liegt (sogar der alte Aetna beginnt zu speien!) hat sich bei mir in Gedanken und Gefühle verwandelt, deren Druck *furchtbar* war: und aus dem plötzlichen *Loswerden* von dieser Last, in Folge von 10 absolut heitern und frischen Januartagen, die es gab, ist mein "Zarathustra" entstanden...] (ibid., p. 333).

Na mesma carta, aliás, Nietzsche comenta o grande alívio que a morte de Wagner representara para ele. Pensando na possibilidade de sentar-se de novo no "templo de Bayreuth" para ouvir, finalmente, uma música de Gast, escreve ao amigo que, para ambos, depois dessa morte "o céu se tinha enfim clareado" (cf. ibid., p. 334). Um pouco mais tarde, por ocasião de uma reconciliação com a irmã em Roma (maio de 1883), desejando atenuar o doloroso impacto das experiências do outono e do inverno precedentes — que provocaram sua ruptura com Lou e Rée, bem como com sua família —, Nietzsche se lembra das experiências como se não tivessem passado, na verdade, de "alucinações". Atribui seu mal-estar de então a "tempestades elétricas" que teriam espantado todos "os observadores de correntes elétricas" (cf. ibid., p. 374). Além disso, o filósofo estende seu mal-estar sob o céu nublado da Alemanha à sua relação penosa com os alemães, conforme atesta a carta à amiga austríaca Resa von Schirnhofer, de 11 de março de 1885: "*eu* gosto pouco dos alemães; eles são uma outra espécie de 'nuvens passando', em nada benéficos para mim" [*ich* mag die Deutschen wenig, es ist eine andre Art von "ziehendem Gewölk", und mir gar nicht zuträglich] (*Briefe* 7, p. 17). Aos poucos, Nietzsche vai estabelecendo um elo necessário entre determinadas condições atmosféricas e certa maneira de ser, uma perspectiva "alemã", terminando por associar seus problemas de saúde à ação conjunta dos dois elementos.

A identificação explícita entre a influência nociva das nuvens e o efeito nefasto do contato com os alemães também aparece na carta de Nietzsche a Franziska e Elisabeth de 14 de março de 1885, quando o filósofo atribui a mudança positiva de seu humor à partida de seu admirador Paul Lansky. Escreve, então: "Ele significava para mim o que chamo de 'tempo encoberto', de 'tempo alemão' e coisas do gênero" [Er bedeutete für mich das, was ich "bedecktes Wetter" "deutsches Wetter" und dergleichen nenne] (ibid., p. 22). Reiterando sua total rejeição aos alemães e sua forte ligação com a cultura francesa, Nietzsche acrescenta, além disso, que os únicos homens que amava na época já estavam há muito tempo mortos e cita, como exemplos, o abade Galiani, Henri Beyle (Stendhal) e Montaigne. Inversamente, associa desde então o tempo bom a todo tipo de benefício proveniente das relações humanas. Em 3 de dezembro de 1887, em um cartão-postal à mãe, ao mencionar as cartas que recebia de diversos admiradores, o filósofo aproxima a influência positiva de sua obra daquela exercida por um céu aberto: "Seu filho é finalmente uma potência: ele fortalece e refresca, faz para os outros um 'tempo bom'" [Dein Sohn ist nachgerade eine Macht: er stärkt und erquickt, er macht Anderen "gutes Wetter"] (*Briefe* 8, p. 208). Um pouco mais tarde, em 30 de janeiro de 1888, amplia ainda mais o sentido de "tempo bom" em um cartão-postal à mãe, no qual relaciona sua necessidade de um céu luminoso a certos estados melancólicos: "sou um animal melancólico e preciso, mais do que outras pessoas, de toda espécie de brilho solar" [ich bin ein schwermütiges Tier und habe mehr als Andere den Sonnenschein jeder Art not] (ibid., pp. 236-237). Já em 1888, diagnostica sua hipersensibilidade às variações meteorológicas como sintoma de um estado de debilitação generalizada. Em carta a Overbeck de 4 de julho de 1888, afirma: "Esta irritabilidade extrema provocada por impressões meteorológicas *não é um bom sinal*: ela caracteriza certo esgotamento generalizado, que é, de fato, meu verdadeiro sofrimento" [Diese extreme Irritabilität unter meteorologischen Eindrücken ist *kein* gutes Zeichen: sie charakterisiert eine gewisse Gesammt-Erschöpfung, die in der Tat mein eigentliches Leiden ist] (ibid., p. 347).

Embora Nietzsche tenha finalmente lido de maneira negativa, mais geral, sua suscetibilidade aos elementos meteorológicos, sua procura durante boa parte da vida de "toda espécie de brilho solar" correspondia, na verdade, a um esforço para esquivar certo pessimismo, a melancolia que lhe espreitava a alma. Era também um modo de fugir da Alemanha e dos alemães, de alma crepuscular. Eis de que forma a alma alemã é descrita no aforismo 244 de *Além do bem e do mal*:

> A alma alemã tem galerias e corredores, cavernas, esconderijos e masmorras [...]. E como cada coisa ama o seu próprio símbolo [*Gleichnis*], o alemão ama as nuvens e tudo o que é indistinto, cambiante, crepuscular, úmido e velado: tudo o que é incerto, inacabado, fugitivo, em crescimento, ressente como "profundo".

Nietzsche também amava sua "imagem equivalente", seu "símile" [*Gleichnis*], a concretização luminosa da "grande saúde", a ser constantemente alcançada, sempre de novo abalada e que, bastante seletiva, "fareja" aquilo de que se deve fugir, tudo o que se deve evitar. O céu puro não equivale para ele a uma simples necessidade física, pouco a pouco transformada em metáfora relativa a certa perspectiva diante da vida.

Tampouco se refere a uma necessidade espiritual que seu corpo teria sintomaticamente expressado, através de "doenças". Sua leitura múltipla do "céu alciônico" aponta para a ultrapassagem da distinção metafísica entre "corpo" e "alma", incitando-nos a ir além de uma leitura que daria a primazia quer ao aspecto físico, quer ao aspecto espiritual ou psíquico a que a metáfora supostamente aludiria. A superação da falsa dicotomia corpo/alma corresponde à ultrapassagem da distinção entre um uso referencial "concreto" da linguagem e seu uso "simbólico", imagístico. Misturando e dissolvendo de uma vez por todas os dois aspectos, embaralhando, através de paradoxos, a falsa dicotomia corpo/alma e procurando superar a distinção metafísica que funda tal separação, leríamos o "céu limpo" nietzschiano simultaneamente como expressão metafórica de seu corpo e como transposição física de seu símbolo. Os múltiplos sentidos desse elemento tão concreto e palpável e, ao mesmo tempo, equivalente a certa perspectiva, condensam uma visão não metafísica do corpo-alma que se encontra na base da noção nietzschiana da "grande saúde".

A relação entre a "grande saúde" e a paródia, encarada como superação do "trágico" instaurado pelos doutores da finalidade da existência, só se explicita no final do aforismo 382 de *Gaia ciência*. Recusando-se a considerar seriamente os "objetivos e esperanças" do homem atual, Nietzsche expõe "um outro ideal", particularmente sedutor e ao mesmo tempo bastante arriscado. Um ideal à altura daqueles que são capazes de conquistar, a todo momento, uma saúde a toda prova:

> o ideal de um espírito que, inocentemente, ou seja, involuntariamente, por uma plenitude e por uma potência transbordantes, brinca com tudo o que, até agora, se julgava sagrado, bom, intangível, divino; para quem as coisas mais elevadas em que o povo encontra, com razão, seus critérios de valor, não significariam mais do que perigo, degradação, aviltamento ou, no mínimo, diversão, cegueira e esquecimento temporário de si mesmo. O ideal

de um bem-estar e de uma benevolência humana, super-humana, que parece, com frequência, *desumana*, quando, por exemplo, ele se mostra, frente a toda a seriedade terrestre que prevaleceu até agora, frente a todo tipo de solenidade nos gestos, nas palavras, no tom, no olhar, na moral e na tarefa, como a paródia mais viva e mais involuntária destes últimos; ideal a partir do qual, apesar de tudo, se inauguraria, talvez, *a grande seriedade*, o verdadeiro ponto de interrogação seria pela primeira vez colocado, o destino da alma mudaria de direção, o ponteiro avançaria, a tragédia *começaria...*

No texto acima, o papel da paródia se explicita: tal como o deus-criança de Heráclito,[12] artista e brincalhão por pura plenitude e excesso de potência, o "argonauta do ideal" brinca com as máscaras da seriedade, com os valores morais e religiosos que predominaram até hoje, imita caricaturalmente o "trágico" e, através de um jogo paródico ingênuo, anuncia enfim o tempo da "grande seriedade", da tragédia no sentido nietzschiano. Notemos, de início, que Nietzsche não inventa uma palavra nova para enunciar o surgimento desse outro ato do "destino da alma": em sua noção de saúde, a diferença é marcada apenas pela aposição do adjetivo "grande". De modo idêntico, a "seriedade" dos fundadores de morais e de religiões é superada pelo que Nietzsche chama de "grande seriedade". Seguindo um procedimento característico em

---

12. Cf. *A filosofia na época trágica dos gregos*, sétimo parágrafo: "Somente o jogo do artista e da criança englobam, neste mundo, um devir e um perecer, um construir e um destruir sem qualquer imputação moral, com uma inocência eternamente intacta. E é assim, como a criança e o artista, que o fogo eternamente vivo brinca, construindo e destruindo com inocência; tal jogo, é o Aiôn que o joga consigo mesmo. Transformando-se em água e terra, constrói, como uma criança, montinhos de areia na praia, ergue-os e os destrói; de vez em quando, recomeça a mesma brincadeira. Um instante de saciedade; e, logo depois, a necessidade de novo o assalta, assim como a necessidade força o artista a criar. Não é portanto o orgulho ímpio mas o instinto de jogo [*Spieltrieb*] incessantemente despertado que chama para a vida outros mundos."

Nietzsche, ao longo deste capítulo diferenciamos o "trágico" entre aspas do trágico dionisíaco para tornar mais clara uma distinção capital, mantendo, no entanto, a mesma palavra, tal como o faz o filósofo. Nietzsche emprega, de fato, o mesmo termo — *tragédia* — quando fala tanto da seriedade encenada pelos "doutores da finalidade da existência" (cf. primeiro aforismo de *Gaia ciência*) quanto da superação desse tipo de seriedade pela paródia. Isso se deve, sem dúvida, ao fato de que ele remete ambos os movimentos ao eterno retorno, à lei do fluxo e do refluxo, uma vez que a breve "tragédia" está sempre "passando e voltando à eterna comédia da existência". Já que esse tempo circular, cíclico, preside ao desenrolar dos diversos atos de tal comédia, Nietzsche não precisa empregar termos diferentes para falar do fluxo e refluxo da seriedade sobre a terra, nem inventar uma palavra nova, inaugural, para expressar o começo da tragédia, mencionado no final do aforismo sobre a grande saúde. Isso seria, em última instância, contraditório, uma vez que o trágico nietzschiano, assim como o das morais e religiões, está igualmente associado à doutrina do eterno retorno, este "movimento cíclico absoluto e infinitamente repetido de todas as coisas", tal como Nietzsche o define em *Ecce homo* (cf. capítulo "Nascimento da tragédia", § 3, p. 96). O trágico nietzschiano corresponde, portanto, a um retorno do dionisíaco e remete à interpretação dada pelo filósofo à tragédia tal como foi produzida e recebida pelos gregos antigos.

o trágico No capítulo sobre *O nascimento da tragédia* em *Ecce homo* (terceiro parágrafo), Nietzsche remete a um texto do final de *Crepúsculo dos ídolos* que resumiria sua noção do trágico e sua psicologia da tragédia. Nesse texto, declara que a chave da noção de sentimento trágico lhe foi dada pela psicologia órfica, associada a um sentimento exuberante de vida e de força, capaz de considerar até mesmo a própria dor como um verdadeiro "estimulante". O filósofo se aparta explicitamente da concepção aristotélica da *mímesis* e da visão de arte produzida pelo pensamento pessimista de seu século, representado principalmente por Schopenhauer. Para Nietzsche, a tragédia grega não teria de maneira alguma a função, como pensava Aristóteles, de libertar o espectador do terror e da piedade, de purificá-lo de um afeto considerado perigoso por meio de uma descarga violenta dessa emoção.

Em sua obra, Nietzsche rejeita e contradiz diversas vezes a noção aristotélica de catarse. No aforismo 212 de *Humano, demasiado humano* 1 ("Dúvidas antigas sobre o efeito da arte"), por exemplo, mais próximo de Platão e em oposição a Aristóteles, o filósofo afirma que o exercício do terror e da compaixão, através da descarga reiterada desses afetos, ao invés de purgá-los, os reforça, tornando o espectador na verdade mais temeroso e impressionável do que antes. No aforismo 240 de *Aurora* ("Da moralidade do palco"), quando examina a questão do suposto efeito moral do teatro, principalmente do teatro de Shakespeare, Nietzsche abala os alicerces de uma visão da arte tributária da concepção aristotélica, que atribuía à tragédia uma função principalmente purificadora. Agindo com profundo desprezo pela vida, sem levar em conta aquilo que seria vantajoso, e sobretudo em favor de uma ideia ou de um instinto, os personagens "demoníacos" apresentados em cena levariam, na verdade, naturezas semelhantes a eles a imitá-los, através de um mecanismo de simples identificação dos espectadores. Contrariando uma concepção moralizante do efeito das peças, Nietzsche conclui que os poetas trágicos, tais como Shakespeare e Sófocles, evitam a todo custo fazer da culpa a alavanca por excelência de toda tragédia e, em vez de prevenirem contra os perigos e riscos da vida através das imagens apresentadas, incitam a se considerar a existência dos personagens "demoníacos", a própria vida como uma aventura sedutora exatamente por seu caráter cambiante, provisório e altamente arriscado. Teria cabido à sua época, bem menos "má", ter acrescentado ao drama shakespeareano, a posteriori, finalidades morais, desfigurando-o assim radicalmente. Nietzsche desqualifica, portanto, toda interpretação moralizante de Shakespeare e da tragédia, considerando tal leitura como sintoma do enfraquecimento dos instintos em nossa época.

No aforismo 80 de *Gaia ciência* ("Arte e natureza"), Nietzsche retoma o ataque direto à suposta função catártica da tragédia grega. Nesse aforismo, afirma que os gregos, ou pelo menos os atenienses, iam ao teatro para ouvir "falar bem". A paixão, em estado de natureza, é de fato avara de palavras, em geral muda, atordoada, confusa, ou ainda, quando consegue se expressar, irracional e extremamente constrangedora para si mesma. O que os gregos apreciavam no teatro era, portanto, o artificialismo do verso dramático, o *pathos* proveniente dos efeitos retóricos, a própria antinatureza, em suma. Graças ainda aos gregos, nos teríamos habituado à antinatureza do palco: Nietzsche menciona então a "naturalidade" com que o público suporta, nas óperas, a paixão e a dor que, não se contentando em expor sua eloquência verbal, conseguem cantar. O filósofo acrescenta, ainda nesse aforismo, que os trágicos gregos evitavam ao máximo a presença em cena de um patético "natural", recorrendo, por exemplo, a máscaras que recobriam a face do ator e a enrijeciam, apagando a expressão de emoções que os traços, as linhas e sulcos do rosto humano em geral traem. Submetendo as paixões, a natureza, à lei do "belo discurso", procuravam apresentar imagens suscetíveis de despertar não tanto terror ou piedade, mas, ao contário, o próprio orgulho do homem, apto a transmutar as mais exacerbadas emoções em pura retórica. Era portanto o afastamento em relação à natureza que caracterizava o prazer dos gregos diante do espetáculo do herói trágico, capaz de escolher palavras, de mostrar impressionante lucidez e inteligência à beira dos mais vertiginosos abismos, nos momentos em que, normalmente, o homem real perde a cabeça e o domínio de toda linguagem sublime, até mesmo de toda palavra articulada, conseguindo apenas balbuciar, gritar, gemer. Os gregos amavam portanto a arte como expressão de uma antinatureza, como convenção superior e heroica. Aristóteles teria se enganado completamente ao atribuir à catarse a finalidade última da tragédia.

No mesmo texto, Nietzsche se opõe radicalmente a todas as estéticas que supõem uma simples continuidade entre natureza e arte e, ao mesmo tempo, a uma recepção da arte que passaria por um mecanismo de identificação psicológica, por uma descarga catártica de emoções. Tal como um hipotético grego, Nietzsche se deleita, no teatro, com o espetáculo do domínio das paixões pela astuciosa intervenção das convenções, dos códigos, de uma retórica. O que interessa ao filósofo é a paixão fingida, que emerge necessariamente já mascarada pelo pudor que recobre toda emoção profundamente experimentada. Para Nietzsche, quanto mais profundo for um sentimento, mais ele desejará a superfície de uma máscara, a pele de uma convenção que o esconda e, ao mesmo tempo, o revele. Essa necessidade de máscara corresponde ao "*pathos* da distância" que distingue as naturezas nobres: distância com relação à curiosidade indiscreta e à vulgaridade de um público sempre vampirescamente à espreita de uma cena emocionante para alimentar sua vida exangue, e distância igualmente com relação aos próprios sentimentos, que, velados pelo pudor, sobem à superfície modelados por um orgulho instintivo. Por seu gosto pelo artifício e pela máscara, Nietzsche se aproxima de artistas do século XX, como, por exemplo, Fernando Pessoa, com sua visão do poeta como "fingidor", no famoso poema "Autopsicografia".[13] O filósofo revela-se ainda bastante próximo de artistas que, como Henri Michaux, estimam que é sobretudo um rosto "branco", vazio, que melhor expressa o estado de um corpo carregado, sobrecarregado de afetos.

A visão nietzschiana da tragédia se distingue radicalmente do tratamento que Aristóteles dá ao trágico. Em *Além do bem e do mal* (aforismo 229), Nietzsche aborda outro aspecto da "piedade trágica", vinculando-a à crueldade do "animal selvagem" que vive, se desenvolve e prospera,

---

13. Cf. Fernando Pessoa. *Obra poética*. Rio de Janeiro: Aguilar, 1974, p. 164: "O poeta é um fingidor / Finge tão completamente / Que chega a fingir que é dor / A dor que deveras sente."

divinizado, no homem das épocas tardias. Nesse aforismo, o filósofo prossegue sua leitura não aristotélica da "piedade trágica", atribuindo a "volúpia dolorosa" produzida pela tragédia ao "filtro da grande Circe 'Crueldade'". Essa leitura da piedade trágica se inscreve, nesse aforismo, em um movimento mais amplo: a denúncia da superstição do homem com relação ao "animal cruel e feroz" que, orgulhoso com sua "humanidade", acredita estar morto nele mesmo, e a enunciação da tese contrária, segundo a qual tudo aquilo que chamamos de "cultura superior" corresponde, na verdade, a uma "espiritualização" e a um aprofundamento da crueldade. Desejando "abrir os olhos dos homens" em relação à crueldade, Nietzsche afirma que a piedade trágica, bem como tudo o que constitui o sublime, retira toda sua "doçura" única e exclusivamente dos "ingredientes de crueldade" com que se mistura. Acrescenta, além disso, que é preciso ultrapassar a "psicologia de outrora", que remetia a origem da crueldade humana ao prazer proveniente da visão do sofrimento alheio. Segundo Nietzsche, o homem experimentou desde sempre um verdadeiro deleite, um prazer transbordante, diante do curioso espetáculo de seu próprio sofrimento, chegando até mesmo a provocá-lo.

No aforismo do final de *Crepúsculo dos ídolos* a que Nietzsche remete em *Ecce homo*, o filósofo rejeita igualmente a concepção da tragédia como sintoma e prova irrefutável do pessimismo grego, no sentido schopenhaueriano. No aforismo 24 do mesmo livro, explicita ainda mais claramente sua posição oposta à de Schopenhauer, desenvolvendo, no final do texto, sua própria visão do trágico grego. Nietzsche critica a noção de "arte pela arte", mostrando de que forma ela ainda seria, na verdade, tributária de uma visão moralizante da arte. Em sua opinião, ao combater a subordinação da arte à moral, a "arte pela arte" nega ao mesmo tempo à arte qualquer outra finalidade e sentido, como se, excluindo-se o fim moral, não lhe restasse qualquer outro. Opondo-se a uma concepção moralizante da arte e mantendo-se simultaneamente prisioneira da visão a que se contrapõe, a "arte pela arte" se apresentaria, portanto, como uma serpente que morde o próprio rabo. Nietzsche denuncia o profundo parentesco entre a "arte pela arte" e a tendência a se atribuir à arte uma função moral, rejeitando em um só bloco ambas as posições e afirmando que, de qualquer forma, se toda obra de arte louva, celebra, realça, necessariamente reforça ou enfraquece determinados julgamentos de valor, mesmo que não pretenda pregar uma moral ou corrigir o homem. Enuncia a seguir sua tese segundo a qual "a arte é o grande estimulante para a vida". Restaria, no entanto, a famosa questão de saber se, ao apresentar os aspectos tenebrosos da vida, a arte não levaria o homem a se desgostar, a se enfastiar com a existência, como pensava por exemplo Schopenhauer. Nietzsche acrescenta que, para esse filósofo, a finalidade última da arte é a de produzir uma verdadeira libertação no tocante ao querer, à vontade. O que Schopenhauer valorizava portanto na tragédia era sua suposta utilidade no sentido de "criar uma disposição para a resignação". Nietzsche atribui a "ótica pessimista" de Schopenhauer, em relação à tragédia, a seu *"böser Blick"* ["mau-olhado"]; deixa-a então de lado, para focalizar o que o próprio artista trágico nos diz. Eis de que forma resume, no final do aforismo, a experiência do artista trágico:

> A audácia e a liberdade de sentimento diante de um poderoso inimigo, diante de uma adversidade sublime, diante de um problema aterrorizante, é esse estado *triunfante* que o artista trágico elege, que ele glorifica. Diante do espetáculo da tragédia, o elemento guerreiro de nossa alma celebra suas saturnais. Aquele que está habituado ao sofrimento, que procura o sofrimento — o homem *heroico* — exalta, na tragédia, a própria existência. É somente ele que está credenciado para receber das mãos do trágico a taça dessa crueldade, a mais doce que possa existir.

A perspectiva do artista trágico remete à experiência do "homem heroico", que, transbordando de vitalidade, procura os mais temíveis inimigos, adversidades à sua altura, a fim de medir as próprias forças e desfrutar de seu excesso de potência. Trata-se, nesse exemplo, do homem grego ávido de rivalidade. Desdobrando-se em uma verdadeira disputa consigo mesmo, o guerreiro se lança impetuosamente ao encontro do próprio sofrimento, busca o confronto com os aspectos mais terríveis da existência para desafiar seus lados mais fracos, que se exprimiriam, na perspectiva nietzschiana, em uma tendência ao pessimismo, à calúnia contra a vida. Quanto mais sofrer, mais terá oportunidade de conhecer e de afirmar sua natureza heroica; quanto mais desafiar a dor e a morte, mais seu gesto de afirmação da vida revelará sua nobreza e a vastidão de sua alma.

A experiência trágica do homem heroico, tal como Nietzsche a define, corresponde à que o filósofo descreve a propósito de sua própria aventura. Em sua correspondência há afirmações explícitas, decisivas, que corroboram sua identificação com o universo trágico grego. Em carta a Overbeck de 7 de maio de 1885, por exemplo, Nietzsche se identifica simultaneamente com Édipo e com a esfinge, considerando-se ao mesmo tempo como aquele que propõe enigmas e o que deve decifrá-los. Dizendo-se aliviado por saber que seu amigo não julgava o autor de *Zaratustra* "meio doido", Nietzsche escreve: "O risco que corro é de fato muito grande, mas não se trata *desse* tipo de perigo. No entanto, por vezes não sei mais realmente se sou a esfinge, que interroga, ou o famoso Édipo, que é interrogado. Tenho, assim, uma *dupla* possibilidade de ser tragado pelo *abismo*" [Meine Gefahr ist in der Tat sehr groß, aber nicht *diese* Art Gefahr: wohl aber weiß ich mitunter nicht mehr, ob ich die Sphinx bin, die fragt, oder jener berühmte Oedipus, der gefragt wird—so daß ich für den *Abgrund zwei* Chancen habe] (*Briefe* 7, p. 44).

Esse verdadeiro exercício de crueldade consigo mesmo, que remete a uma superabundância de energia vital, é considerado por Nietzsche como a experiência básica do trágico. Tal *pathos* se exprime igualmente em um poema de Lou Salomé ("Oração à vida"), datado de 1881, que impressionara profundamente o filósofo.[14] A partir de uma adaptação de seu "Hino à amizade" (1873-1874), Nietzsche compõe um "Hino à vida" para o poema de Lou; essa será, por sinal, a única composição musical que ele decide imprimir e publicar. A composição funciona, além disso, como uma espécie de testamento: diversas vezes Nietzsche expressou nas cartas o desejo de que se cantasse esse hino após a sua morte.[15] O "Hino à vida" foi publicado por Fritzsch em 20 de outubro de 1887, em um arranjo para orquestra criado por Köselitz. Uma semana após a publicação, na carta a Gast de 27 de outubro, Nietzsche comenta o caráter trágico de seu Hino, verdadeiro desafio sonoro lançado ao destino e à sua fúria:

> A propósito: o fecho do poema — "Muito bem! Ainda tens teu tormento!..." — é a expressão mais forte da *hybris*, no sentido grego, do desafio ímpio do destino por conta de um excesso de coragem e de arrogância. Um leve arrepio percorre o meu corpo sempre que vejo (e ouço) tal passagem. Diz-se que, para um tal gênero de "música" como esse, as Eríneas têm ouvidos. (*Briefe* 8, p. 178)

hybris

14. Na carta a Gast de 1 de setembro de 1882, na qual Nietzsche apresenta ao amigo sua composição para o poema de Lou, o filósofo transcreve o texto da jovem russa. Eis os versos finais: "Se não tens mais nenhuma felicidade para me dar / muito bem: dá-me teu tormento" [Hast du kein Glück mehr übrig mir zu geben, / wohlan: so gieb mir deine Pein] (*Briefe* 6, p. 249).
15. Cf., a carta do filósofo à mãe, citada in Janz, *Biographie* III, p. 277: "[Esta é] minha única composição que será publicada, a fim de que se tenha, um dia, algo para se cantar em minha memória." Cf. igualmente a carta a Hans von Bülow de 22 de outubro de 1887: "Ele (o 'Hino à vida') deve ser, um dia, em um futuro próximo ou longínquo, cantado em memória de um filósofo que não teve nenhum presente e que, na verdade, jamais quis ter um presente" (cf. *Briefe* 8, p. 175). Cf. também a carta a Hermann Levi de 20 de outubro de 1887, na qual Nietzsche acrescenta: "Talvez nunca tenha havido um filósofo que tenha sido, no fundo, tão músico quanto eu" (ibid., p. 172). No mesmo dia, Nietzsche envia o hino a Félix Mottl e a Carl Riedel, que dirigia um coral. Na carta a este último, afirma que sua composição musical é "uma espécie de profissão de fé sonora" do filósofo mais independente e radical da época (ibid., p. 173). Tais cartas são, em sua maioria, endereçadas a maestros.

[Beiläufig: die Schlußwendung "wohlan! noch hast du deine Pein!..." ist das Stärkste von *Hybris* in griechischem Sinne, von lästerlicher Herausforderung des Schicksals durch einen Exceß von Mut und Übermut:—mir läuft immer noch jedes Mal, wenn ich die Stelle sehe (*und* höre), ein kleiner Schauder über den Leib. Man sagt, daß für solche "Musik" die Erinnyen Ohren haben.]

Essa afirmação alcança toda sua amplitude se a relacionamos às declarações de Nietzsche, na mesma época, a respeito do sentido e do papel dessa composição — uma verdadeira "profissão de fé", conforme escreve a Carl Riedel em 20 de outubro de 1887 (cf. ibid., p. 173). No mesmo dia, em carta a Félix Mottl, exprime o desejo de que sua composição funcione como um suplemento para tudo aquilo que, no discurso de um filósofo, devido à própria natureza da linguagem verbal, "permanece necessariamente obscuro". E acrescenta: "O *afeto* de minha filosofia se exprime neste hino" [Der *Affekt* meiner Philosophie drückt sich in diesem Hymnus aus] (ibid., p. 173). Na carta a Köselitz acima mencionada, Nietzsche explicita ainda mais sua afirmação: "O hino também tem em si algo de paixão e seriedade, e torna preciso ao menos um afeto capital dentre os afetos a partir dos quais minha filosofia se desenvolveu" [Auch hat der Hymnus etwas von Leidenschaft und Ernst an sich und präzisiert wenigstens einen Hauptaffekt unter den Affekten, aus denen meine Philosophie gewachsen ist] (Cf. ibid., p. 179).

De fato, a *hybris* é um dos afetos essenciais — senão o principal — a atravessar a filosofia nietzschiana. O "Hino à vida", por ele considerado como a expressão radical desse afeto, articula-se explicitamente tanto a *Zaratustra* quanto a *Ecce homo*. No primeiro parágrafo do capítulo da autobiografia que se refere a *Assim falou Zaratustra*, o filósofo menciona a composição de 1882 e a situa entre a "concepção" e o "parto" de *Zaratustra* I, vendo-a como sintoma de seu estado de espírito daquele ano, momento em que o *pathos* por excelência afirmativo — *pathos* trágico — o "possuía no grau máximo" (p. 123). A *hybris* inerente ao *pathos* trágico está de fato presente em ambas as obras. A leitura de *Zaratustra* em *Ecce homo* indica um caminho irreversível em direção ao excesso, no sentido de uma superação cada vez mais radical de toda a seriedade terrestre pelo riso, pela paródia. Se Zaratustra, por conta de suas virtudes persas, vence a moral e opera o retorno de um sagrado não cristão, *Ecce homo*, quinto ato da tragédia, leva a *hybris* ainda mais longe. O caráter excessivo, desmesurado, se inscreve no próprio tom de elogio de si mesmo presente na obra, bem como na alegre e inocente arrogância dos títulos dos capítulos. Reflete-se igualmente na série de "erratas" que Nietzsche acrescenta ao texto aqui e ali, e que corresponde a uma eliminação progressiva dos antípodas que lhe eram mais caros. A propósito da "Extemporânea" *Wagner em Bayreuth*, o filósofo afirma:

> em todas as passagens de relevância psicológica é de mim somente que se trata — pode-se tranquilamente colocar meu nome ou "Zaratustra" onde no texto há o nome de Wagner. Toda a imagem do artista ditirâmbico é a imagem do poeta pré-existente de Zaratustra... (p. 96)

Mais adiante, declara que as "Extemporâneas" sobre Schopenhauer e sobre Wagner "falavam no fundo apenas dele" mesmo (p. 102); da mesma forma, "Schopenhauer como educador" se torna "Nietzsche como educador" (p. 102); e, quando se trata de Paul Rée, descrito no prefácio à *Genealogia* como "um dos mais audaciosos e frios pensadores", a *errata* intervém, dessa vez, entre parênteses: "(*lisez* [leia-se]: Nietzsche, o primeiro *imoralista*)" (p. 112).

A insistência de tais correções remete evidentemente à exasperação progressiva de Nietzsche com relação aos diversos mal-entendidos de que era constantemente vítima. Relaciona-se dessa forma ao desejo, explicitado em *Ecce homo*, de não dar margem a confusões. No entanto, o sentido das correções ultrapassa essa primeira leitura: a série de "erratas" presente no texto autobiográfico reflete e produz um duplo movimento em Nietzsche. Na autobiografia, está em jogo a construção de um "eu" na linearidade de um discurso, a constituição de uma "identidade" por uma espécie de leitura teleológica do passado, em especial da sequência de obras anteriormente escritas, para estabelecer uma continuidade sem falhas. Eis o que Nietzsche afirma no final do capítulo sobre as "Extemporâneas": "Foi habilidade e esperteza minha ter sido muitas coisas em muitos lugares para poder tornar-me 'um', para poder alcançar a unidade" (p. 103).

O movimento bastante marcado em direção à unidade não se fará sem o risco da perda da alteridade; nesse sentido, até mesmo os vestígios dos antípodas mencionados são objeto de um processo visível de "apagamento". Este "eu" assim constituído absorverá cada vez mais em si mesmo os fragmentos dos inimigos que foram, por assim dizer, riscados, rasurados no texto autobiográfico. Privado do contraponto salutar representado por alguns de seus mais próximos inimigos, esse "eu" afirmado com tanta insistência colocará desde então em risco sua própria coesão. *Ecce homo* prenuncia e produz, pelas "erratas", pelo processo de eliminação de nomes e de personagens a que Nietzsche se encontrava estreitamente ligado, o estilhaçamento final do filósofo.

A *hybris* se evidencia já na capa do livro, na qual Nietzsche se apresenta com a máscara de Cristo levado diante da multidão que dará o veredito final sobre seu sacrifício. Como afirma Emerson — um dos raros pensadores americanos que o filósofo admirava[16] —, "o castigo daqueles

---

16. Eis o que Meta von Salis esclarece a esse respeito: "Quanto aos ingleses e americanos, ele [Nietzsche] não tinha, em geral, qualquer afinidade com eles. Negava-lhes todo talento filosófico [...]. A 'luta pela existência, de Darwin', as explicações spencerianas acerca dos fenômenos éticos e biológicos não o satisfaziam de modo algum. Carlyle se materializava, a seus olhos, na imagem do touro selvagem batendo com o casco na terra; utilizava-o como o exemplo mais eloquente da influência da alimentação sobre as atividades mais espirituais do homem [...] Emerson, no entanto, luminoso, terno e ao mesmo tempo viril,

que querem uma máscara é que eles deverão portá-la". Usar a máscara do *Ecce homo* é desafiar e provocar o destino. Equivale igualmente a traçar o caminho a ser seguido. Uma vez colocada, a máscara põe em marcha um processo de identificação com o elemento sacrificial que ela comporta, suscitando e impondo determinado vir-a-ser. A partir de então, Nietzsche irá inevitavelmente encarnar, até as últimas consequências, o combate gigantesco que assina a autobiografia: "Dioniso contra o Crucificado".[17] O filósofo se torna o próprio campo de batalha no qual se afrontam dois deuses poderosos. Não é por acaso que, nos chamados "bilhetes da loucura" do início de 1889, Nietzsche passará a assinar, quase que exclusivamente, ora como "Dioniso" ora como "o Crucificado", realizando realmente seu desdobramento, sua cisão em dois polos em tensão, radicalizando desse modo o movimento agônico que se inscrevera em *Ecce homo*, a partir do audacioso uso das máscaras dos dois deuses em combate. O resultado será necessariamente arriscado: no final de *Crepúsculo dos ídolos*, Dioniso é associado por Nietzsche à afirmação radical da vida, à "vontade de viver, que *sacrifica* alegremente à sua inesgotável fecundidade seus tipos mais elevados", ao trágico, em suma, no sentido de uma encarnação radical da "eterna volúpia do *devir*, essa volúpia que também inclui a *volúpia do aniquilamento*..."

o encantava..." Cf. Janz, op. cit., p. 269. Antes de ser corrigido, no início de dezembro de 1888, o parágrafo do capítulo "Por que sou tão inteligente" continha uma referência explícita a esse pensador: "Emerson, com seus ensaios, foi para mim um bom amigo e um encorajador, mesmo em épocas sombrias; ele possui tanto ceticismo, tantas 'possibilidades' em si mesmo que nele até a virtude se torna inteligente..." Cf. Colli e Montinari. *Kommentar zu den Bänden*, 1-13. Munique/Berlim/Nova York: Dtv/de Gruyter, 1988, pp. 476-477.

17. Cf., a esse respeito, a observação de Jacques Derrida: "Nietzsche, *Ecce homo*, o Cristo, sem ser o Cristo, nem mesmo Dioniso, mas o próprio nome do contra, o contranome, o combate que se instaura entre os dois nomes..." (*Otobiographies*. Paris: Galilée, 1984, p. 52).

Nesse espetáculo trágico, a instância justiceira e vingativa representada pelas Eríneas gregas não estará de forma alguma ausente. A função essencial dessas deusas primitivas e violentas de que falam os poemas homéricos é a de castigar todos os crimes suscetíveis de perturbar a ordem social, punir o excesso e o transbordamento, que tendem a fazer o homem se esquecer de sua condição de simples mortal. A temível cólera das Eríneas se abatia sobre os transgressores sob a forma de toda espécie de tormento e, finalmente, na forma da loucura. No aforismo 14 de *Aurora* ("Significação da demência na história da moralidade"), Nietzsche já havia feito uma leitura desse tipo de "castigo" que atinge os que, em todas as épocas, ousaram novos pensamentos e julgamentos de valor. Afirma nesse texto que "praticamente em todos os lugares, é a loucura que abre caminho para o novo pensamento, que rompe o interdito de um costume, de uma superstição respeitada".

Toda *hybris* se paga bastante caro, tanto para os gregos quanto para Nietzsche: só a loucura faz com que aquele que cria e inova trema diante de si mesmo; sua desrazão o liberta, assim, do remorso, levando-o ao mesmo tempo a se tornar profeta e mártir da nova ideia. Somente então aquele que transgrediu as leis e os costumes autorizados recupera a crença em si mesmo: "para todos os homens superiores que foram irresistivelmente levados a romper o jugo de uma moralidade qualquer e a instaurar novas leis, não restou nada mais do que, *se não eram realmente loucos*, enlouquecerem ou se apresentarem como dementes; e, na verdade, isso vale para os inovadores em todos os domínios..."

As Eríneas, terríveis guardiãs da ordem social, castigam especialmente aqueles que cometem crimes contra a família. Igualmente nesse sentido elas poderiam estar atentas à autobiografia de Nietzsche, na qual o filósofo comete uma verdadeira *hybris* em relação à própria família, violentamente condenada nesse texto. Mas, para se compreender a dimensão dessa forma de *hybris*, é necessário examinar mais detalhadamente a leitura de sua vida e a avaliação de suas relações familiares que Nietzsche efetua na autobiografia.

Ecce homo:
genealogia e epitáfio

No início de seu texto autobiográfico, Nietzsche atribui a singularidade, a fatalidade de sua vida a uma dupla origem genealógica que ele exprime assim, "em forma de enigma": "como meu pai, já morri; como minha mãe, ainda vivo e envelheço" (p. 45). Acrescenta que foi essa dupla origem que lhe permitiu certa "neutralidade", certa isenção, uma "ausência de *parti pris*" em relação ao problema global da vida, pois sendo simultaneamente um "*décadent*" e um "*começo*", sua natureza híbrida o teria dotado de um "faro" bastante sutil para todos os sinais e sintomas de "ascensão" e de "declínio" (cf. p. 45). "Neutralidade" remete, no texto, a um olhar sobre as coisas orientado de duas formas diametralmente opostas, até mesmo contraditórias, sem que qualquer uma das perspectivas se obstrua ou se destrua mutuamente (cf. p. 76). Trata-se de um olhar que não é, a rigor, "neutro", mas duplamente "interessado", distinguindo-se radicalmente da pseudo-"objetividade" de um suposto "sujeito do conhecimento puro, atemporal, isento de vontade e de sofrimento", de um sujeito transcendental kantiano (cf. *Genealogia*, terceira dissertação, § 12). Chamando de "neutralidade" uma perspectiva na verdade dupla, capaz de perceber os aspectos ascendentes e declinantes da vida, Nietzsche opera uma desconstrução interna, paródica, de conceitos metafísicos; à fábula de um tal "sujeito do conhecimento", o filósofo opõe um olhar múltiplo que se enriquece com a própria diversidade dos pontos de vista e das interpretações de ordem afetiva, pois, conforme ressalta em *Genealogia*: "Só existe uma visão perspectiva, um 'conhecimento' perspectivo; *quanto mais* afetos sobre uma coisa deixarmos se expressarem, *quanto mais* olhos, olhos diferentes soubermos engajar com relação à mesma coisa, mais completo será nosso 'conceito' dessa coisa, nossa 'objetividade'" (ibid).

Munido pelo menos de dois pares de olhos diferentes, por conta de sua dupla procedência tipológica, Nietzsche teria adquirido uma fina percepção de "*nuances* psicológicas": com sua experiência de "decadente periódico" (cf. pp. 46-47), pôde ter acesso aos recantos mais escondidos, aos mais sombrios subterrâneos da alma, àquele verdadeiro inferno no qual se engendra o ressentimento e se fabricam os "ideais" (cf. *Genealogia*, I, § 14). O filósofo pôde afinar, dessa forma, seus órgãos de observação, que se tornaram extremamente sensíveis a qualquer sintoma de decadência, e ganhar olhos suplementares que lhe permitiram estabelecer uma genealogia dos valores, isto é, proceder a uma avaliação do valor dos valores. Periodicamente enfermo, conhecendo a suavidade dos momentos de convalescença, pôde percorrer nos dois sentidos, como Zaratustra, a imensa escala da vida, que sobe bem alto e desce a um nível bastante baixo (cf. o capítulo sobre Zaratustra em *Ecce homo*, § 6). É essa dupla experiência que constitui a condição de possibilidade da realização de sua tarefa própria — o deslocamento e a inversão de perspectivas, a "transvaloração dos valores" (cf. p. 47), anunciada no texto autobiográfico:

> A partir da ótica do doente, olhar em direção a conceitos e valores *mais sãos* e, inversamente, a partir da plenitude e da certeza própria da vida rica, baixar os olhos para o trabalho secreto do instinto de *décadence*: este foi meu exercício mais longo, minha verdadeira experiência; se me tornei mestre em alguma coisa, foi nisso. (p. 47)

o pai/
a morte

Nietzsche afirma que deve ao pai seu lado decadente, ligado à morte. É principalmente essa herança que o filósofo enfatiza na autobiografia; o elemento vital que a mãe lhe teria legado funciona, no texto, como uma espécie de contraponto ao legado paterno. Na breve descrição do pastor Karl Ludwig Nietzsche, no início do primeiro capítulo de *Ecce homo*, o filósofo ressalta a morte prematura do pai, aos 36 anos, caracterizando-o como um ser "delicado, amável e mórbido", "antes uma bondosa lembrança da vida do que a vida mesma" (p. 45). A identificação de Nietzsche com essa sombra era bastante profunda; no texto autobiográfico, chega a afirmar que sua própria vida declinou quando atingiu a idade com que seu pai morreu: "aos 36 anos, atingi o ponto mais baixo de minha vitalidade" (ibid.).

A morte do pai, em 30 de julho de 1849 — de acordo com o diagnóstico da época em consequência de um "amolecimento do cérebro" — marcou profundamente o filósofo: sua imagem permanecerá desde a infância associada à morte. Nas primeiras notas autobiográficas, em 1858, quando tinha apenas treze anos, Nietzsche relata um sonho premonitório que teria tido em fevereiro de 1850, na véspera da morte do irmão caçula, Joseph, de dois anos. No sonho, a sombra paterna retorna para lhe roubar o irmão:

> Ouvi na igreja o som do órgão, como em um enterro. E, enquanto procurava de onde ele vinha, um túmulo se abriu de repente e meu pai saiu dele, vestido com a mortalha. Caminhou com passos largos em direção à igreja, retornando, logo a seguir, com uma criancinha nos braços. O túmulo se abriu novamente, meu pai penetrou nele e a lápide se fechou. O surdo ruído do órgão cessou imediatamente, e eu acordei. No dia que se seguiu a essa noite, meu irmãozinho Joseph adoeceu bruscamente, teve convulsões e morreu em poucas horas. Nossa dor foi terrível. Meu pesadelo se tornara totalmente realidade. (Janz, *Biographie* 1, p. 37)

Em 1863, por ocasião do término do ano letivo, o colégio de Pforta pediu para os alunos escreverem um pequeno texto autobiográfico. No trabalho entregue por Nietzsche, então com dezenove anos, a sombra do pai retorna mais uma vez, associada por contiguidade a um solo mórbido próximo ao qual o filósofo teria nascido: "Como planta, nasci perto do 'campo de Deus' [*Gottesacker*, cemitério]; como ser humano, na casa de um pastor".[1] Significativamente, para designar "cemitério" o jovem estudante empregou a palavra *Gottesacker*, que quer dizer literalmente "campo de Deus", e não os sinônimos mais usuais para "cemitério", como *Friedhof* ou *Kirchhof*, formados a partir de "paz" [*Friede*], "igreja" [*Kirche*] e de "pátio" [*Hof*]. A casa do pai e o "campo de Deus", dois espaços contíguos, se confundem "tipologicamente" para constituir o solo duplamente mórbido no qual nasceu e cresceu a "planta" Nietzsche. A casa paterna também é "campo de Deus", já que o pastor Nietzsche era um representante dos valores cristãos, diagnosticados mais tarde pelo filósofo como sintomas de decadência e de morte. Nascido nesse solo, Nietzsche reconhece ter herdado do pai as tendências que, em sua opinião, representavam uma ameaça constante para sua existência e, sobretudo, para seu "grande sim à vida". Nesse sentido, eis o que escreve a seu amigo Overbeck em 14 de setembro de 1884: "Desde minha infância, sempre pude constatar que 'na piedade se encontram meus maiores perigos'. (Uma consequência nefasta, talvez, da natureza *extraordinária* de meu pai, que todos os que conheceram consideravam mais como um 'anjo' do que como um 'homem')" [Von meiner Kindheit an hat sich der Satz "im Mitleiden liegen meine größten Gefahren" immer wieder bestätigt (vielleicht die böse Consequenz der *außerordentlichen* Natur meines Vaters, den Alle, die ihn kannten, mehr zu den "Engeln" als zu den "Menschen" gerechnet haben] (*Briefe* 6, p. 530).

Esse "anjo" morto aos 36 anos não irá mais abandoná-lo. Ressurge com maior insistência depois que Nietzsche completa trinta anos. A figura do pai reaparece, por exemplo, em uma carta escrita pelo filósofo em 14 de julho de 1875, endereçada à amiga Marie Baumgartner, que acabara de verter para o francês a "Consideração extemporânea"

1. Cf. Nietzsche. "Ma vie", pp. 18-19. Cf. *Le chemin de campagne/ Ma vie/ Pays de rêve*. Paris: Michel Chandeigne, 1985. Segundo o próprio editor, foi Heidegger que encontrou esse texto de Nietzsche em Weimar e o publicou em 1936.

intitulada *Schopenhauer como educador*. Na carta, Nietzsche estabelece uma relação direta entre seu estado extremamente doentio, naquele momento devido a uma afecção estomacal de que não conseguia se livrar, e sua atividade de escritor. Comunica à amiga a decisão de morar com a irmã e de dedicar no mínimo os sete anos seguintes exclusivamente ao trabalho acadêmico, abandonando provisoriamente, e por um bom tempo, qualquer projeto de livro. Aos trinta anos planeja, portanto, estudar mais a fundo os gregos durante os próximos sete anos. Por meio desse projeto, esperava certamente se proteger do que lhe parecia um imenso esforço e um desafio que colocavam sua própria vida em perigo: seu trabalho como pensador, que já desde alguns anos o impelia a libertar-se dos vínculos acadêmicos. Afirmando sua "existência de erudito na Basileia", procurou encontrar, a partir de então, as melhores condições para se dedicar inteiramente aos estudos, com toda segurança, ao lado de sua "lhama". O filósofo tinha razão, como verificaremos mais adiante, ao atribuir suas doenças em grande parte ao fato de estar dividido entre a vida de filólogo e a aventura filosófica. Naquele momento, entretanto, em 1875, pensava poder evitar ou ao menos atenuar seu estado de saúde precário, esquivando-se do trabalho de filósofo, que consumia suas forças enfraquecidas pela própria divisão, e que já se revelava irreconciliável com a vida de professor universitário. Eis de que forma a sombra do pai intervém nesse momento de crise, conforme descreve em carta a Marie Baumgartner: "renunciar a *muita coisa* para não ter de renunciar ao *principal*. Veja bem: meu estado de espírito não se assemelha de forma alguma ao *desânimo*! Aproxima-se, antes, da petulância. Pois conto com um período de vida razoavelmente longo e, nesse aspecto, meu pai por exemplo se enganou em seus cálculos: morreu aos 36 anos" [in *vielem* entsagen, um in der *Hauptsache* nicht entsagen zu müssen. Sie sehen: nach *Mutlosigkeit* sieht meine Stimmung am wenigsten aus! Eher nach Übermut; denn ich rechne auf lange Lebensstrecken hin, und da hat sich z.B. mein Vater verrechnet, der mit 36 Jahren starb] (*Briefe* 5, p. 77).

Nesse trecho se inscreve, em primeiro lugar, o medo que Nietzsche tinha de repetir a morte prematura do pai; tenta escapar dessa espécie de fatalidade imaginária, delineando, aos trinta anos, um projeto de vida que o ocuparia ao menos pelos sete anos subsequentes. Talvez acreditasse poder enganar as Moiras e se esquivar de um destino herdado do pai, ultrapassando a idade fatídica. Além disso, ao decidir deixar de lado a atividade que lhe parecia mais perigosa, por seu caráter extremamente exigente, e escolher temporariamente viver com a irmã na segurança de um lar em que poderia levar a vida pacata de professor e filólogo erudito, pensava tomar o partido da vida, poupar-se, adiando talvez indefinidamente a data-limite que se aproximava.

Essa carta exprime, no entanto, apenas um momento da luta por supremacia travada por suas forças. O projeto, na verdade, jamais será realizado. Acompanhando mais de perto o movimento de Nietzsche para "se tornar o que era",[2] constatamos que o espectro do pai iria em breve contribuir para que o filósofo afirmasse seu próprio caminho. O pai funcionará, por um lado, como um alerta constante em relação à transitoriedade do tempo, em relação à morte, e lhe dará gradativamente coragem para romper os laços acadêmicos e familiares que o impediam de seguir de maneira mais radical seu caminho singular. Por outro, é de fato a sombra do pai que, no final das contas, livra Nietzsche de sua existência de filólogo, pois conforme sublinha no início da

---

2. O subtítulo de *Ecce homo* ("Como alguém se torna o que é") remete a Píndaro (cf. *Píticas*, II, v. 73), que escreveu mais precisamente: "torna-te o que aprendes a ser". Bastante marcado por essa frase, que retoma em parte no subtítulo — o que vai dar "torna-te aquele que és" —, Nietzsche a cita diversas vezes. Utiliza-a, por exemplo, como divisa para seu trabalho, concluído no final de julho de 1867, "*De fontibus Diogenis Laertii*" [Das fontes de Diógenes Laércio]; igualmente em uma carta a Erwin Rohde datada do início de fevereiro (1-3) de 1868 (cf. *Briefe* 2, p. 247) e nas cartas a Lou von Salomé de junho (provavelmente do dia 10) e do final de agosto de 1882 (cf. *Briefe* 6, p. 203 e p. 247). Essa frase se tornará seu lema e o de Zaratustra.

autobiografia, foi a diminuição das forças vitais, ou seja, a doença, que pouco a pouco o obrigou a mudar totalmente de vida:

> Naquela época — no ano de 1879 —, abandonei minha cátedra na Basileia, vivi todo o verão como uma sombra em Saint Moritz e, no inverno seguinte, o mais pobre em sol de minha vida, *fui* uma sombra em Naumburg. [...] *O andarilho e sua sombra* nasceu nessa época. Sem dúvida alguma, eu entendia de sombras então... (p. 45)

A intervenção da sombra do pai no momento da mudança mais radical na vida de Nietzsche alcança igualmente um sentido mais abrangente se a relacionamos ao aforismo 360 ("Sinais de grandes mudanças") de "Opiniões e sentenças variadas" (*Humano, demasiado humano* II). Nesse aforismo escrito no final de 1878, Nietzsche afirma que o retorno nos sonhos de pessoas que já morreram ou foram esquecidas corresponde, frequentemente, a transformações profundas na vida de um homem: "Sonhar com pessoas há muito esquecidas ou mortas é sinal de que passamos por uma transformação profunda e que o solo sobre o qual vivemos foi inteiramente revolvido. Os mortos se levantam então, e nosso passado longínquo torna-se um novo presente."

Essa verdadeira ressurreição do pai no momento de uma grande transformação na existência de Nietzsche se situa, de fato, no final de um longo e doloroso conflito vivido pelo filósofo. No início de 1871, por exemplo, procurando desesperadamente mitigar seus sofrimentos, Nietzsche põe em prática um plano concreto para tentar resolver — ou pelo menos atenuar — esse conflito: escreve uma carta a Wilhelm Vischer-Bilfinger, conselheiro da Universidade de Basileia, apresentando sua candidatura à cátedra de filosofia, vaga após a partida do professor Teichmüller. Na mesma carta, propõe ainda o nome de seu amigo, Erwin Rohde, para substituí-lo tanto na universidade, na qual este passaria a ocupar a cadeira de filologia, quanto no ginásio. A carta revela o estágio avançado da reflexão de Nietzsche a respeito da vida que então levava; ele considerava o posto de professor de filologia um desvio de seu verdadeiro caminho, chegando à conclusão de que esse desvio era, com efeito, uma das causas principais do estado cada vez mais precário e lamentável de sua saúde:

> Já me perguntei diversas vezes qual a razão desse esgotamento que se manifesta no meio de quase todo semestre. Não pude deixar até mesmo de me perguntar se não deveria simplesmente interromper as atividades acadêmicas, como um modo de vida que não conviria à minha natureza. No entanto, cheguei finalmente a uma outra visão desse problema, que gostaria de passar a expor a V.Sa.
> Vivo aqui em um conflito singular e é esse conflito o que tanto me esgota e me deixa extenuado até mesmo fisicamente. Embora minha natureza me impila de uma maneira extremamente forte a pensar profunda e filosoficamente algo de único, a persegui-lo em longas séries de pensamentos, e ame se aferrar apenas a um problema durante bastante tempo, sem ser perturbado, sinto-me aqui sempre puxado para cá e para lá pelas múltiplas exigências cotidianas do trabalho e, assim, desviado de meu caminho. Com o passar do tempo, mal posso suportar a justaposição dessas duas atividades, o ginásio e a universidade, pois sinto que minha verdadeira tarefa, pela qual, caso necessário, *terei de sacrificar qualquer profissão*, minha tarefa *filosófica*, sofre com tal situação, ou melhor, se encontra rebaixada a uma atividade secundária. Creio que essa descrição traduz da forma mais exata possível o que me desgasta tanto aqui, o que me impede de cumprir de modo regular, serenamente, minhas obrigações profissionais e, por outro lado, me esgota fisicamente, levando-me ao grau de sofrimento que hoje me atormenta, sofrimento tal que, caso se reproduza com maior frequência, me obrigará por razões puramente físicas a abandonar de vez todo trabalho filológico. (*Briefe* 3, p. 175)

[Nun habe ich mich wiederholt gefragt, woraus dieser sich in der Mitte fast jeden Semesters einstellende Zustand der Überanstrengung zu erklären sei; und ich mußte mir sogar überlegen, ob ich nicht meine Universitätstätigkeit überhaupt abzubrechen habe, als eine für meine Natur ungeeignete Lebensweise. Schließlich bin ich aber in dieser Beziehung zu einer anderen Auffassung gelangt, die ich Ihnen jetzt vortragen möchte.

Ich lebe hier in einem eigentümlichen Konflikt, und der ist es, der mich so erschöpft und selbst körperlich aufreibt. Von Natur auf das Stärkste dazu gedrängt, etwas Einheitliches philosophisch durchzudenken und in langen Gedankenzügen andauernd und ungestört bei einem Problem zu verharren, fühle ich mich immer durch den täglichen mehrfachen Beruf und dessen Art hin und her geworfen und aus der Bahn abgelenkt. Dieses Nebeneinander von Pädagogium und Universität halte ich kaum auf die Länge aus, weil ich fühle, daß meine eigentliche Aufgabe, der ich im Notfalle *jeden Beruf opfern müßte*, meine *philosophische*, dadurch leidet, ja zu einer Nebentätigkeit erniedrigt wird. Ich glaube daß diese Schilderung auf das Schärfste das bezeichnet, was mich hier so aufreibt und mich zu keiner gleichmäßig-heiteren Berufserfüllung kommen läßt, was andernseits meinen Körper erschöpft und bis zu solchen Leiden anwächst, wie die jetzigen sind: die, wenn sie öfter wiederkehren sollten, mich rein physisch zwingen würden, jeden philologischen Beruf aufzugeben.]

A candidatura de Nietzsche à cadeira de filosofia não obteve resultado positivo, provavelmente por causa da hostilidade de Karl Christian Steffensen, titular da primeira cátedra de filosofia na Basileia.[3] No entanto, o próprio Nietzsche já não se mostrava muito entusiasmado pela solução encontrada, conforme revela a Erwin Rohde em carta datada de 29

---

3. Cf., a este respeito, Janz, *Biographie* I, op. cit., pp. 366-368. Na carta a Rohde de 29 de março de 1871, Nietzsche faz alusão a esse incidente: "[Tive alguns indícios de que] o 'filósofo' Steffensen não vê o projeto com bons olhos. Pense só a que ponto eles me têm nas mãos, já que podem se referir a meu schopenhauerianismo, que nunca escondi!" (*Briefe* 3, p. 189).

de março de 1871, na qual afirma considerar sua atividade acadêmica como provisória; que ela seria ultrapassada a partir do momento em que ele compreendesse, finalmente, "a que estava destinado":

> Com relação à filologia, vivo em um estranhamento altivo tão intenso que é quase inimaginável. Tanto o elogio quanto a crítica, até mesmo as maiores glórias nesse campo, provocam-me verdadeiros arrepios. Assim, adentro pouco a pouco em meu viver filosófico e já acredito em mim mesmo. Caso ainda deva, além disso, me tornar poeta, já me resignei a tal perspectiva. Não possuo de modo algum uma bússola do conhecimento capaz de me indicar a direção a que estou destinado e, no entanto, quando recapitulo, tudo me parece tão coerente, como se eu tivesse até agora seguido um gênio benigno.
> [...] Orgulho e insensatez são de fato palavras por demais fracas para caracterizar minha "insônia" espiritual. Tal estado me permite considerar essa posição universitária como acessória, frequentemente apenas penosa; e mesmo a cadeira de filosofia só me atrai, na verdade, principalmente por sua causa, pois também considero essa função tão somente provisória. (ibid., pp. 190-191)

[Von der Philologie lebe ich in einer übermütigen Entfremdung, die sich schlimmer gar nicht denken läßt. Lob und Tadel, ja alle höchsten Glorien auf dieser Seite machen mich schaudern. So lebe ich mich allmählich in mein Philosophentum hinein und glaube bereits an mich; ja wenn ich noch zum Dichter werden sollte, so bin ich selbst hierauf gefaßt. Einen Kompaß der Erkenntnis, wozu ich bestimmt sei, besitze ich ganz und gar nicht: und doch sieht mir, in der Recapitulation, alles so wohl zusammenstimmend aus als ob ich einem guten Dämon bis jetzt gefolgt sei.

[...] Stolz und Verrücktheit sind wirklich zu schwache Worte für meine geistige "Schlaflosigkeit". Dieser Zustand macht es mir möglich, auf die ganze Universitätsstellung als etwas Nebensächliches, ja oft nur Peinliches hinzusehen, und selbst jene philosophische Professur reizt mich eigentlich vornehmlich Deinetwegen, da ich ja auch diese Professur nur als etwas Provisorisches betrachte.]

O espectro do pai irá efetivamente auxiliar Nietzsche a sair dessa situação, a se libertar do pesado fardo de suas atividades profissionais e a concentrar todos os esforços na aventura filosófica. É igualmente nesse sentido que, em sua autobiografia, Nietzsche avalia positivamente a herança que lhe foi legada pelo pai: devido a ela, pôde experimentar e conhecer os problemas da "decadência" e, como "doente profundamente são", pôde contar com as doenças para ser finalmente colocado em seu próprio caminho. No entanto, a sombra do pai não ressurge apenas em momentos cruciais, nem somente como um elemento auxiliar no movimento de Nietzsche em direção a si mesmo. Retorna intermitentemente, como, por exemplo, em uma carta de Nietzsche a Köselitz de 22 de fevereiro de 1881, na qual o filósofo, então com 35 anos, exprime seu desalento, seu estado de profundo desânimo decorrente de sofrimentos quase que intoleráveis e o desejo de ter um destino idêntico ao do pai. Após ter manifestado a Köselitz a impossibilidade de julgar com clareza a avaliação positiva que seu amigo fizera de *Aurora*, Nietzsche escreve: "Estou tão quebrado por sofrimentos ininterruptos que não posso julgar mais nada; fico pensando se não me será finalmente permitido agora me livrar de todo esse fardo: meu pai, quando tinha a minha idade, morreu" [Ich bin so durch fortwährende Schmerzen zerbrochen, daß ich nichts mehr beurteilen kann, ich sinne darüber nach, ob es mir nun nicht endlich erlaubt sei, die ganze Bürde abzuwerfen; mein Vater als er so alt war wie ich es bin, starb] (*Briefe* 6, p. 63).

Em 1888, Nietzsche identificará afinal na própria herança paterna uma das causas de seu esgotamento. Em uma carta a Overbeck de 4 de julho de 1888, descreve e analisa longamente o "estado miserável" de sua saúde. Tendo deixado Turim em 5 de junho, sofreu terríveis crises de enxaqueca associadas a vômitos; o filósofo atribuiu as crises a um profundo esgotamento nervoso. Procedendo a uma espécie de balanço dos dez anos precedentes, chega a conclusões fundamentais sobre a própria saúde, a partir de diversas experiências, observações e reflexões:

> Não é apenas saúde que me falta, mas a pré-condição para poder me restabelecer. A força vital não está mais intacta. As perdas sofridas no mínimo há dez anos não podem mais ser reparadas: ao longo desses anos, sempre vivi do "capital" acumulado, sem acrescentar nada, absolutamente nada a ele. Mas isso *empobrece*... [...] Tudo — dores de cabeça etc. — é apenas *consequência* e é relativamente sintomático. No *pior* período na Basileia e depois da Basileia, a situação não foi diversa; exceto que, naquele momento, eu era *ignorante* no mais alto grau e permiti que os médicos me apalpassem o corpo inteiro para encontrar males localizados, o que acabou se tornando mais uma fatalidade. *Não* tenho de maneira alguma problemas na cabeça *nem* no estômago; mas, sob a pressão de um esgotamento nervoso (em parte *hereditário* — pelo lado do meu pai, que morreu apenas por causa de fenômenos *resultantes* de uma carência generalizada de força vital —, em parte adquirido), as consequências aparecem de todas as maneiras possíveis. (*Briefe* 8, pp. 347-348)
> [Es fehlt nicht nur an der Gesundheit, sondern an der Voraussetzung zum gesund-werden — Die Lebens-Kraft ist nicht mehr intakt. Die Einbuße von 10 Jahren zum Mindesten ist nicht mehr gut zu machen: während dem habe ich immer vom "Capital" gelebt und nichts, gar nichts zuerworben. Aber das macht *arm*... [...] Alles, wie Kopfschmerz usw. ist nur *Folge*zustand und relativ symptomatisch. — Es stand in der *schlimmsten* Zeit in Basel und nach Basel genau nicht anders: nur daß ich damals im höchsten Grade *unwissend* war und den Ärzten ein Herumtasten nach lokalen Übeln gestattet habe, das ein Verhängnis mehr war. Ich bin durchaus *nicht* kopfleidend, *nicht* magenleidend: aber unter dem Druck einer nervösen Erschöpfung (die zum Teil *hereditär*, — von meinem Vater, der auch nur an *Folge*erscheinungen des Gesammt-Mangels an Lebenskraft

gestorben ist — zum Teil erworben ist) erscheinen die Consequenzen in allen Formen.]

Em *Ecce homo* Nietzsche registra conclusões idênticas sobre seu estado de saúde. No trecho do início da autobiografia em que desenvolve o tema, afirma, além disso, desconhecer todos os "distúrbios mórbidos do intelecto", "aquele semientorpecimento que acompanha a febre", defendendo-se indiretamente de uma possível apropriação "psiquiátrica" de sua obra, como já tinha sido o caso de determinadas resenhas sobre *Além do bem e do mal*:[4]

> No inverno seguinte [...] aquela dulcificação e espiritualização quase inseparáveis de uma extrema pobreza de sangue e músculos produziu *Aurora*. A perfeita claridade e alegria, a própria exuberância do espírito que a referida obra reflete se harmonizam, em mim, não apenas com a mais profunda fraqueza fisiológica, mas até mesmo com um excesso de sensação de dor. [...] Todos os distúrbios mórbidos do intelecto, e mesmo aquele semientorpecimento que acompanha a febre, permaneceram até hoje completamente estranhos para mim; tive de me informar por via erudita sobre a frequência e a natureza de tais sintomas. Meu sangue circula lentamente. Ninguém jamais pôde constatar febre em mim. Um médico que me tratou durante certo tempo como doente dos nervos acabou afirmando: "Não, não há nada com os seus nervos; eu é que sou nervoso." Impossível provar qualquer degeneração local; nenhum problema de estômago de causa orgânica, apesar da extrema debilidade do sistema gástrico, como consequência de um estado de esgotamento generalizado. (pp. 45-46)

---

4. Nietzsche também previa uma interpretação similar de *Zaratustra* desde a época da publicação do livro. Eis o que escreve em carta a Peter Gast datada de fevereiro de 1883: "a partir de agora, é provável que passem a me considerar um louco na Alemanha. Trata-se [o filósofo se refere a Zaratustra] de um tipo bizarro de 'sermão moral'." (*Briefe* 6, p. 321).

Nesse trecho, Nietzsche parece defender-se de tentativas passadas e futuras de confinar sua obra na camisa-de-força de leituras psiquiatrizantes. É bem verdade que o filósofo por vezes exprimiu suas dúvidas e angústias quanto ao risco de ser afetado por uma doença mental, tal como, por exemplo, na carta a Köselitz de 14 de agosto de 1881: "Ah, meu amigo, algumas vezes me atravessa a cabeça a ideia de que vivo de fato uma vida altamente perigosa, pois sou dessas máquinas que podem se estilhaçar!" [Ach, Freund, mitunter läuft mir die Ahnung durch den Kopf, daß ich eigentlich ein höchst gefährliches Leben lebe, denn ich gehöre zu den Maschinen, welche zerspringen können!] (*Briefe* 6, p. 112).

Em 1883, profundamente esgotado após a composição de *Zaratustra* II, martirizado pelos esforços constantes de sua irmã para inocular-lhe sentimentos de vingança e ressentimento em relação a Lou Salomé, Nietzsche escreve uma carta a Köselitz na qual seu medo de enlouquecer aparece explicitamente. O trecho mais revelador da carta, datada de 26 de agosto de 1883, foi mais tarde censurado pelo próprio destinatário, quando este trabalhava com Elisabeth na publicação da correspondência de Nietzsche:

> O estranho perigo deste verão é, para mim, — sem fugir da terrível palavra — a loucura. E como no inverno passado me vi inesperadamente às voltas com uma longa e verdadeira *febre nervosa* — logo eu, que *nunca* tinha tido febre antes! —, pode ainda ocorrer algo que *jamais* acreditei que pudesse acontecer comigo: que minha razão se desnorteie. (ibid., p. 435) [Die kuriose Gefahr dieses Sommers heißt für mich — um das böse Wort nicht zu scheuen — Irrsinn; und wie ich im vorigen Winter zu einem wirklichen langen *Nervenfieber* wider alles Vermuten gekommen bin — ich, der ich noch *niemals* Fieber gehabt hatte!—so könnte auch das noch passieren, woran ich ebenfalls *nie* bei mir geglaubt habe: daß mein Verstand sich verwirrt.]

Resa von Schirnhofer, amiga de Nietzsche, relata outra declaração do filósofo no mesmo sentido, tão explícita quanto a que acabamos de citar. Em agosto de 1884, durante uma crise violenta, Nietzsche teria tido, segundo Resa, visões de "flores fantásticas, imbricando-se e entrelaçando-se em um perpétuo fluxo, surgindo umas das outras em um balé de formas e de cores de viço exótico". Nessa ocasião, ele teria expressado sua angústia nestes termos: "Você não acha que tal estado é um sintoma de loucura nascente? Meu pai morreu de uma doença cerebral" (*Biographie* III, p. 74). Com essa declaração, Nietzsche contrariava a versão da família acerca da morte do pai, a fábula, especialmente difundida por Elisabeth, segundo a qual o pastor teria morrido em consequência de uma queda em uma escada de pedra.[5]

Em 1888, alguns meses antes do colapso, Nietzsche adota uma atitude cada vez mais defensiva a esse respeito, como no trecho de *Ecce homo* citado anteriormente, em que atribui suas doenças a um "esgotamento generalizado", herdado em parte do pai, insistindo especialmente no fato de nunca ter tido qualquer "distúrbio do intelecto" ou desordem mental causada, por exemplo, por uma febre ou por uma doença nervosa. Nos dados biográficos enviados a Georg Brandes em 10 de abril de 1888, o filósofo reafirma tal posição, chegando mesmo a negar qualquer relação entre os sintomas de doença localizados, como as enxaquecas, e um estado geral de debilidade, defendendo-se previamente ainda mais contra a crise final que parecia, de uma forma ou de outra, já estar prevendo. Nessa carta, menciona também a lentidão de sua circulação sanguínea e se identifica, por esse traço fisiológico, a Napoleão:

> O flagelo [Nietzsche se refere à enxaqueca] teve certamente causas estritamente *locais*: não interveio nenhuma base neuropatológica. Nunca tive

---

5. Cf., a esse respeito, Janz, *Biographie* I, op. cit., pp. 34-37.

sintomas de desordem mental, sequer febre ou desmaio. Naquela época, meu pulso era tão lento quanto o de Napoleão I (= 60). [...] Espalhou-se o boato de que eu estivera em um hospício (ou de que eu simplesmente morrera lá). Nada de mais incorreto. Pelo contrário: meu espírito só amadureceu naquela época terrível; *Aurora* é testemunha disso... (*Briefe* 8, pp. 289-290) [Das Übel muß ganz und gar *lokale* Ursachen gehabt haben: es fehlt jedwede neuropathologische Grundlage. Ich habe nie ein Symptom von geistiger Störung gehabt; selbst kein Fieber, keine Ohnmacht. Mein Puls war damals so langsam wie der des ersten Napoleons (= 60). [...] Man hat das Gerücht verbreitet, als ob ich im Irrenhause gewesen sei (oder gar darin gestorben sei). Nichts ist irrtümlicher. Mein Geist wurde sogar in dieser fürchterlichen Zeit erst reif: Zeugnis die "Morgenröte"...]

A identificação com Napoleão, apoiada em detalhes referentes à circulação sanguínea, remete a uma afirmação desse personagem que o filósofo anotara, em francês, no outono de 1887: "tenho nervos bastante intratáveis; se meu coração não batesse com uma lentidão contínua, correria o risco de enlouquecer." (*Nachgelassene Fragmente 1885-1887*, p. 372.) Nietzsche defendia-se, desse modo, da loucura, seguindo uma lógica idêntica à de Napoleão.

túmulo paterno

Um curioso incidente revela ainda o caráter obsessivo, para o filósofo, do ressurgimento constante do espectro do pai. Ao término de um complicado processo contra o editor Schmeitzner, no final de outubro de 1885, Nietzsche recebe uma quantia relativamente alta que irá gastar, em parte, embelezando o túmulo do pai. A decisão não deixa de ser surpreendente, sobretudo quando se pensa na precariedade da situação financeira do filósofo que se acentuava ainda mais na época, uma vez que, a partir de 1885, a pensão que Nietzsche recebia da universidade da Basileia, concedida inicialmente apenas por um prazo de seis anos, havia sido em ao menos um terço reduzida. Além disso, Nietzsche pretendia pagar com tal soma a dívida referente à impressão de *Zaratustra* IV às suas expensas junto a Naumann. Também planejava saldar uma dívida com o livreiro Lorentz, que lhe vendera diversos livros. O próprio filósofo escreve uma carta a Overbeck em 7 de outubro de 1885, mencionando os planos em relação à quantia que iria receber (cf. *Briefe* 7, pp. 98-99). Nietzsche alude pelo menos duas vezes à utilização dessa soma para a ornamentação do túmulo do pai: em uma carta à mãe, datada de 10 de dezembro de 1885 (cf. ibid., p. 124), e em um *post scriptum* à carta a Overbeck de 9 de janeiro de 1886: "O primeiro emprego que dei ao dinheiro de Schmeitzner foi mandar cobrir o túmulo de meu pai com uma grande laje de mármore. (Segundo o desejo de minha mãe, será também um dia o seu próprio túmulo.)" [Ich habe, als erste Verwendung der Schmeitznerschen Gelder, das Grab meines Vaters mit einer großen Marmorplatte bedecken lassen. (Es wird nach dem Wunsche meiner Mutter, einstmals auch ihr Grab sein)] (ibid., p. 138).

Tal declaração surpreende ainda mais quando se constata que ela não corresponde de forma alguma à realidade: de fato, o primeiro destino dado por Nietzsche à quantia recebida do seu editor precedente foi a imediata liquidação, em 29 de outubro, de suas dívidas com Naumann e com Lorentz. A despesa com o túmulo do pai parece ter sido mais relevante para Nietzsche do que o cumprimento desses compromissos financeiros, o que explicaria o modo com que alude a esse assunto a Overbeck, no *post scriptum* acima mencionado. Na *Biografia de Nietzsche*, Curt Paul Janz sugere ao menos quatro sentidos diferentes para o gesto do filósofo:

> Mas o que significa tal gasto [...] para ornar — passados praticamente quarenta anos — o túmulo do pai com uma gigantesca laje de mármore, no modesto, quase miserável cemitério de Röcken, pequeno povoado perdido? O filho paga dessa forma uma dívida imaginária, por ter-se afastado totalmente, como pensador, da via traçada pelo pai irrepreensível que ele se

forjara, ou o faz por um simples dever de piedade? Nietzsche não procuraria assim reforçar o laço consciente com seu verdadeiro pai, no momento em que perdera igualmente seu pai eletivo, o substituto do pai, encarnado por Wagner? Ou deve-se antes atribuir seu gesto ao fato de que o túmulo seria um dia o de sua mãe, por quem ele se sentia cada vez mais atraído; deve-se dar ênfase à última frase, apenas mencionada entre parênteses? (*Biographie* III, p. 154.)

Se relacionarmos tal fato com um incidente ligado ao episódio Lou, seremos levados a concluir que Nietzsche talvez pagasse uma dívida não exatamente "imaginária", mas fundada, ao contrário, em uma situação bastante concreta. Em 1882, após a catastrófica estada de Nietzsche, Elisabeth e Lou em Tautemburg, a relação do filósofo com a irmã atinge um ponto tão crítico que Elisabeth se recusa a retornar a Naumburg com o irmão, para que a mãe "não visse seus olhos inchados de tanto chorar" (*Chronik zu Nietzsches Leben*, p. 126). Nietzsche permanecerá de 27 de agosto a 7 de setembro na casa de sua mãe, em Naumburg. Mesmo à distância, Elisabeth envenena através de cartas o relacionamento entre a mãe e o irmão, enxovalhando de modo ininterrupto a imagem de Lou. Atiçada pelas cartas, Franziska Nietzsche se voltará cada vez mais contra a jovem russa e contra o próprio filho. Além disso, a famosa fotografia tirada em Lucerna, em 1882, na qual se vê Lou conduzindo uma charrete puxada por Paul Rée e Nietzsche (vide p. 6 deste livro), a indignara profundamente. Decide então não mais receber Lou em sua casa. A relação entre a mãe e o filho se torna cada vez mais tensa a partir desse momento: Franziska acaba dizendo a seu Fritz, tratado em geral com muito carinho, que ele representava "um ultraje ao túmulo de seu pai" (*Biographie* II, p. 434). Nietzsche faz então as malas e parte imediatamente para Leipzig. Pode-se verificar, pela carta que Nietzsche escreve a Overbeck, já em Leipzig, o quanto — ao menos na perspectiva do filósofo — sua irmã se encontrava por trás de todo o episódio:

Minha irmã virou infelizmente uma inimiga mortal de Lou, impregnando--se de indignação moral do primeiro ao último dia, e afirma saber agora em que consiste minha filosofia. Escreveu à minha mãe que [...] *"eu* amo o mal, enquanto *ela*, o bem. Que, se fosse boa católica, entraria para uma Ordem para expiar todo o desastre que resultará de minha filosofia". Em suma: a "virtude" naumburguesa volta-se contra mim; há uma verdadeira *ruptura* entre nós; minha mãe chegou até ao ponto de me dizer uma vez algo que me levou a fazer as malas [...]. Minha irmã fez então, ironicamente, a seguinte citação: "Assim iniciou-se o declínio de Zaratustra". (*Briefe* 6, p. 256) [Leider hat sich meine Schwester zu einer Todfeindin Lou's entwickelt, sie war voller moralischer Entrüstung von Anfang bis Ende und behauptet nun zu wissen, was an meiner Philosophie ist. Sie hat an meine Mutter geschrieben, [...] "*ich* liebe das Böse, *sie* aber liebe das Gute. Wenn sie eine gute Katholikin wäre, so würde sie in's Kloster gehen und für all das Unheil büßen, was daraus entstehen werde." Kurz, ich habe die Naumburger "Tugend" gegen mich, es gibt einen wirklichen *Bruch* zwischen uns—und auch meine Mutter vergaß sich einmal so weit mit einem Worte, daß ich meine Koffer packen ließ [...] Meine Schwester [...] citiert dazu ironisch "Also begann Zarathustra's Untergang"]

Eis o que Nietzsche escreve, a esse propósito, em um rascunho de carta a Elisabeth, sem dúvida para seu uso próprio: "Não gosto de almas como a sua, minha pobre irmã, e ainda menos quando tais almas se inflam de pretensões morais: conheço a pequenez de gente assim. Prefiro de longe ser criticado por você" [Diese Art von Seelen, wie Du eine hast, meine arme Schwester, mag ich nicht: und am wenigsten mag ich sie, wenn sie sich gar noch moralisch blähen, ich kenne Eure Kleinlichkeit.—Ich ziehe es bei weitem vor, von Dir getadelt zu werden] (ibid., p. 267).

Após esse incidente, Nietzsche evitará durante vários meses qualquer espécie de contato com Elisabeth. Apesar dos esforços para se esquivar da influência negativa da irmã, bem como do peso moralizante do que chamava de "liga naumburguesa", o filósofo sofre profundamente, por conta das consequências da situação, até o final de 1882, quando Elisabeth ataca Lou ainda mais ferozmente e tenta contagiar com seu veneno os amigos mais próximos do irmão. Eis o que Nietzsche relata, nesse sentido, em uma carta a Overbeck no Natal de 1882:

> Este último *bocado de vida* foi até hoje o mais duro que tive de mastigar e ainda é possível que eu *morra sufocado* por ele. As lembranças ultrajantes e torturantes desse verão fizeram-me sofrer como um louco [...] Se eu não inventar a grande arte dos alquimistas, transformando igualmente toda essa lama em *ouro*, estarei perdido. [...]
>
> Minha desconfiança é agora imensa: em tudo o que ouço, sinto desprezo em relação a mim. Por exemplo, ainda recentemente, em uma carta de Rohde. Seria capaz de jurar que, não fosse o acaso de nossa antiga relação de amizade, ele julgaria agora a mim e a meus objetivos da maneira mais desdenhosa possível.
>
> Rompi ontem também todo contato epistolar com minha mãe: tornou-se insuportável e teria sido bem melhor se há muito não o tivesse mais suportado. *Até onde* se terão nesse ínterim espalhado os julgamentos hostis provenientes de meus parentes, destruindo minha reputação... Preferiria mil vezes sabê-lo a sofrer por conta dessa incerteza. (ibid., pp. 311-312)
> [Dieser letzte *Bissen Leben* war der härteste, den ich bisher kaute und es ist immer noch möglich, daß ich daran *ersticke*. Ich habe an den beschimpfenden und qualvollen Erinnerungen dieses Sommers gelitten wie an einem Wahnsinn [...] Wenn ich nicht das Alchemisten-Kunststück erfinde, auch aus diesem — Kothe *Gold* zu machen, so bin ich verloren. [...]
>
> Mein Mißtrauen ist jetzt sehr groß: ich fühle aus Allem, was ich höre, Verachtung gegen mich heraus. — Z.B. noch zuletzt aus einem Briefe von Rohde. Ich will doch darauf schwören, daß er, ohne den Zufall früherer freundschaftl. Beziehungen, jetzt in der schnödesten Weise über mich und meine Ziele aburteilen würde.

Gestern habe ich nun auch mit meiner Mutter den brieflichen Verkehr abgebrochen: es war nicht mehr zum Aushalten, und es wäre besser gewesen, ich hatte es längst nicht mehr ausgehalten. *Wie* weit inzwischen die feindseligen Urteile meiner Angehörigen um sich gegriffen haben und mir den Ruf verderben—nun, ich möchte es immer noch lieber wissen als an dieser Ungewißheit leiden.]

No final de 1882 e no início de 1883, torturado pelos desdobramentos do incidente Lou, Nietzsche não consegue mais dormir sem o auxílio de soníferos. Utiliza inclusive doses de ópio, conforme conta em um rascunho de carta a Rée e Lou do final de dezembro de 1882: "Hoje à noite vou tomar ópio até perder a razão: onde encontrar ainda um ser humano que se poderia *venerar*!" [Heute Abend werde ich so viel Opium nehmen, daß ich die Vernunft verliere: Wo ist noch ein Mensch den man *verehren* könnte!] (ibid., p. 307).

Em carta a Overbeck datada de 10 de fevereiro de 1883, na qual afirma, dentre outras coisas, que *Zaratustra* é seu testamento, Nietzsche revela as causas fundamentais de seu sofrimento, a essa altura tão atroz que o faz buscar consolo na ideia de suicídio:

> tenho de carregar um fardo tão *múltiplo* de lembranças dolorosas e atrozes! Por exemplo, ainda não me saiu da memória uma hora sequer o fato de minha mãe ter-me chamado de um ultraje ao túmulo de meu pai. Não evocarei outros exemplos, mas, no momento, o cano de uma pistola tornou-se para mim fonte de pensamentos relativamente agradáveis. (ibid., p. 326) [ich habe eine solche *vielfache* Last qualvoller und gräßlicher Erinnerungen zu tragen! So ist es mir zum Beispiel noch nicht Eine Stunde aus dem Gedächtnisse weggeblieben, daß mich meine Mutter eine Schande für das Grab meines Vaters genannt hat. Von anderen Beispielen will ich schweigen aber ein Pistolenlauf ist mir jetzt eine Quelle relativ angenehmer Gedanken.]

Mais de um ano depois, no final de março de 1884, podemos ainda encontrar em uma carta de Nietzsche a Malwida von Meysenbug ecos dos terríveis sofrimentos daquela época:

> Não levo muito em conta o fato de que durante esses últimos anos passei por *todo tipo* de vilania e que quase todos, incluindo, e *muito*, minha mãe e minha irmã, lançaram punhados de sujeira sobre meu caráter, muito embora, tendo vindo tudo de uma só vez, isso tenha quase me feito perder a razão. Finalmente, foi uma asneira de minha parte ter-me misturado "entre os homens": eu *deveria* ter sabido de antemão o que viria então ao meu encontro.[6] (ibid., p. 490)
> [Daß ich in den letzten Jahren *jede Art* von Niederträchtigkeit erlebt habe und daß beinahe Jedermann, meine Mutter und Schwester *sehr* eingerechnet, Hände voll Schmutz nach meinem Charakter geworfen haben. Dies rechne ich nicht zu hoch an: ob es gleich, weil es auf Ein Mal kam, mich beinahe um den Verstand gebracht hat. Es war zuletzt eine Eselei von mir, mich "unter die Menschen" zu begeben: ich *mußte* es ja voraus wissen, was mir da begegnen werde.]

Pode-se portanto compreender a decisão de ornar o túmulo do pai como uma tentativa de se livrar das torturantes palavras da mãe, procurando enterrar definitivamente, sob uma pesada laje de mármore, a sombra do pai por elas ressuscitada. Além disso, o episódio pode ser relacionado à identificação do filósofo com a figura de Hamlet, personagem igualmente perseguido pelo espectro paterno. Em todo caso, eis de que forma Nietzsche se caracteriza em um cartão-postal datado de 11 de novembro de 1885, dirigido à irmã, que se encontrava com a mãe em Naumburg: "Não fiquem por demais espantadas, minhas queridas, se é de Nice e *não* de Vallombrosa ('vale das sombras') que a toupeira

---

6. Observe-se a referência paródica ao Evangelho na expressão "se misturar 'entre os homens'".

hamletiana escreve hoje para vocês" [Wundert Euch nicht zu sehr, meine Lieben, wenn sich heute der hamletische Maulwurf aus Nizza und *nicht* aus Vallombrosa ("Schattental") verlautet] (*Briefe* 7, p. 108).

A "toupeira hamletiana" também exprime sua dívida para com o pai em *Ecce homo*. Além de ressaltar o caráter duplamente positivo do aspecto decadente herdado do pai — condição de possibilidade, em última instância, tanto da "transvaloração de todos os valores" quanto da libertação, através da doença, de todo desvio do próprio caminho[7] —, Nietzsche valoriza no texto autobiográfico outras características que o pai lhe teria transmitido. No quarto parágrafo do primeiro capítulo, afirma dever-lhe o fato de não ter jamais conhecido a arte de provocar disposições contrárias (cf. p. 50), tendo em geral encontrado boa vontade nas pessoas. No parágrafo seguinte, o filósofo destaca um outro ponto em que é seu próprio "pai novamente", "sua sobrevida após uma morte prematura" (cf. p. 52): como todo aquele que nunca viveu entre seus pares e para quem noções como "retribuição" ou "direitos iguais" permanecem inacessíveis, Nietzsche se proíbe qualquer réplica ou medida de proteção, defesa ou "justificativa" (cf. ibid.). Já no sexto parágrafo, quita uma dívida paterna mais indireta, na medida em que afirma dever à longa enfermidade o fato de ter-se libertado de todo ressentimento, tendo ao mesmo tempo acesso a um profundo conhecimento acerca da natureza e dos meandros desse sentimento. Deveria, portanto, à doença o fato de ter podido viver o problema tanto de uma posição de força quanto de fraqueza (cf. p. 53). Embora Nietzsche não

---

7. A esse respeito, cf., igualmente, o capítulo da autobiografia sobre *Humano, demasiado humano*, quarto parágrafo: "Naquela época, meu instinto decidiu-se, inflexível, pelo fim daquele ceder, daquele seguir junto com os outros, daquele confundir-me com outros. [...] Foi então que veio em meu socorro, de uma maneira que não me canso de admirar, precisamente no momento certo, aquela herança ruim por parte de meu pai, uma predestinação, no fundo, a uma morte prematura. A doença libertou-me lentamente, poupou-me de qualquer ruptura, de qualquer passo violento e chocante" (pp. 109-110).

mencione explicitamente a figura do pai, o confronto, no final do texto, entre um certo fatalismo ("fatalismo russo") típico do decadente, que se proíbe qualquer ressentimento, e o extravasamento de sentimentos de vingança e de rancor corresponde à oposição entre o pai, de um lado, e, de outro, a mãe e a irmã. Tal confronto se explicita no curioso terceiro parágrafo do primeiro capítulo, que, tendo sido censurado por Elisabeth Förster-Nietzsche com a aprovação de Köselitz, só foi redescoberto e apresentado ao público em 1972, por Mazzino Montinari.

Mãe e irmã: "canaille"
O terceiro parágrafo se inicia com a afirmação do "privilégio de ter tido tal pai" (p. 166). No entanto, logo após ressaltar sua origem "nobre" ("Sou um nobre polonês *pur sang*") por parte de pai e declarar não possuir nas veias uma só gota de "sangue ruim, para não falar de sangue alemão", Nietzsche passa a atacar violentamente a "vulgaridade de instintos" de sua mãe e de sua irmã. Nesse parágrafo, a valorização do legado paterno introduz, portanto, o ataque direto à mãe e à irmã. Quanto ao pai, comparado a um anjo pelos camponeses a quem pregava, ele serve como contraponto às duas mulheres, que Nietzsche caracteriza como *"canaille"*. A identificação dessa *"canaille"* ao que é em sua opinião "tipicamente" alemão reflete-se também na correspondência do filósofo, como por exemplo na carta a Hans von Bülow do início de dezembro de 1882: "Minha viagem à Alemanha neste verão — uma interrupção da mais profunda solidão — me instruiu e me horrorizou. Encontrei toda a querida besta alemã investindo contra mim: é que, para ela, não sou mais, de modo algum, 'suficientemente moral'" [Meine Reise nach Deutschland in diesem Sommer — eine Unterbrechung der tiefsten Einsamkeit — hat mich belehrt und erschreckt. Ich fand die ganze liebe deutsche Bestie gegen mich anspringend—ich bin ihr nämlich durchaus nicht mehr "moralisch genug"] (*Briefe* 6, p. 290).

incidente Lou-Rée
Para melhor avaliar a dimensão da experiência de Nietzsche com a mãe e a irmã, basta conhecer em maiores detalhes os desdobramentos do incidente Lou-Rée, principalmente em

1883. Conforme Nietzsche escreve a Malwida em meados de dezembro de 1882, Elisabeth "considera Lou um verme venenoso que tem a todo custo de ser aniquilado, e age em consequência" [betrachtet Lou als ein giftiges Gewürm, welches man um jeden Preis vernichten müsse und handelt auch danach] (ibid., p. 303).

Envenenado pela irmã, que fazia tudo o que estava a seu alcance para forçar Lou a regressar para a Rússia, chegando até mesmo a arquitetar um plano para que fosse expulsa da Alemanha, Nietzsche acaba escrevendo uma carta a Louise von Salomé, mãe da jovem russa, no mês de julho de 1883. Na carta, afirma: "Tanto minha irmã quanto eu temos ambos razões de sobra para assinalarmos em negro, no calendário de nossas vidas, o dia em que encontramos a senhorita sua filha" [Meine Schwester und ich—wir haben Beide alle Gründe, die Begegnung mit Ihrem Frl. Tochter im Kalender unseres Lebens schwarz anzustreichen] (ibid., p. 403).

Até que ponto Nietzsche havia sido contaminado pelo ódio e espírito vingativo de Elisabeth é o que revela a carta ao irmão de Paul Rée, da qual apenas o rascunho foi conservado. Nela, ele se refere a Lou como "essa macaca seca, suja, fedorenta, com seus peitos falsos" [diese dürre schmutzige übelriechende Äffin mit ihren falschen Brüste] (ibid., p. 402). Além disso, em pelo menos dois dos cinco rascunhos de carta a Lou, todos datados da primeira metade de dezembro de 1882, encontram-se ecos das intrigas urdidas por Elisabeth, que desejava provocar uma ruptura definitiva entre o irmão e a russa. Nietzsche afirma, por exemplo, que Lou confundira o "sagrado amor de si" [heilige Selbstsucht],[8]

---

8. Adoto aqui a solução encontrada por Paulo César de Souza (cf. ibid., pp. 170-171, décima nota), que traduz *Selbstsucht* como "amor de si". Esse termo em alemão é geralmente traduzido como "egoísmo", seu significado dicionarizado, que não corresponde de forma alguma ao sentido que passa a ter no texto de Nietzsche, que o emprega aliás com frequência. Nesse caso, *Selbstsucht* chega até mesmo a se opor a *Egoismus*, equivalendo, como veremos, a uma espécie de contraponto positivo para um sentimento ou modo

que corresponderia a um "impetuoso impulso de obediência ao mais elevado" [Drang nach Gehorsam gegen das Höchste], com seu oposto, a "exploração pelo simples prazer de explorar, apenas por amor à vida, característica do gato" [das "Ausbeuten aus der ausbeutenden Lust der Katze um nichts als um des Lebens willen"] (ibid., p. 293). Para o filósofo naquele momento, Lou possuía o "egoísmo dos gatos" [Katzen-Egoismus] (ibid., p. 296), verdadeira incapacidade de amar; seu caráter se assemelharia ao do gato, animal que define, em outro rascunho de carta, como "o animal de rapina que se faz passar por doméstico" [das Raubtier, das sich als Haustier stellt] (ibid., p. 298).

Essa avaliação remete diretamente a certos trechos de uma carta de Franziska Nietzsche da qual só um fragmento foi conservado. Nessa carta repleta de insinuações e de suspeitas com relação a Lou, a mãe de Nietzsche lhe conta o que a russa teria dito a Elisabeth sobre o filósofo e sua relação com ele, no verão precedente, por ocasião do "festival Parsifal" em Bayreuth. Com o dedo apontado para a testa, exprimindo com o gesto a ideia de desequilíbrio mental, Lou teria então declarado: "Ele é um louco que não sabe o que quer" [Er ist ein Verrückter der nicht weiß was er will], além de "um egoísta infame que deseja explorar meu espírito" [ein gemeiner Egoist der meinen Geist ausbeuten will] (*Chronik*, p. 130). Nos rascunhos de cartas a Lou de dezembro de 1882, muito provavelmente Nietzsche responde a essas graves acusações através da distinção entre dois tipos de "egoísmo", atribuindo a Lou exatamente aquele que se reporta à exploração do outro. Desse modo, por meio

de ser de que a moral se apropriou. Tal palavra foi formada, originalmente, a partir de *selbst* [si mesmo, como *self*, em inglês] e *Sucht* [anseio, mania, vício, doença]. No texto do filósofo, funciona como uma versão propriamente nietzschiana para o que se chamou de "egoísmo", remetendo a um movimento em direção a si mesmo totalmente inocentado de toda valoração de ordem moral que a contaminaria de negatividade; corresponde, portanto, a uma certa obstinação em tornar-se "si mesmo", à descoberta e à afirmação radical de um destino próprio, necessariamente singular.

de intrigas, as guardiãs da "virtude naumburguesa" conseguiram durante algum tempo exercer certo domínio sobre Nietzsche, que se encontrava então ferido, decepcionado com o relacionamento com Lou, sobre o qual escreve, na mesma época, em carta a Paul Rée: "perante mim mesmo, na verdade não preciso me envergonhar por todo esse caso: foi em relação a Lou que experimentei, este ano, o mais forte e afetuoso sentimento e, nesse amor, não havia nada de erótico. Poderia, no máximo, deixar o bom Deus com inveja" [vor mir selber brauche ich mich dieser ganzen Sache wahrlich nicht zu schämen: die stärkste und herzlichste Empfindung dieses Jahres habe ich für Lou gehabt, und es war nichts in dieser Liebe, was zur Erotik gehört. Höchstens hätte ich den lieben Gott eifersüchtig machen können] (*Briefe* 6, pp. 300-301).

Não foi, no entanto, apenas contra Lou que Elisabeth e a mãe investiram em 1883. Paul Rée, o outro personagem da "Santíssima Trindade", também se tornou objeto das tramas tecidas por Elisabeth e apoiadas por Franziska. As cartas de Nietzsche a Ida Overbeck, no final de julho e em meados de agosto de 1883, mencionam certos detalhes das intrigas, sugerindo a vitória provisória da "liga naumburguesa" sobre o filósofo:

> Minha irmã poupou-me demasiadamente no ano passado: não é *ótimo* que *somente há três semanas* eu tenha tomado conhecimento das circunstâncias mais agravantes dessa história horrível? [...] Somente uma carta de minha irmã endereçada à Sra. Rée, [...] cuja cópia me enviou, me esclareceu — e de que maneira! O Dr. Rée passa de repente a ocupar o primeiro plano: ter de *mudar radicalmente* a opinião sobre alguém a quem durante vários anos nos sentimos ligados por laços de confiança e de amor, e ter de alterá-la *a tal ponto*, é absolutamente terrível; e gostaria de poder inventar, em meio a *esse* deserto, uma gota de consolo e de conforto para mim. O outono ainda trará, talvez, um pequeno tiro de pistola. (ibid., p. 413)

> [...] foi então que recebi, de modo bastante inesperado, sua carta [de Elisabeth] à Sra. Rée, bem como alguns detalhes sobre toda a história que me

indignaram a tal ponto que escrevi uma carta fulminante ao proprietário de terras Rée, irmão de meu ex-amigo. *Este* me ameaçou imediatamente com um processo por crime de injúria, e eu, logo a seguir, o ameacei *com outra coisa*. Vejamos agora como o caso se desdobrará. Minha irmã escreveu-me ainda, finalmente, que ela se calara sobre tais fatos no ano passado com o intuito de me preservar. De fato, foi talvez *realmente* necessário fazer-me ingerir gota a gota, aos poucos, toda essa decepção que se estendeu ao longo de anos. *De outro modo*, provavelmente eu não estaria mais vivo. (ibid., p. 423) [Meine Schwester ist voriges Jahr zu schonend gegen mich gewesen: ist es nicht *toll*, daß mir die gravierendsten Tatsachen dieser bösen Geschichte *erst seit drei Wochen* bekannt worden sind! [...] Erst ein Brief meiner Schwester an Frau Rée [...], dessen Copie sie mir schickte, gab mir Lichter und welche Lichter! Dr. Rée tritt auf Ein Mal in den Vordergrund: über einen Menschen, mit dem man sich lange Jahre in Vertrauen und Liebe verbunden gefühlt hat, *umzulernen, so* umlernen zu müssen — ist ganz und gar fürchterlich, und ich möchte mir einen Tropfen Trost und Labsal inmitten *dieser* Wüste aus den Fingern saugen. — Vielleicht bringt der Herbst noch ein kleines Pistolenschießen. (Cf. ibid., p. 413)

[...] da bekam ich ganz unerwarteter Weise ihren Brief an Frau Rée nebst einigen Details über die ganze Geschichte, die mich dermaßen *empörten*, daß ich an den Rittergutsbesitzer Rée, den Bruder meines ehemal. Freundes einen fulminanten Brief schrieb. *Der* hat mir darauf mit einem Injurien-Prozeß gedroht: und ich habe darauf *mit etwas Anderem* gedroht. Nun wollen wir sehen, wie die Sache weiter läuft. — Meine Schwester schrieb mir zuletzt noch, daß sie mir jene Dinge aus Schonung voriges Jahr verschwiegen habe; und in der Tat, vielleicht war es *wirklich* nötig, mir diese ganze auf Jahre sich zurückstreckende Enttäuschung tropfenweise und allmählich einzugeben — wahrscheinlich lebte ich *andernfalls* nicht mehr.]

Nessas passagens, pode-se observar o quanto Nietzsche se encontrava dominado por Elisabeth, chegando a acreditar que tinha sido "poupado"

por ela anteriormente, deixando de perceber a maneira paulatina, insidiosa — "gota a gota" — com a qual a irmã conseguira inocular-lhe o veneno de seu próprio rancor. Não pensou, por exemplo, em um mecanismo elementar em psicologia: quando se deseja realmente "preservar" uma pessoa, não se anuncia essa intenção, procurando-se antes omitir de uma vez por todas detalhes que possam levar o outro a sentimentos negativos, exasperantes. Aliás, na carta do final de julho de 1883 a Ida Overbeck, Nietzsche revela alguma lucidez a esse respeito, quando afirma que, até aquele momento, todo o seu posicionamento ante os demais (inclusive ante Elisabeth) era falso [die Wahrheit ist, daß alle meine Stellungen zu allen Menschen falsch sind] (ibid., p. 412). Capturado nessa trama, ele se tornará a partir de então o intermediário e, por assim dizer, o verdadeiro executor da vingança tramada por Elisabeth. Nesse sentido, ele mesmo escreve uma carta violenta (de que apenas o rascunho foi conservado) ao irmão de Paul Rée, Georg Rée, em meados de julho de 1883, na qual acusa seu ex-amigo de tê-los caluniado, a ele e a sua irmã, e afirma que Lou Salomé foi apenas porta-voz das ideias e opiniões de Paul Rée a seu respeito. Por detrás de tais "ideias" atribuídas a Paul Rée, distinguem-se, com bastante clareza, as supostas declarações de Lou que Franziska, influenciada por Elisabeth, relatara ao filho:

> É então ele [Paul Rée] que se refere a mim como um caráter mesquinho e um egoísta vil que só quer explorar a todos apenas para seus próprios fins: é ele que me censura por eu ter tido supostamente as mais sórdidas intenções com relação à srta. Lou, encobrindo-as com a máscara de fins ideais; é ele ainda que ousa falar com desprezo do meu espírito, como se eu fosse "um louco que não sabe o que quer". (ibid. p. 401)
> Er [Paul Rée] also ist es, welcher von mir als einem niedrigen Charakter und gemeinen Egoisten redet, der Alle nur zu seinen Zwecken ausbeuten wolle: er ist es, der mir vorwirft, ich hätte unter der Maske idealer Ziele in Bezug auf Frl. Lou die schmutzigsten Absichten verfolgt; er ist der, der es

wagt, von meinem Geiste verächtlich zu sprechen, als ob ich ein Verrückter sei, der nicht wisse, was er wolle.

Somente um mês depois, tomando alguma distância em relação a essas intrigas, Nietzsche começa a entender e a desfazer a trama na qual se deixara enredar. Percebe então, por trás da trama, os fios manipulados pela mãe e principalmente por sua irmã. No final de agosto de 1883, afirma em um pequeno rascunho de carta à irmã que estava profundamente cansado de sua "imodesta tagarelice moral" [unbescheidene Moralschwätzerei], acusando-a de ter colocado sua vida em perigo ao longo dos doze meses precedentes. No final do rascunho, afirma jamais ter odiado alguém, com exceção da irmã [Ich habe noch Niemand gehaßt, Dich ausgenommen!] (ibid., p. 434). Mas é aos amigos Heinrich Köselitz e Franz Overbeck que, em 26 de agosto, Nietzsche escreve longas cartas sobre o assunto. Para Köselitz, afirma que corria naquela época sérios riscos de enlouquecer. Eis, em sua opinião, a principal razão de seu estado de profundo desamparo: "Ao longo de todo um ano, incitaram-me a uma espécie de sentimentos que eu havia renegado com a melhor das boas vontades e que acreditara realmente ter dominado em sua forma mais grosseira: desejos de vingança e 'ressentimento'" [Man hat mich ein Jahr lang zu einer Gattung von Gefühlen gehetzt, denen ich mit allerbestem Willen abgeschworen habe und über die ich in der größeren Form wirklich glaubte Herr geworden zu sein: Rachegefühle und "ressentiment's"] (ibid., p. 435).

Na mesma carta Nietzsche lamenta o fato de não mais poder, como Epicuro, atrair discípulos, principalmente por causa do aviltamento de sua reputação, de seu caráter e de seus fins devido à interferência da mãe e da irmã no incidente Lou-Rée. Na carta a Overbeck, escrita logo após a estada de ambos em Schuls, na Baixa Engadina, o filósofo desenvolve de forma ainda mais explícita suas conclusões sobre os ardis em que se envolvera:

nossa separação me relançou na mais profunda melancolia e, durante toda a viagem de volta, não pude me livrar de sentimentos sombrios, negativos; dentre eles, um verdadeiro ódio a minha irmã, que há um ano vem-me privando do sucesso do meu melhor triunfo sobre mim mesmo, calando-se e falando no momento errado. De forma que me tornei, por fim, vítima de um impiedoso sentimento de vingança, enquanto meu modo mais íntimo de pensar renunciou justamente a toda vingança e punição. *Tal* conflito em mim me aproxima — sinto-o da maneira mais terrível — passo a passo da *loucura* [...]. Talvez minha reconciliação com ela [com Elisabeth, em Roma, em maio/junho de 1883] tenha sido a mais funesta iniciativa de toda essa história. Percebo *agora* que ela acreditou ter encontrado *nesse assunto* uma legitimação para sua vingança contra a srta. Salomé. (ibid., pp. 437-438)
[die Trennung von Dir warf mich in die tiefste Melancholie zurück, und die ganze Rückreise wurde ich böse schwarze Empfindungen nicht los; darunter war ein wahrer Haß auf meine Schwester, die mich nun ein Jahr lang mit Schweigen zur Unrechten Zeit und mit Reden zur unrechten Zeit um den Erfolg meiner besten Selbst-Überwindungen gebracht hat: so daß ich schließlich das Opfer eines schonungslosen Rachegefühls bin, während gerade meine innerste Denkweise allem Sich-Rächen und Strafen abgesagt hat: — *dieser* Conflict in mir nähert mich Schritt für Schritt dem *Irrsinn*, das empfinde ich auf das Furchtbarste [...]. Vielleicht war meine Versöhnung mit ihr in dieser ganzen Geschichte der verhängnißvollste Schritt — ich sehe *jetzt* ein, daß sie *dadurch* geglaubt hat, ein Recht zu ihrer Rache an Frl. Salomé zu bekommen.]

Nietzsche revela nesse trecho a principal razão de seu ódio em relação a Elisabeth: tê-lo privado "do sucesso de seu triunfo sobre si mesmo", incitando sentimentos de rancor e desejo de vingança, sentimentos que, segundo o próprio filósofo, só triunfam em naturezas fracas e vis. Elisabeth trabalhava, nesse sentido, contra o esquecimento necessário à cura de todo rancor; voltava sempre à carga, fazendo o que estava a seu alcance para impedir que o irmão se libertasse definitivamente do peso dos sofrimentos provocados pelo fracasso dos projetos com Lou e Rée. Nietzsche jamais perdoará a irmã por ela ter insidiosamente provocado e atiçado um conflito entre sua natureza nobre e sentimentos comuns a todo homem, que só um tipo superior consegue dominar. Transformado em um verdadeiro campo de batalha entre tais tendências, Nietzsche corria o grave risco de enlouquecer ou de morrer. Seu desamparo resultava, em grande parte, da luta de suas pulsões mais nobres para subjugar e hierarquizar impulsos bastante "naturais no coração humano". Eis o que escreve em um rascunho de carta a Ida Overbeck no final de julho de 1883: "não pense em 'fraqueza' ou coisas do gênero; se eu sucumbir por causa dessa história, isso ocorrerá por eu não ter querido ceder, de maneira alguma, a uma tendência muito natural do coração humano, ou seja, à 'vingança'; logo, em virtude de uma força" [denken Sie nicht an "Schwäche" und dergleichen; wenn ich an dieser Geschichte zu Grunde gehe, so ist es, weil ich mir in Bezug auf einen sehr natürlichen Zug des menschlichen Herzens, nämlich "Rache" schlechterdings nicht nachgehen will, also infolge einer Stärke] (ibid., p. 410).

Na carta efetivamente enviada a Ida Overbeck, Nietzsche faz uma leitura mais geral de seu conflito, estabelecendo uma distância mais nítida com relação à mulher do amigo, exprimindo-se com mais pudor sobre seus sentimentos:

> não pense em "fraqueza", em "demasiado humano" ou coisas do gênero; se eu tivesse de sucumbir por conta dessa história, tal sucederia porque eu teria, também nesse caso, novamente *esperado* demais *de minhas forças* [...] e porque permaneço implacável com relação a mim mesmo. Portanto, não em virtude de uma fraqueza, mas de uma força. (ibid., p. 412)
> [denken Sie nicht an "Schwäche" und "Allzumenschliches" und dergleichen; und wenn ich an dieser Geschichte auch zu Grunde gehen sollte, so geschahe es, weil ich mir hier wieder zehn Mal zu viel *zugemutet* habe [...]

und gegen mich unerbittlich bleibe—also aus einer Stärke und nicht aus einer Schwäche.]

Com efeito, Nietzsche gastava muito de sua força e energia nessa luta interna para impedir a dominação do ressentimento e para resistir ao desejo de vingança, sentimentos que a "liga naumburguesa" não cessava de reavivar. Alguns dias mais tarde, já em meados de agosto de 1883, reavalia Lou Salomé em uma carta a Ida Overbeck. Expressa então toda a intensidade de seus sentimentos em relação à jovem russa, revelando a que ponto havia sido contaminado pela perspectiva moralizante da irmã e da mãe:

> E agora mais uma palavra sobre a srta. Salomé. [...] [ela] é para mim, e continua sendo, um ser de primeira grandeza de que se deve *ter pena eternamente*. A julgar pela energia de sua vontade e pela originalidade de seu espírito, era destinada a algo de grandioso, embora, em sua moralidade efetiva, possa antes pertencer a uma penitenciária ou a um hospício. *Sinto falta* dela, mesmo com seus defeitos: éramos suficientemente diferentes para que algo de necessariamente proveitoso sempre proviesse de nossas conversas. Jamais encontrei alguém tão livre de preconceitos, tão destemido e preparado para *minha* espécie de problemas. *Desde então*, sinto-me como que condenado ao silêncio ou a uma hipocrisia humana *em minhas relações com todos os homens*. (ibid., pp. 423-424)
> [Und nun noch ein Wort über Frl. Salomé. [...] [sie] ist und bleibt[...] mir ein Wesen ersten Ranges, *um die es ewig schade* ist. Gemäß der Energie ihres Willens und der Originalität ihres Geistes war sie zu etwas Großen angelegt: nach ihrer tatsächlichen Moralität mag sie freilich eher ins Zuchthaus oder Irrenhaus gehören. *Mir fehlt sie*, selbst noch mit ihren schlechten Eigenschaften: wir waren verschieden genug, daß aus unsern Gesprächen immer etwas Nützliches herauskommen mußte, ich habe Niemanden so Vorurteilsfrei, so gescheut und so vorbereitet fur *meine* Art von Problemen

gefunden. Mir ist *seitdem*, als ob ich zum Stillschweigen oder zu einer humanen Heuchelei *im Verkehre mit allen Menschen* verurteilt sei.]

Pouco a pouco Nietzsche percebe de que forma fora objeto — e vítima — das manobras da irmã. Compreende finalmente que Elisabeth tinha de fato conseguido envenená-lo com suas "virtudes naumburguesas", aumentando ainda mais o silêncio e o isolamento em que vivia. No final de agosto de 1883, volta-se por fim contra suas verdadeiras e piores inimigas: a irmã e a mãe. De início, em 29 de agosto de 1883, escreve uma carta a Elisabeth (cf. ibid., pp. 439 a 441), cujo tom simultaneamente firme e carinhoso resume-se na frase final: "Escrita sob um céu puro, com a cabeça clara, o estômago tranquilo, pela manhã bem cedo" [Geschrieben bei reinem Himmel, mit hellem Kopfe, gutem Magen und in früher Morgenstunde]. Nessa carta, Nietzsche "se torna ele mesmo", livrando-se de todo ressentimento, em relação tanto a Lou e a Rée quanto à irmã, recuperando assim uma saúde que implica esquecimento, um estômago capaz de digerir com maior facilidade, um metabolismo, em suma, apto a transformar e a superar afetos sombrios, nefastos. Nessa carta, afirma seu próprio caminho, bem como o caráter necessário do fato de ser mal compreendido, até mesmo desprezado, por seus parentes "mais próximos". Atribui então o risco que havia corrido — o de "abandonar seu caminho" — aos efeitos perniciosos do inverno rigoroso sobre sua saúde, já bastante abalada, o que abriu-lhe aliás o flanco à interferência das "pequenas coisas", das "mesquinharias" que se abateram sobre ele. Sublinha o caráter necessário de sua solidão, declarando que, ao lamentar seu isolamento, sente-se infiel ao que nele ocupa um lugar mais elevado. Sente-se, portanto, extremamente rebaixado a seus próprios olhos. Aborda em seguida com certa serenidade a relação com Rée e Lou. Afastando-se radicalmente da irmã, de todo sentimento de rancor ou de vingança, o filósofo exclama: "Que me importam esses Rées e Lous! Como posso ser inimigo deles!" [Was liegt an diesen Rée's und Lou's! Wie kann ich ihr Feind sein!] (ibid., p. 440). Exprime sua gratidão pelos antigos amigos, principalmente pela singularidade irredutível de ambos, o que representava para ele um contraponto de alteridade extremamente enriquecedor. De fato, para Nietzsche: "Ambos são seres originais, e não cópias" [Es sind beides originale Menschen, und keine Copien]. Quanto à amizade, Nietzsche afirma só ter conhecido, até aquele momento, privação; constata sem amargura que, no que dizia respeito à direção global de sua natureza, não possuía de todo modo um companheiro, nem mesmo Köselitz. Lamenta-se indiretamente pelo fato de ninguém fazer a mínima ideia do momento em que precisava de consolo, de encorajamento, de um simples aperto de mão. Observador lúcido e perspicaz, percebe por detrás de cada gesto de estímulo, de compaixão ou de aconselhamento, um mero exercício da sensação de potência daquele que deseja "auxiliá-lo": "E quando me lamento, todo mundo se crê no direito de exercer sobre mim, como alguém que sofre, um pouco de seu sentimento de potência. A isso dá-se o nome de encorajamento, piedade, bom conselho etc." [Und wenn ich klage, dann glaubt alle Welt ein Recht zu haben, ihr Bißchen Machtgefühl an mir als einem Leidenden auszulassen; man nennt's Zuspruch, Mitleiden, guten Rat usw] (ibid., p. 440)

A partir dessas reflexões de ordem geral, chega a conclusões práticas que comunica a Elisabeth: pede-lhe, à sua "queridíssima irmã" [meine liebe liebe Schwester], que não o faça mais se lembrar de fatos que quase o levaram a perder totalmente a confiança em si mesmo, ameaçando privá-lo "do resultado" de seu caminho de vida. E acrescenta, por fim:

> Atribua a meu estado de saúde *o fato de* eles me afetarem e de terem me afetado tanto! Crie esquecimento; faça disso tudo algo de novo e de totalmente diferente, a fim de que eu aprenda a *rir* da perda de *tais* "amigos"! E reflita que o presente não *poderá jamais* ser justo com um homem como eu e que todo compromisso com uma "*boa reputação*" não é digno de mim. (ibid., p. 441)

[Rechne es auf meine Gesundheit, *daß* sie so sehr auf mich wirken und gewirkt haben! Schaffe Vergessen und irgend etwas Neues und ganz Verschiedenes davon, daß ich über den Verlust *solcher* "Freunde" *lachen* lerne! Und denke daran, daß einem Menschen wie ich bin, *niemals* die Gegenwart gerecht werden *darf*, und daß jeder Compromiß zu Ehren des *"guten Rufs"* meiner nicht würdig ist.]

Como antídotos contra o ressentimento, contra o desejo de vingança e o sofrimento causado por decepções, Nietzsche invoca o esquecimento e a leveza do riso. Recupera desse modo o humor altivo e terno expresso no aforismo 552 de *Aurora*, humor que distingue as mulheres grávidas e os criadores, que protegem instintivamente o que cresce dentro deles, colocando seu "amor por si mesmo" [*Selbstsucht*] a serviço do que virá ao mundo através deles, quer sejam crianças, pensamentos ou ações. Incapaz de esquecer e de rir com leveza — primeira condição do eterno feminino nietzschiano[9] —, Elisabeth ainda ataca Lou, junto ao irmão, no início de 1884. Em um rascunho de carta a Elisabeth datado de janeiro-fevereiro de 1884, Nietzsche exorta a irmã a admitir "a imbecilidade moral" de sua última carta e a fazer um esforço no sentido de uma possível reconciliação com Lou. Ressalta, além disso, a importância e o valor de sua antiga relação com Lou, abreviada por causa da irmã, chegando mesmo a afirmar que foi a partir dessa relação que se tornou maduro para *Zaratustra*. Elogia Lou Salomé: "Lou é a criatura mais bem dotada e meditativa que se possa imaginar..." [Lou ist das begabteste, nachdenkendste Geschöpf das man sich denken kann...] (*Briefe* 6, p. 467). Reavalia positivamente até mesmo as qualidades duvidosas da antiga amiga, pois elas "suscitam reflexões".

9. Cf. a carta a Irene von Seydlitz de 7 de maio de 1886, na qual Nietzsche acrescenta entre parênteses: "(Primeira condição do eterno feminino [...]: poder rir..." [Erste Bedingung des ewig-Weiblichen [...]: lachen-können...] (*Briefe* 7, p. 189).

No entanto, quando escreve a Franziska Nietzsche e a Franz Overbeck em janeiro e fevereiro de 1884, é com um tom bem mais agressivo que o filósofo se refere à carta da irmã, "uma carta ilimitadamente absurda" [ein grenzenlos absurder Brief] (ibid., p. 471). Nos rascunhos da carta à mãe (ibid., pp. 468-470), acusa Elisabeth de ter se mostrado de uma "brutalidade inigualável" [eine Brutalität sonder Gleichen], quando lhe narrou, em várias cartas, detalhes a propósito do incidente Lou que aviltaram meses "repletos de devotamento" (ibid., p. 468). Considera a atitude de Elisabeth infame e percebe, por fim, por detrás de suas supostas "boas intenções", as manobras ditadas pelo ressentimento:

> Se a Srta. Salomé disse a meu respeito que, "por trás da máscara de fins ideais, eu tinha intenções sórdidas a seu respeito", *deveria* eu saber uma coisa dessas um ano depois? [...] Isso apenas como uma prova, dentre centenas de outras, da nefasta perversidade de minha irmã comigo. Além disso, sei há bastante tempo que ela não terá descanso enquanto eu não estiver morto. Pois bem, meu *Zaratustra* está pronto! No momento em que ele ficou pronto e em que eu adentrava o meu porto, lá estava ela me lançando na cara punhados de sujeira. (ibid., p. 468)
> [Wenn Frl. Salomé über mich geäußert hat, daß ich "unter der Maske idealer Ziele schmutzige Absichten in Bezug auf sie verfolgte", *durfte* ich so Etwas ein Jahr nachher erfahren? [...] Dies nur als Probe von hundert Fallen, worin sich die verhängnisvolle Perversität meiner Schwester gegen mich gezeigt hat. Im Übrigen weiß ich längst, daß sie nicht eher Ruhe hat, als bis ich tot bin. Nun, mein *Zarathustra* ist fertig! Im Augenblick, wo er fertig wurde und ich in meinen Hafen einfuhr, stand sie da und warf mir Hände voll Schmutz ins Gesicht.]

Exasperado, nesses rascunhos de carta, Nietzsche se volta igualmente contra a mãe: "Quem então agiu mal comigo senão vocês? Quem colocou minha vida em perigo senão vocês?" [Wer hat sich denn schlecht gegen mich benommen, wenn nicht Ihr? Wer hat mein Leben in Gefahr gebracht, wenn nicht Ihr?].

Afirma então a imensa "distância moral" que o separava de ambas, revelando todo o desgosto que sempre teve de superar por ter tais pessoas como parentes tão próximos. Chega mesmo a declarar que tem vontade de vomitar sempre que lê as cartas da irmã, quando tem de engolir "esse misto de imbecilidade e de petulância que se apresenta com a máscara do moralismo". Termina por se referir a Elisabeth como uma "criatura estúpida e vingativa" [dieses alberne rachsüchtige Geschöpf], "idiota como uma gansa" [die dumme Gans] (ibid., p. 470). Na carta a Overbeck da mesma época, chama-a além disso de um "verme de mau agouro" [ein Unglückswurm] (ibid., p. 471). Nietzsche conta ao amigo que, pela sexta vez em dois anos, a irmã lhe enviara uma carta que exalava o odor nauseabundo do "humano, demasiado humano", justamente quando ele se encontrava pleno dos mais elevados e felizes sentimentos. Em carta a Overbeck datada de 6 de março de 1883, o filósofo já havia expressado a verdadeira repugnância que lhe provocavam Elisabeth e Franziska Nietzsche: "Minha separação de meus parentes começa a se apresentar como um verdadeiro alívio. Ah, se você soubesse tudo o que tive de superar nesse capítulo (desde que nasci)! Não gosto de minha mãe e o mero som da voz de minha irmã me desagrada. *Sempre* adoeci estando com elas" [Die Loslösung von meinen Angehörigen fängt an, sich mir als wahre Wohltat darzustellen; ach, wenn Du wüßtest, was ich in diesem Capitel (seit meiner Geburt —) Alles zu überwinden gehabt habe! Ich mag meine Mutter nicht, und die Stimme meiner Schwester zu hören macht mir Mißvergnügen; ich bin *immer* krank geworden, wenn ich mit ihnen zusammen war] (ibid., pp. 338-339).

A partir do incidente Lou, e sobretudo a partir da entusiasta adesão de Elisabeth ao movimento antissemita, Nietzsche irá afirmar de modo explícito a distância incomensurável que o separa radicalmente da irmã. Em um rascunho de carta à sua "lhama" datado de março de 1885, manifesta sua indignação por ter um parente dessa espécie: "Eis um dos enigmas sobre os quais já refleti algumas vezes: como é possível sermos parentes consaguíneos?" [Es gehört zu den Rätseln, über die ich einige Male nachgedacht habe, wie es möglich ist, daß wir blutsverwandt sind] (*Briefe* 1, p. 24). "a querida lhama"

De modo curioso, no mesmo rascunho de carta, Nietzsche se dirige a Elisabeth visivelmente sem ironia como "minha querida irmã" [meine liebe Schwester], quando, lamentando sua solidão e afirmando sua necessidade de representar papéis como um ator (como o de professor universitário) para permanecer vivo, pede à irmã para que esconda a carta da mãe, queimando-a logo após a leitura. Além disso, explica que, se teve raiva da irmã, foi por ela tê-lo levado a abdicar dos últimos seres humanos com os quais podia falar "sem tartufice", aumentando dessa forma o seu isolamento. No entanto, irritado por ver o círculo de silêncio ampliar-se ao seu redor, Nietzsche procura pouco a pouco manter, na medida do possível, relações mais cordiais com a mãe e com a irmã, sentindo-se ao mesmo tempo aliviado por sabê-la bem longe, a milhares de quilômetros de distância, no longínquo Paraguai. Em um rascunho de carta a Overbeck do início de janeiro de 1886, o filósofo manifesta sua decepção, nos últimos dez anos, em relação a todos os seus amigos, com exceção do próprio destinatário, por conta da "imbecilidade", "superficialidade" e "arrogância" que os caracterizava. E acrescenta: "Agradeço aos céus por ainda dispor do amor de meus parentes, depois que também esse foi como que colocado em risco em decorrência de toda sorte de 'serviços de amizade'" [Ich danke dem Himmel, daß ich die Liebe meiner Angehörigen noch habe, nachdem auch diese, unter der Nachwirkung von allerlei "Freundschaftsdiensten", wie gefährdet war] (ibid., p. 136).

Esse tipo de declaração remete principalmente ao sofrimento de Nietzsche em função de sua situação na época, descrita imediatamente após essa passagem, no mesmo rascunho de carta a Franz Overbeck:

No que concerne à minha situação, não reconheço mais como amigo quem não compreende a imensa miséria desta situação: que um homem que nasceu para gerar os efeitos mais ricos e abrangentes tenha de passar seus melhores anos desse modo, em desertos estéreis; que um pensador como eu, que só pode depositar o melhor de si em almas seletas, nunca em livros, seja forçado a "fazer literatura", com olhos meio cegos e doloridos — isso tudo é tão insano, tão duro! (ibid., p. 136)
[Was aber meine Lage betrifft, so erkenne ich gar Niemand mehr für meinen Freund an, der nicht das ungeheure Elend dieser Lage begreift: daß ein Mensch, der für die reichste und umfänglichste Wirksamkeit geboren ist, dermaßen in unfruchtbaren Einöden seine besten Jahre zubringen muß; daß ein Denker wie ich, der sein Bestes niemals in Büchern, sondern immer nur in ausgesuchten Seelen niederlegen kann, gezwungen ist, mit seinen halbblinden schmerzenden Augen "Litteratur zu machen" — es ist Alles so verrückt! so hart!]

Pode-se atribuir, por um lado, ao isolamento progressivo de Nietzsche e, por outro, à riqueza de sua natureza, que o leva a acabar dominando o ressentimento (cf. *Ecce homo*, p. 54), o fato de que o filósofo tenha em geral mantido, após a partida de Elisabeth, um contato bastante franco com a irmã, até mesmo frequentemente afetuoso. Apesar disso, Nietzsche permanece todo o tempo contrário ao empreendimento colonialista e antissemita levado a cabo pelo casal Förster. Quando Elisabeth e o marido lhe solicitam um empréstimo para poder dar prosseguimento à empreitada, procura prudentemente esquivar-se do pedido. Escreve a Koselitz em 20 de maio de 1887: "sabiamente, tomo todo o cuidado para não me envolver de modo algum nessa empreitada antissemita" [ich hüte mich weislich, mich irgendwie in diese Antisemiten--Unternehmung einzulassen] (*Briefe* 8, p. 79). No rascunho da carta que envia a Elisabeth em 5 de junho de 1887, recusando-lhe auxílio financeiro, Nietzsche sintetiza sua posição diante da "lhama", preservando a afeição pela irmã e reafirmando, ao mesmo tempo, sua firme oposição ao movimento antissemita. Desse modo, consegue conciliar magistralmente duas posições, dois sentimentos antagônicos, sem ter de se esconder sob o "disfarce do ator":[10]

> Se a obra do dr. Förster for bem sucedida, ficarei satisfeito por sua causa e pensarei o menos possível que se trata, ao mesmo tempo, do triunfo de um dos movimentos que mais desprezo; se ela não obtiver sucesso, me alegrarei com o fracasso de um empreendimento antissemita, lamentando ainda mais o fato de você ter se vinculado a um projeto como esse por dever e por amor. (*Briefe* 8, p. 82)
> [Gelingt das Werk des Dr. Förster, so will ich mich um Deinetwillen damit zufrieden geben und möglichst wenig daran denken, daß es zugleich der Triumph einer von mir geringgeschätzten Bewegung ist, gelingt es ihm nicht, so werde ich mich am Zugrundegehen einer antisemitischen Unternehmung freuen und Dich um so mehr bedauern, daß Du Dich-aus Pflicht und Liebe an eine solche Sache gebunden hast.]

Nesse rascunho de carta, Nietzsche exprime portanto afeição por Elisabeth, tanto de uma maneira direta quanto através da própria franqueza com que expõe à irmã sua postura frente ao projeto antissemita dos Förster. Além disso, tenta visivelmente proteger o afeto pela irmã, procurando atenuar a participação ativa de Elisabeth nesse projeto, preferindo atribuí-lo tão somente a Bernhard Förster. No final, entretanto, acrescenta um trecho bem mais agressivo, no qual se pode avaliar sua irritação com a progressiva ascensão do movimento antissemita no "Reich":

> Meu desejo, por fim, é que se venha em socorro a vocês pelo lado alemão, isto é, *obrigando* por exemplo os antissemitas a deixarem a Alemanha:

---

10. Referência a um rascunho de carta a Paul Lansky de março de 1885. Cf. *Briefe* 7, p. 24.

nesse caso, não há a menor dúvida de que eles iriam preferir a sua terra "prometida" do Paraguai a outras terras. Por outro lado, desejo cada vez mais que os judeus ascendam ao poder na Europa, para que percam as características (quer dizer, *delas não mais necessitem*) por meio das quais se impuseram até hoje como oprimidos. Além disso, eis minha sincera convicção: o alemão que, apenas por ser alemão, pretende ser mais do que um judeu, faz parte de uma comédia, a não ser que pertença a um hospício. (ibid p. 82)
[Mein Wunsch ist zuletzt, daß man Euch deutscherseits etwas zu Hülfe käme, und nämlich dadurch daß man die Antisemiten *nötigte*, Deutschland zu verlassen: wobei ja nicht zu zweifeln wäre, daß sie Euer Land der "Verheißung" Paraguay anderen Ländern vorziehen würden. Den Juden andererseits wünsche ich immer mehr, daß sie in Europa zur Macht kommen, damit sie ihre Eigenschaften verlieren (nämlich *nicht mehr nötig haben*) vermöge deren sie als Unterdrückte sich bisher durchgesetzt haben. Im Übrigen ist es meine ehrliche Überzeugung: ein Deutscher, der bloß daraufhin, daß er ein Deutscher ist, in Anspruch nimmt mehr zu sein, als ein Jude, gehört in die Komödie: gesetzt nämlich daß er nicht ins Irrenhaus gehört]

Na carta efetivamente enviada à irmã em 5 de junho de 1887, Nietzsche mitiga o tom franco e direto expresso no rascunho, evitando de modo delicado qualquer menção a temas de discórdia. Com certa doçura, chama-a três vezes de "minha querida lhama"; melancólico, lamenta os efeitos nefastos do clima sobre seu estado de saúde e alude, com nostalgia, ao verão passado com Elisabeth em Tautemburg, tendo o cuidado de não mencionar a presença igualmente, na ocasião, de Lou Salomé. Quando se refere ao duplo distanciamento da irmã — em direção à América do Sul e ao antissemitismo —, não insiste nessa observação, evitando de forma evidente qualquer tom de censura. Com ironia, cobrindo-se com a máscara do "irmão ferido", acrescenta que chega a acreditar ser mais razoável seguir o grande projeto espúrio de Förster [*die Försterei*] nas florestas sul-americanas do que se dedicar ao pequeno projeto do irmão, à "fraternidade" [*die Brüderlichkeit*]. Após diversas notícias sobre pessoas conhecidas de ambos, Nietzsche se desculpa, entre parênteses, por não poder emprestar dinheiro a Elisabeth, procurando justificar o mais objetivamente possível sua resposta negativa: pela precariedade de sua situação financeira e pelo caráter arriscado do projeto dos Förster. Para atenuar a recusa, comenta de início o sucesso comercial medíocre de seu último livro, *Além do bem e do mal* (até aquele momento, só vendera 114 exemplares) e especifica o montante da quantia que teve de desembolsar, a partir de *Zaratustra* IV, para imprimir por conta própria as últimas obras. Em um *post scriptum*, deseja ao dr. Förster sucesso em seu "grande empreendimento" e acrescenta apenas que, enquanto olhava o mapa da propriedade em questão, uma frase atravessou-lhe o espírito: "quem possui também é possuído" [wer besitzt, ist auch besessen] (ibid., p. 85). Conclui a passagem com outra observação geral: quando se possui algo, perde-se muita liberdade.

    Cada vez mais solitário, em virtude igualmente da distância geográfica, Nietzsche procura manter relações de cordialidade com sua "lhama", tentando sempre dissociar o afeto pessoal de qualquer assunto delicado como, por exemplo, a posição de ambos radicalmente oposta com relação ao antissemitismo. Na carta que escreve a seguir para Elisabeth, em 15 de outubro de 1887, data em que completa 43 anos, retoma um tom mais franco e íntimo, evitando colocar demasiadamente em evidência as divergências entre ambos. Inicia a carta afirmando que, no dia de seu aniversário, o melhor que tinha a fazer era reforçar os "pequenos laços naturais" de que ainda dispunha, ou ao menos o que restava deles. Acrescenta que isso lhe parece fundamental, principalmente quando um destino de filósofo, como o dele, se encontra condenado a uma vida totalmente à margem, sem nenhum outro tipo de ligação. Como prova disso, conta que, contrariamente aos anos precedentes, só recebera até aquele momento uma única carta pelo aniversário, escrita por sua "boa mãe". Ao mencionar o progresso do projeto colonialista dos Förster, relatado por Franziska, retoma em uma versão atenuada mas não menos firme o que enunciara a respeito de sua posição frente à irmã no rascunho da carta de 5 de junho do mesmo ano:

> Gostaria de não me sentir tão radicalmente contrário às tendências e aspirações do meu cunhado, a fim de poder simpatizar de modo ainda mais profundo com o sucesso do empreendimento dele. Tais como as coisas são, tenho entretanto de distinguir em mim mesmo, em função de certa necessidade, o que desejo no caso de vocês *pessoalmente* do que talvez execre *objetivamente* nisso. Falemos de coisas mais agradáveis. (ibid., p. 166)
> [Ich wünschte, nicht so gänzlich den Tendenzen und Aspirationen meines Herrn Schwagers mich entgegengesetzt zu fühlen, um mit dem Gelingen seiner Unternehmung noch gründlicher sympathisieren zu können. So aber, wie es steht, habe ich mit einiger Not bei mir auseinanderzuhalten, was ich *persönlich* in Eurem Falle wünsche und was ich *sachlich* vielleicht daran verwünsche. Reden wir von angenehmeren Dingen]

Nas cartas a Elisabeth posteriores à de 15 de outubro de 1887, Nietzsche procura ressaltar o lado "pessoal" da relação, manifestando afeto pela irmã. No entanto, o ponto de vista "objetivo" também reaparece em determinados momentos, principalmente quando o filósofo se enfurece por ver seu nome confundido com o movimento antissemita. Tal é o caso, por exemplo, do rascunho de carta do final de dezembro de 1887 (cf. ibid., pp. 218-220) no qual o filósofo declara ter finalmente descoberto que, ao deixar a Europa, Bernhard Förster não abandonara o movimento antissemita, tal como havia suposto. Acrescenta então que lhe era muito difícil manter, em relação a Elisabeth, a mesma delicadeza e cuidado com os quais a tratara por tão longo tempo. Um mês depois, em um rascunho de carta à irmã do final de janeiro de 1888 (cf. ibid., pp. 237-238), Nietzsche emprega novamente um tom mais suave. Embora deixando bastante claro seu imenso distanciamento em relação a ela, exprime simultaneamente o forte laço que o une à irmã. Pois, para além de todo dissenso, escreve-lhe para falar, bastante ferido, sobre seu isolamento, sobretudo em relação a seus "velhos conhecidos" que, em sua maioria, acabaram adotando posições diametralmente opostas às suas, tal como no caso de Wagner. Nietzsche afirma para a irmã que seu relacionamento com ela se aproximava do que se estabelece entre seres totalmente estranhos uns aos outros [*die vollkommene Fremdheit*], e não do que se dá entre pessoas que apenas se opõem [*Gegensätzlichkeit*]. Acrescenta que certa oposição, comportando na verdade alguma simplicidade e amabilidade, sempre o seduzira. Seu único consolo, conclui, era pensar nas raras pessoas que suportaram uma situação semelhante à sua "sem se estilhaçar", conservando apesar de tudo uma alma "elevada e afável" (cf. ibid., p. 238).

Nas duas cartas posteriores, datadas de 31 de março e de 14 de setembro de 1888, respectivamente, (cf. ibid., pp. 281-282 e pp. 427-429) Nietzsche evita claramente qualquer tema capaz de suscitar desentendimento. Em 31 de março trata-a novamente como "minha querida lhama" [*mein liebes Lama*] e assina, com a antiga afeição e familiaridade, "teu Fritz" [*Dein Fritz*]. Exprime aos Förster os melhores votos de sucesso na colônia "Nueva Germania", fundada por ambos no Paraguai, e avalia positivamente o "destino" [*Lebenslos*] da irmã, felicitando-a por ter deixado a Europa no momento em que esta "enrijecia-se com o heroísmo, armando-se tal qual um ouriço" [(Europa) starrt heute mit dem Heroismus eines Igels in Waffen]. Nietzsche evita, portanto, os pontos de discórdia entre ambos, considerando o "destino" da irmã de forma restrita, relativa apenas à pessoa de Elisabeth, esforçando-se por não relacioná-lo a partidos e a movimentos que ele abominava. Em 14 de setembro, manifesta identicamente à irmã uma grande alegria ao ser informado acerca do sucesso da colônia e do caráter finalmente definitivo da emigração. Mais uma vez, evitando ressaltar as diferenças entre ambos, compara sua situação difícil à de Elisabeth no Paraguai, concluindo que, apesar de tudo, a irmã sempre conseguira, como ele, encontrar uma saída. Conclui essa tentativa de identificação com uma afirmação de ordem geral: "toda a verdadeira infelicidade no mundo não passa, na verdade, de mera fraqueza" (ibid., p. 427). Dois meses mais tarde, em meados de novembro de 1888 (cf. ibid., pp. 473-474), o filósofo declara entretanto à irmã que lhe era absolutamente necessário afastar-se definitivamente dela a partir daquele momento. Afirma ter chegado a tal conclusão após ter lido diversas vezes a última carta de Elisabeth, acrescentando que a irmã não fazia a menor ideia de seu destino, do destino de um homem através do qual se decidira a questão dos dois últimos milênios, um homem que tinha, portanto, o futuro da humanidade nas mãos. Desejava assim proteger a irmã dos "choques" que provocaria certamente muito em breve.

Afirmando-se contente em saber que a irmã se encontra bem distante, envolvida com suas próprias tarefas e feliz no amor, lamenta então haver-lhe enviado *O caso Wagner*. Pede-lhe que não leia seus novos livros, que poderiam feri-la, e mais ainda a ele mesmo, imaginando-a magoada.[11] No final, exorta Elisabeth a não ver na carta um sinal de dureza, mas, ao contrário, um verdadeiro gesto de humanidade (cf. ibid., p. 474).

Nessa última carta de Nietzsche à irmã, em meados de novembro de 1888, o filósofo ainda protege Elisabeth, declarando, por exemplo, querer resguardá-la das respostas certamente violentas aos desafios que dirigiria em breve à humanidade. No entanto, em *Ecce homo*, deixando de lado qualquer forma de cuidado com a irmã, Nietzsche se volta violentamente contra ela e contra a mãe, com quem, excetuando-se um curto período de ruptura por ocasião do incidente Lou, sempre soubera

---

11. Apesar disso, Nietzsche pedirá a seu impressor C. G. Naumann, em um cartão-postal datado de 18 de dezembro de 1888, que envie um exemplar de *Crepúsculo dos ídolos* a Bernhard Förster. Cf. ibid., p. 538.

manter uma relação afetuosa. Sentindo-se em plena saúde, em um estado de verdadeira "euforia", no sentido etimológico do termo — como mostram as cartas escritas em Turim, naquele momento —, Nietzsche abandona suas necessidades de afeto humanas, talvez demasiado humanas, e, sem temer a *hybris*, rompe o interdito em sua avaliação da mãe e da irmã.[12] Depois de afirmar que essas mulheres se situavam entre seus antípodas, pela "incalculável vulgaridade de seus instintos", declara:

> O tratamento que, até o momento, minha mãe e minha irmã me dispensaram, inspira-me um horror indizível: aí trabalha uma máquina perfeitamente infernal, que conhece, com infalível segurança, o instante em que posso ser mais cruelmente ferido — em meus instantes supremos... pois falta, então, toda força para se defender de vermes venenosos... (p. 166)

Logo após esse trecho, Nietzsche associa sua proximidade fisiológica meramente casual com uma tal "*canaille*", parodiando Leibniz, a uma verdadeira "*disharmonia praestabilita*". Acrescenta a seguir uma passagem reveladora não apenas do que pensava e, muito provavelmente, sempre pensara da mãe e da irmã, como também do sentido e da natureza do enigma do "eterno retorno": "Confesso que a mais profunda objeção ao 'eterno retorno', que é o meu pensamento verdadeiramente abismal, são sempre minha mãe e minha irmã" (p. 166).

_{eterno retorno}

Se a mãe e a irmã representam verdadeiras objeções ao eterno retorno, isso indica talvez que a ideia nietzschiana do retorno corresponde

---

12. Lembremos que se trata de uma das últimas páginas escritas pelo filósofo, alguns dias antes do colapso em Turim. Nietzsche a expediu imediatamente ao impressor Naumann, a fim de que fosse incorporada à obra. Esse parágrafo foi deixado de lado por Peter Gast, que nele via indícios de desequilíbrio mental, e posteriormente pela própria Elisabeth, que se sentia evidentemente bastante atingida pelo texto.

a uma repetição integral e estrita de todas as coisas, como sugere o demônio que toma a palavra no aforismo 341 de *Gaia ciência* ("O mais pesado dos pesos"): "e tudo o que há de indizivelmente pequeno e de grande em tua vida há de retornar para ti, e tudo na mesma ordem e sequência."

Essa repetição não exclui, evidentemente, conforme ressalta Deleuze, o retorno da diferença; no entanto, se atribuirmos alguma importância à afirmação de Nietzsche segundo a qual é terrivelmente possível que a mãe e a irmã retornem, afastamo-nos da leitura deleuzeana, pois, para Deleuze, o eterno retorno operaria uma "segunda seleção" que, privilegiando o retorno de forças ativas, acabaria eliminando o das forças reativas.[13]

Essa afirmação de Nietzsche em *Ecce homo* remete à função estratégica do pensamento do eterno retorno como verdadeiro antídoto contra toda forma de pessimismo. Tal função se apresenta de forma ainda mais evidente em outros textos do filósofo, como, por exemplo, em "O convalescente", de *Zaratustra* III. Nesse texto, atormentado por uma tristeza profunda, Zaratustra exprime do seguinte modo uma das razões de seu desgosto com relação à vida: "E eterno retorno também do menor! Esse foi meu fastio por toda existência!" A cura de Zaratustra consiste exatamente na superação desse sombrio fastio pela afirmação alegre do eterno retorno de todas as coisas, doutrina da qual se torna "profeta". Essa doutrina se exprime, de forma condensada, no final de *Zaratustra* IV, pela boca do mais feio dos homens, que após passar um dia em companhia de Zaratustra, afirma, por fim: "'Foi isso — a

---

13. Cf. Deleuze, *Différence et répétition*. Paris: PUF, 1969; e *Nietzsche et la philosophie*. Paris: PUF, 1983 [Ed. bras., *Nietzsche e a filosodia*, trad. de Guilherme Ivo. São Paulo: n-1 edições, 2017]. Concordamos, nesse ponto, com a leitura feita por Clément Rosset acerca da análise da ideia do eterno retorno operada por Deleuze. Cf. Rosset, *La force majeure*. Paris: Minuit, 1983, pp. 83-94.

vida?' — direi à morte. 'Muito bem! De novo!'" [War Das — das Leben? will ich zum Tode sprechen. "Wohlan! Noch Ein Mal!] (p. 396). Um pouco mais adiante, Zaratustra convida os homens superiores a entoarem sua "ronda": "Cantai agora o canto cujo nome é 'De novo' [*Noch ein Mal*], e cujo sentido é 'por toda a eternidade' [*in alle Ewigkeit*]..." Eis como soa o canto da alegria que deseja a eternidade, capaz de espantar toda a "música de corvo fúnebre" [*diese rabenschwarze Musik*] (cf. *Gaia ciência*, aforismo 383), tal como a da famosa ave de Edgar Allan Poe, que não se cansa de repetir o lúgubre refrão "*nevermore*".

O pensamento do eterno retorno teve, certamente, uma função estratégica semelhante para Nietzsche. Em uma carta a Overbeck do início de dezembro de 1885, por exemplo, o filósofo lamenta sua total solidão nos últimos sete anos, sua verdadeira "vida de cão" [*Hundeleben*], afirmando não se perdoar "um grau de pessimismo bastante elevado" contra o qual não cessa de lutar. Acrescenta, entre parênteses, que sua maior vitória nesse sentido fora ter escrito *Zaratustra* em condições especialmente desfavoráveis. Ao expressar os sofrimentos pelos quais passara, ressalta o estado de desespero e abandono que o eterno retorno afronta: "não quero viver uma segunda vez *nenhum dia* dos três últimos anos. A tensão e os contrastes foram grandes demais!" [ich will *keinen Tag* von den 3 letzten Jahren zum zweiten Male durchleben, Spannung und Gegensatze waren zu groß!] (Cf. *Briefe* 7, p. 116). Para poder utilizar um antídoto desse tipo, tão forte e potente, já é necessário ser, conforme Nietzsche afirma no texto autobiográfico, um doente basicamente são.

Os textos publicados nos quais o filósofo desenvolve a hipótese do eterno retorno de modo mais explícito (*Gaia ciência*, aforismo 341, e *Além do bem e do mal*, aforismo 56) indicam pelo menos duas direções fundamentais para essa ideia: como exortação a uma ética implacável, e como superação da falsa alternativa otimismo/pessimismo, plantas ambas nascidas do solo comum da negação e da difamação da vida tal como é. No aforismo 341 de *Gaia ciência*, o eterno retorno equivale a uma incitação para que se adote uma atitude eminentemente ética diante da vida:

> Se esse pensamento adquirisse poder sobre ti, assim como tu és, ele te transformaria e talvez te triturasse; a pergunta, diante de tudo e de cada coisa: "queres isto de novo e ainda inúmeras vezes?" pesaria como o mais pesado dos pesos sobre teu agir! Ou então, como terias de ficar de bem contigo mesmo e com a vida, para não *desejares* nada *mais* do que essa última, eterna confirmação e chancela!

Segundo a formulação de Deleuze, o eterno retorno, como pensamento ético, poderia ser assim sintetizado: "*O que tu quiseres, queira-o de tal maneira que queiras também o seu eterno retorno*" (cf. Nietzsche et la philosophie, p. 77). A ética que o eterno retorno implica — fazer tudo de modo que se queira sua eterna repetição — representa "o mais pesado dos pesos" para os espíritos negadores, para todos os que são incapazes de *amor fati* (amor pelo que acontece) e que sentem necessidade de "melhorar", de corrigir este mundo e esta vida. "Forma mais elevada de afirmação" (*Ecce homo*, p. 122), adesão radical ao que é, sem correção ou melhoria possível ou desejável, o eterno retorno remete ao ideal de um homem impetuoso e afirmativo que, diante do espetáculo do mundo, diante da peça da existência, sempre pede "bis", exclamando, ao final, "*da capo!*" (cf. *Além do bem e do mal*, aforismo 56). Somente o ser capaz desse ousado "bis" (desde o início e na mesma ordem) pode acolher o eterno retorno, na medida em que deseja tudo o que possui e experimenta, e o desejaria sempre de novo. Apenas para ele o eterno retorno deixa de ser "o mais pesado dos pesos". Em seus dois aspectos complementares, essa noção nietzschiana indicaria portanto, por um lado, uma ética radical e, por outro, ultrapassando simultaneamente o otimismo e o pessimismo, corresponderia à aceitação trágica do mundo. Essa hipótese funciona portanto no pensamento de Nietzsche como uma estratégia contra o fastio e o desgosto que espreitam aqueles que, com os olhos intrépidos de um Édipo, contemplam lucidamente o mundo e os homens; como um verdadeiro antídoto contra toda forma de pessimismo que ameaça os que ousam decifrar o terrível texto da natureza humana.[14]

No texto autobiográfico, Nietzsche decifra, com olhar intrépido, o texto fundamental *homo natura* da mãe e da irmã. Levando às últimas consequências sua leitura e, portanto, a *hybris* com relação à família, nega qualquer parentesco com as duas mulheres ("crer-me aparentado a tal *canaille* seria uma blasfêmia à minha divindade", p. 166) e propõe outra noção de grau de parentesco, mais adequada a naturezas nobres como a sua. Invoca nessa passagem a lenda de sua origem nobre polonesa para se vincular a uma linhagem não alemã, cujo sentido de "distinção" seria bastante superior ao que o final do século XIX chamava de "*noblesse*". A única pessoa que reconhece como seu par, e à qual exprime sua gratidão nesse trecho, é Cosima Wagner, "a natureza mais nobre" que afirma ter encontrado. Cosima passa, desse modo, a ocupar sozinha o lugar atribuído à mãe e à irmã por uma visão genealógica calcada apenas no biológico, visão que, na perspectiva de Nietzsche, é no mínimo falsificadora. Colocada à altura de Nietzsche-Dioniso, Cosima será um pouco mais tarde identificada a Ariadne, por exemplo, no bilhete que o filósofo lhe escreve em 3 de janeiro de 1889: "à princesa Ariadne, minha

---

14. Cf. *Além do bem e do mal*, aforismo 230: "sob essas aduladoras cores e camadas de pintura tem de ser de novo reconhecido o terrível texto fundamental *homo natura*. Ou seja, retraduzir o homem na natureza; triunfar sobre as muitas interpretações e conotações vaidosas e delirantes que até agora foram rabiscadas e pintadas sobre aquele eterno texto básico *homo natura*; fazer com que o homem, doravante, se coloque frente ao homem como já hoje, endurecido na disciplina da ciência, ele se coloca frente à outra natureza, com os olhos intrépidos de um Édipo e os ouvidos tapados de um Ulisses, surdo aos chamarizes dos velhos passarinheiros metafísicos, que por demasiado tempo lhe sopraram ao ouvido: 'Você é mais! É superior! Tem outra origem!'."

amada" [An die Prinzeß Ariadne, meine Geliebte] (*Briefe* 8, p. 572), bem como na carta a Jacob Burckhardt, de 6 de janeiro de 1889 (cf. ibid., p. 579). Quando Nietzsche se funde totalmente com Dioniso, Cosima se torna sua mulher: em 27 de março do mesmo ano, declara no hospital de Iena: "Minha mulher, Cosima Wagner, me trouxe para cá" (*Biographie* III, p. 477). Mas nessa passagem de *Ecce homo*, Wagner é igualmente mencionado, logo após a homenagem a Cosima, como o homem com quem o filósofo teria "o maior parentesco". Eis de que forma, à guisa de conclusão, Nietzsche denuncia o verdadeiro contrassenso fisiológico das noções vigentes sobre os graus de parentesco, e se atribui, como pais "tipológicos", Júlio César ou Alexandre, identificando este último ao próprio Dioniso:[15]

> É com os pais que se tem *menos* parentesco: ser aparentado a eles seria o sinal extremo de vulgaridade. As naturezas superiores têm sua origem em algo infinitamente anterior; para se chegar a elas, foi preciso juntar, reter, acumular durante muitíssimo tempo... As grandes individualidades são as mais antigas: eu não entendo, mas Júlio César poderia ser meu pai — *ou* Alexandre, esse Dioniso que se fez homem... (p. 167)

Essa visão ampliada de "parentesco", que supõe a negação e a superação da ideia dominante de laços de família, só encontra uma formulação tão

---

15. Mais tarde, para o Nietzsche liberto da rígida máscara da identidade, todas essas figuras ressurgirão como encarnações do puro devir com o qual se confundirá. Cf., a esse propósito, por exemplo, o bilhete escrito para Cosima Wagner em 3 de janeiro de 1889: "É um puro preconceito pensar que sou um homem. Mas já vivi mais de uma vez entre os homens e conheço tudo o que podem experimentar, do mais baixo ao mais elevado. Entre os indianos, fui Buda; na Grécia, Dioniso; Alexandre e César são minhas encarnações [...]. Finalmente, fui ainda Voltaire e Napoleão, talvez também Richard Wagner... Desta vez, no entanto, venho como Dioniso vitorioso, que transformará a Terra em uma festa... [...] Já fui também pregado à cruz..." *Briefe* 8, pp. 572-573.

explícita no texto autobiográfico. No entanto, em um pequeno aforismo de *Humano, demasiado humano* I, Nietzsche já assinalava o caráter para ele estranho de certa ideia que os gregos tinham sobre a família, e que, em sua opinião, deixara marcas na própria língua grega. No aforismo 354, o filósofo exprime sua distância nesse ponto com relação aos gregos, que, extremamente envolvidos em discussões em torno da "amizade", designavam a ideia de "parentesco" por meio de um superlativo do termo "amigo". Nietzsche conclui o aforimo com uma afirmação sucinta que revela, de um modo expressivo, sua perplexidade diante dessa noção grega: "Isso permanece, para mim, inexplicável." Além disso, a passagem do terceiro parágrafo remete também a outros textos nos quais o filósofo ressalta tudo o que é necessário "juntar", "acumular", para que possam surgir "grandes individualidades". No aforismo 47 de *Crepúsculo dos ídolos*, por exemplo, ao desenvolver a ideia de que "a beleza nada deve ao acaso" (título do aforismo), resultando antes do esforço e do trabalho acumulados de sucessivas gerações, Nietzsche compara nesse aspecto a beleza à "genialidade"; pois, conforme acrescenta, "tudo o que é bom é herança". Em sua opinião, aquilo que se adquire nunca tem o mesmo peso do que se herda, já que é preciso pelo menos algumas gerações para que determinadas atitudes, certos gestos sejam "interiorizados" e que, em tudo o que concerne à cultura, é necessário começar pelo lugar certo, ou seja, "é preciso primeiro convencer o *corpo*". Esse aforismo vai de encontro aos métodos da educação humanista alemã, que, partindo da "funesta superstição de sacerdotes e meio-sacerdotes", dão primazia à alma, privilegiando a educação de sentimentos e pensamentos. O aforismo enfatiza, em suma, que é necessária uma longa série de gerações para engendrar tudo o que é grande e, no final das contas, todos os grandes indivíduos, que só aparecem ao cabo de um trabalho prévio de paulatina interiorização de inúmeras qualidades e capacidades. Nesse sentido, as "maiores individualidades" serão efetivamente "as mais antigas", como Nietzsche afirma em *Ecce homo*. No entanto, o filósofo vai ainda mais longe, ao assimilar seus verdadeiros pais a figuras heroicas da Antiguidade (Júlio César e Alexandre). Essa afirmação indica, ao menos, dois movimentos. Por um lado, Nietzsche leva às últimas consequências o *"pathos* da distância" frente à sua família, a seu país e a seu século, exprimindo um parentesco com os tipos mais nobres e heroicos que a humanidade já produziu. Por outro lado, tal afirmação anuncia e gera uma progressiva desarticulação da rígida máscara da identidade e uma fusão cada vez mais manifesta com o fluxo do *devir*.

mulher   O ataque à mãe e à irmã remete igualmente a passagens de *Ecce homo* em que Nietzsche toca na questão da mulher. No sétimo parágrafo de "Por que sou tão sábio", estabelece uma relação necessária entre o *pathos* agressivo e a força de uma natureza, associando, inversamente, à fraqueza todo sentimento de vingança e rancor. Acrescenta como exemplo uma afirmação que parece sintetizar e generalizar suas amargas experiências com as mulheres que lhe eram mais próximas — a mãe e, principalmente, a irmã: "A mulher, por exemplo, é vingativa: isso é determinado por sua fraqueza, tanto quanto sua sensibilidade à aflição alheia" (p. 55). Tal caracterização não se relaciona, evidentemente, apenas a Franziska e a Elisabeth Nietzsche; entretanto, apresenta bastante consonância com o que o filósofo escreve sobre a mãe e a irmã na autobiografia, concernindo nesse sentido diretamente a essas duas figuras femininas ressaltadas e atacadas na obra. Dentre os diversos textos de Nietzsche sobre a mulher, reveladores, em sua maior parte, da complexidade de sua relação com a figura feminina, alguns parecem ter uma ligação direta com a imagem de Elisabeth que emerge da leitura da correspondência do filósofo, bem como do retrato que dela faz Curt Paul Janz, em sua *Biografia* de Nietzsche. Quando Elisabeth e Lou se encontram em Bayreuth para a representação de *Parsifal* (julho de 1882), por exemplo, a irmã de Nietzsche, que tinha então trinta e seis anos, era solteira e jamais tivera qualquer pretendente, exprime inveja da jovem russa de vinte e um anos, que se comportava junto aos homens, em sua opinião, "escandalosamente", de maneira por demais coquete e que, além disso, colecionava e recusava diversos pedidos de casamento (cf. *Biographie* II, pp. 422-425). A fórmula lapidar do aforismo 84 de *Além do bem e do mal* parece adaptar-se perfeitamente ao retrato da irmã de Nietzsche traçado por Janz. No aforismo, o filósofo afirma: "A mulher aprende a odiar na medida em que desaprende a encantar." A esse aforismo corresponde a frase da jovem guerreira de Heinrich von Kleist, a altiva amazona Pentesileia, citada por Nietzsche no centésimo aforismo de "Opiniões e sentenças variadas" (*Humano, demasiado humano* II): "Antes apodrecer do que ser uma mulher que não seduz." Da mesma forma, o aforismo 139 de *Além do bem e do mal* sintetiza, em parte, o que Nietzsche deve ter concluído sobre a mulher a partir de sua querida "lhama": "Na vingança e no amor, a mulher é mais bárbara do que o homem." Mas é na terceira dissertação de *Genealogia* (§ 14) que, ao caracterizar a vontade de potência dos mais fracos, Nietzsche esboça uma descrição da mulher doente que corresponde de perto à sua avaliação de Elisabeth e de Franziska em *Ecce homo*. Eis o que escreve sobre a mulher que escamoteia um desejo de vingança por meio da máscara severa e pomposa dos julgamentos de ordem moral, e que, apossando-se do monopólio da virtude, descarrega seu ressentimento sobre os sadios:

> A mulher doente em particular: ninguém a ultrapassa em requinte quando se trata de dominar, de oprimir, de tiranizar. Com esse fim, a mulher doente não poupa ninguém, nem os vivos nem os mortos; ela desenterra as coisas mais bem enterradas (os bogos dizem: "a mulher é uma hiena"). Que se olhem os bastidores de toda família, de toda corporação, de toda comunidade: em todo lugar, a luta dos doentes contra os sãos, uma luta silenciosa, o mais frequentemente à base de pequenas poções de pó envenenado, alfinetadas, pérfidas mímicas de mártir, por vezes também com aquele farisaísmo de doente, que se apresenta com gestos espalhafatosos e representa, de preferência, "a nobre indignação".

O trecho lembra, até mesmo em alguns detalhes, o comportamento da mãe e da irmã do filósofo. A fim de recuperar a ascendência sobre o filho, que se encontrava naquele momento bastante abalada, Franziska Nietzsche "desenterrou" de fato um morto, tal qual uma hiena: por ocasião do incidente Lou, acusou o filho de ser um ultraje ao túmulo do pai. Já Elisabeth, verdadeira mestra nos jogos e "mímicas de mártir", recusara, por exemplo, acompanhar Nietzsche na viagem de Tautemburg a Naumburg, afirmando que não desejava que a mãe descobrisse, ao ver seus "olhos inchados de tanto chorar", todo o seu tormento por causa da amizade entre o irmão e Lou Salomé.

"eterno--feminino" Nietzsche também menciona a mulher no quinto parágrafo do capítulo "Por que escrevo tão bons livros". Nesse texto, na condição de "herdeiro de Dioniso" e talvez de "primeiro psicólogo do eterno-feminino", Nietzsche opõe a mulher realizada, apta a dar à luz, à mulher "vitimada", cujo instinto de base é a vingança. De certa maneira, essa passagem também ataca indiretamente a mulher vingativa e estéril que era Elisabeth Nietzsche. No entanto, o principal alvo do parágrafo é o movimento de emancipação da mulher, bem como o "idealismo" que, segundo o filósofo, se aliava ao movimento. Considerando a "emancipação da mulher" um caso particular, um dos sintomas da doença inerente a toda luta por "igualdade de direitos", Nietzsche denuncia, por trás desse movimento, o ódio instintivo da mulher que não vingou pela mulher realizada. No final do parágrafo, volta-se contra uma forma de idealismo que visa a contaminar o que há de boa consciência e de natural no amor sexual.

A castidade, tal como a moral a prega, é tratada como um "vício", como uma forma perniciosa de "antinatureza", pois, segundo Nietzsche, desprezar a vida sexual, manchá-la de "impureza", é um verdadeiro crime contra a vida. A relação que o filósofo estabelece entre o movimento de emancipação da mulher e essa espécie de antinatureza remete certamente a determinadas reivindicações de tal movimento no final do século XIX de que Nietzsche tinha conhecimento. Em uma carta a Köselitz datada de 15 de janeiro de 1888, menciona uma "reivindicação de igualdade moral" [*sittliche Gleichheits-Forderung*] pleiteada por algumas mulheres escandinavas, principalmente as suecas. Reunidas em grandes associações recém-criadas, essas mulheres tinham formulado, por exemplo, uma exigência no tocante à virgindade dos homens, jurando só se casarem com rapazes virgens — "sob garantia, como relógios" [*also garantiert, wie Uhren*], conforme acrescenta Nietzsche ironicamente (cf. *Briefe* 8, p. 232). Semelhante reivindicação equivalia a uma reafirmação da antinatureza moral, e não podia, evidentemente, ser endossada por Nietzsche.[16]

À "mulher que não vingou" Nietzsche opõe, nesse texto, o "eterno-feminino". O que, para Nietzsche, é digno de respeito na mulher é sobretudo sua "maldade", sua natureza "mais natural" que a do homem, profundamente "injusta" e "imoral": quanto mais for mulher, mais se defenderá "com unhas e dentes contra os direitos em geral", contra toda pretensão a uma "igualdade" entre os seres; mais almejará a diferença e afirmará sua irredutível singularidade. Infinitamente "pior" e mais sagaz do que o homem, ela é, para Nietzsche, um insinuante animal de rapina, uma perigosa e sedutora mênade de que o filósofo afirma ter-se instintivamente protegido: "Felizmente não estou disposto a deixar-me despedaçar: a mulher realizada despedaça quando ama..." No final do

---

16. Assinalemos o fato de que Nietzsche tinha algumas amigas feministas, como Helen Zimmern e certas estudantes de Zurique, como Helena Druscowitz, ativista do movimento feminista. Meta von Salis, amiga de Nietzsche que lutava pelo acesso da mulher a todos os níveis de ensino, foi a primeira mulher dos Grisões — um dos mais reacionários cantões da Suíça — a receber o título de doutora na Faculdade de Filosofia da Universidade de Zurique. Ela havia sido anteriormente rejeitada pela Universidade de Basileia, que não permitia o ingresso de mulheres. Além disso, em 1875, quando ainda era professor, Nietzsche apoiou, sem obter sucesso, a candidatura de uma jovem que desejava fazer seu doutorado na Universidade de Basileia. Cf., a este respeito, *Biographie* II, p. 95.

aforismo 239 de *Além do bem e do mal*, Nietzsche delineia uma descrição análoga da mulher, que revela igualmente admiração, respeito e temor pela natureza, pela potência do que chama de eterno-feminino:

> O que, na mulher, inspira respeito e frequentemente medo é sua *natureza*, que é "mais natural" que a do homem, sua agilidade e sua astúcia de animal de rapina, suas garras de tigresa sob as luvas, sua candura no egoísmo, sua ineducabilidade e profunda selvageria, o caráter incompreensível, vasto e errante de seus desejos e virtudes...

Quando Nietzsche trata do eterno-feminino, tanto em *Ecce homo* quanto nesse trecho de *Além do bem e do mal*, ressalta principalmente uma tensão, uma diferença irredutível, fundamental, que respeita e admira, uma alteridade radical capaz de provocar medo. Por um lado, tendo uma natureza "mais natural" que a do homem, a mulher possui algo de selvagem e de indomável que a moral jamais poderá realmente domesticar; o eterno-feminino é portanto necessariamente o "outro" da moral. Por sua vez, o caráter cambiante e imprevisível que Nietzsche lhe atribui revela a atração exercida pela alteridade, pelo que não se pode nem prever nem aprisionar e que, por isso mesmo, se torna extremamente sedutor. Tais passagens não descrevem, portanto, apenas o eterno-feminino; expressam igualmente um jogo de atração e de tensão, na diferença absoluta, como aquele que, segundo Nietzsche, se estabelece entre o homem e a mulher. Esse último aspecto é sublinhado no início do aforismo 238 de *Além do bem e do mal*: "Equivocar-se a respeito do problema fundamental 'homem e mulher', negar o antagonismo, o abismo que há entre os dois e a necessidade de uma tensão eternamente hostil [...], eis um sinal *típico* de superficialidade."

Logo após esboçar algumas características do eterno-feminino, no mesmo trecho de *Ecce homo* Nietzsche define o amor como um tipo de relação que sempre irá escapar de qualquer tentativa de captura moral: "Amor — em seus meios, a guerra; em seu fundo, o ódio mortal dos sexos."[17] Negar a tensão básica constitutiva da relação amorosa equivaleria a domesticar o amor, transformando-o em algo pequeno, sem vida, em algo "moral", que não mais morderia nem dilaceraria. No aforismo 363 de *Gaia ciência*, que trata da diferença entre os sentimentos e os movimentos que o amor suscita no homem e na mulher, Nietzsche ressalta o antagonismo natural que se encontra na base da relação amorosa, revelando a violência, o aspecto terrível e impensável da alteridade absoluta:

> A mulher se abandona, o homem se acrescenta: penso que nenhum contrato social nem a melhor vontade de justiça do mundo poderá superar esse antagonismo natural, não importa quão desejável fosse não ter de se deparar constantemente com o que há de duro, de terrível, de enigmático e de imoral nesse antagonismo. Pois o amor, concebido em sua totalidade, sua grandeza e plenitude, é natureza e, como tal, algo de "imoral" por toda a eternidade.

Nenhuma espécie de convenção social jamais abolirá o caráter inquietante dessa relação tensionada pela diferença. Nietzsche sugere, nesse trecho, que tanto a ideia de "justiça" quanto a de "contrato social" representam, no caso, tentativas derrisórias de transformar o que é fundamentalmente perturbador, intratável, em algo que se pode controlar, em algo "moral". Trata-se, na verdade, de expedientes utilizados para escamotear e preencher, ilusoriamente, o abismo da alteridade absoluta. Esse abismo intransponível é exatamente o que atrai, o que aproxima, em função da distância mesma que o constitui. O maior problema

---

17. Em uma carta a Strindberg de 27 de novembro de 1888, Nietzsche reproduz essa definição do amor e afirma que, nas tragédias do escritor sueco, reconhece uma visão idêntica à sua. Cf. *Briefe* 8, p. 493.

amoroso de Narciso, nas *Metamorfoses de Ovídio*, não seria justamente não poder alcançar nem abraçar seu cristalino objeto de desejo, por não estar suficientemente afastado dele? Falta-lhe a distância da diferença para poder realizar seu amor. O abismo que separa homem e mulher é, assim, a condição de possibilidade não apenas da atração recíproca, mas da própria aproximação. No amor, só o que está irremediavelmente separado pode se movimentar infinita e indefinidamente em direção a um outro eternamente refratário. Por outro lado, essa visão do amor, identificado em sua natureza profunda à guerra e ao ódio, pode ser relacionada à famosa "pequena verdade" tão provocadora que a velhinha oferece a Zaratustra: "Vais ao encontro de mulheres? Não te esqueças do chicote!" (*Zaratustra* I, "Das velhas e das jovens mulherezinhas"). Um detalhe interessante do incidente Lou, revelador de um aspecto pelo menos curioso da relação entre os personagens da "Santíssima Trindade", sugere que não é apenas o homem que deve levar o chicote quando vai ao encontro do sexo oposto. Trata-se de uma fotografia de Nietzsche, Rée e Lou em Lucerna, em 1882 (vide p. 6 deste livro). Nessa foto, é a mulher que aparece munida de um chicote. Segundo o testemunho da própria Lou (cf. *Biographie* II, p. 412), Nietzsche colocou um chicote, ornado por ele mesmo com um ramo de lilases, na mão da jovem russa com quem os dois amigos tinham pretendido casar-se. Além disso, o filósofo insistiu para que Lou subisse na pequena charrete à qual ele e Rée se atrelaram.[18] Verdadeiro encenador dessa fotografia, Nietzsche talvez tivesse completado, com tal imagem, a "pequena verdade" da velha mulher. Em todo caso, entre o homem e a mulher, para ele sempre será uma questão de guerra, de luta de forças, de tensão e de irredutível alteridade.

A questão do eterno-feminino pertence à categoria dos problemas fundamentais que são previamente fixados, no fundo, "bem no fundo"

---

18. Cf., a esse respeito, igualmente Halévy, *Nietzsche*. Paris: Bernard Grasset, 1977, p. 340 e a nota 23, p. 656.

do homem. Sobre esse gênero de questão, não lhe é dado nem decidir nem aprender algo: pode apenas exprimir o que já estava inscrito em sua profundidade, adquirindo desse modo uma via de acesso ao conhecimento de si mesmo, daquilo que escapa a qualquer aprendizado. Entra-se assim em contato com sua "grande tolice", com sua "grande asneira" [*großer Dummheit*]. Eis o que o filósofo afirma no aforismo 231 de *Além do bem e do mal*, no qual atribui todo conhecimento sobre a "mulher em si" a uma perspectiva singular cujas raízes remetem às profundezas "imutáveis" do homem, resistindo, como o granito, a qualquer tipo de "instrução":

> no fundo de nós mesmos, bem "lá embaixo", há algo rebelde a toda instrução, o granito de um *fatum* espiritual, feito de decisões e de respostas previamente determinadas a certas perguntas previamente determinadas. Em cada problema cardeal, fala um imutável "isto sou eu". A respeito do homem e da mulher, por exemplo, um pensador não pode aprender algo totalmente diferente; só pode ir até o fundo do que sabe, e apenas descobrir, no final das contas, o que nele está "fixado" nesse ponto. Encontramos bem cedo certas soluções para problemas, que aumentam exatamente *nossa* crença; as chamamos talvez depois de nossas "convicções". Mais tarde, só vemos em tais soluções pistas para o autoconhecimento, indícios do problema que *somos*, mais exatamente, da grande tolice que somos, de nosso *fatum* espiritual, daquilo que, em nós, é *rebelde a toda instrução*, bem "lá no fundo". Por conta dessa grande amabilidade com que lido comigo mesmo, ser-me-á talvez aqui permitido formular algumas verdades sobre a "mulher em si" — admitindo-se que se saiba doravante previamente até que ponto são apenas *minhas próprias* verdades.[19]

19. O aforismo 380 de *Humano, demasiado humano* I ("Herdado da mãe") sublinha a importância da figura da mãe na constituição da imagem da mulher que o homem carrega dentro de si: "Todo homem carrega dentro de si mesmo uma imagem da mulher que lhe vem da

A "mulher em si" só pode ser conhecida a partir de um "*fatum* espiritual" que escapa ao controle do homem. Nessa afirmação encontramos uma estratégia de desconstrução que Nietzsche utiliza frequentemente ao empregar, nesse caso, a expressão "mulher em si" entre aspas. Na medida em que associa o conhecimento necessariamente a uma perspectiva — o que anula a própria possibilidade da existência de um suposto "em si" —, projeta essa expressão para além da metafísica. O recurso às aspas sinaliza suspensão, ruptura da adesão a sentidos naturalizados. Além disso, o fato de que todo conhecimento corresponde a uma perspectiva não implica, de modo algum, que todas as óticas possuem o mesmo valor. É bem verdade que, quando Nietzsche fala do "eterno-feminino", só pode afirmar "suas próprias verdades" a esse respeito. Tais "verdades", entretanto, parecem ser mais verossímeis do que outras,[20] e isso por várias razões. Primeiro porque, por sua "probidade" [*Rechtschaffenheit*], Nietzsche não esconde o fato de que, em tudo o que diz acerca da mulher, exprime uma perspectiva radicalmente singular. Segundo, porque sublinha o caráter extremamente problemático da relação entre homem e mulher — relação de atração e de medo —, expressando em seu texto o aspecto inquietante de toda alteridade irredutível. Uma vez que sua perspectiva sobre a relação homem-mulher não comporta qualquer compromisso de ordem moral, qualquer forma de atenuação, não escamoteia a tensão fundamental que caracteriza o "amor-guerra". Além disso, o que ele afirma sobre o

---

mãe: é tal imagem que o determina a respeitar as mulheres em geral, a desprezá-las, ou ainda a ser indiferente a todas elas." No aforismo 231 de *Além do bem e do mal*, Nietzsche não especifica os elementos que determinam esse tipo de "verdades" (como a que diz respeito à relação homem-mulher) fixadas como um *fatum* espiritual, insistindo apenas no caráter imutável e inquietante dos enigmas que habitam a profundidade do corpo.

20. No quarto parágrafo do prefácio à *Genealogia*, recusando a negatividade implicada em toda "refutação", Nietzsche explica que se trata para ele, como "espírito positivo", de "substituir o inverossímil pelo mais verossímil" e, "conforme o caso, um erro por outro".

eterno-feminino adquire igualmente verossimilhança por ele deixar falar em seus textos o que "farejou" a respeito da mulher. Ele colocou seu "faro" a serviço da decifração do terrível texto fundamental do eterno-feminino. "Suas verdades" parecem portanto indicar uma problematização acertada de tais questões. Talvez por causa da dose de "verdade" que seu espírito pôde suportar e arriscar ao se defrontar com essa problemática, o que determina o valor de sua perspectiva.[21] Tendo mergulhado um olhar intrépido no abismo da relação homem-mulher, é finalmente possível que o abismo do eterno-feminino tenha terminado por se refletir em seus textos; pois, como Nietzsche afirma no aforismo 146 de *Além do bem e do mal*, "se mergulhas por muito tempo teu olhar em um abismo, o abismo acaba também olhando dentro de ti".

O que Nietzsche escreve a respeito da mulher em *Ecce homo* ultrapassa portanto a avaliação das figuras da mãe e da irmã. No entanto, ambas — principalmente Elisabeth — também são atacados na autobiografia como mulheres por seu caráter vingativo, inclinado ao ressentimento, a uma verdadeira indigestão que caracteriza geralmente os seres doentios, incapazes da salutar atividade do esquecimento. Apesar dos violentos ataques contra Franziska e Elisabeth, a mãe do filósofo é colocada, logo no início do texto, do lado da vida, em oposição ao pai. Embora a mãe e a irmã ocupem um lugar de bastante relevo na autobiografia, principalmente no terceiro parágrafo do capítulo "Por que sou tão sábio", ressalta-se desde o início do livro a imagem do pai morto: estendendo-se ao longo dos seis primeiros parágrafos do capítulo citado, o espectro do pai projeta sua sombra sobre

---

21. "Quanta verdade suporta o espírito, quanta verdade ele ousa? Isto se tornou para mim cada vez mais a verdadeira medida de valor. [...] Cada conquista, cada passo adiante no conhecimento é consequência da coragem, da dureza consigo mesmo, da probidade [*Sauberkeit*] consigo..." (*Ecce homo*, prólogo, § 3).

o texto inteiro. Esse espectro excede, assim, as referências explícitas ao pai, transformando-se em figura emblemática da autobiografia de Nietzsche, que traz em seu frontispício o anúncio e a celebração de uma morte: "Não foi em vão que enterrei hoje o meu quadragésimo quarto ano, era-me *lícito* sepultá-lo — o que nele era vida está salvo, é imortal" (p. 43).

"*ecce*" A sombra do pai morto confunde-se com a imagem da Fênix. Nietzsche organiza o texto autobiográfico como uma espécie de funeral dionisíaco no qual enterra as cinzas de seus 44 anos de aventura filosófica para salvar mais uma vez, através da obra, o elemento ígneo, imortal, de sua vida e de seu pensamento. Já que a própria condição da imortalidade é a morte do filósofo-Fênix, ele lança em seu gesto autobiográfico um último desafio às Eríneas e afronta seu destino, invocando a própria morte e a ressurreição dionisíaca. O título da obra corrobora em pelo menos dois sentidos a ideia de celebração da morte: se "*Ecce homo*" remete à paixão e morte de Cristo, a palavra "*ecce*" designa, em alemão, uma "*jährliche Totengedenkfeier*", ou seja, a solenidade anual em memória de um morto. Ainda adolescente, Nietzsche ficara bastante impressionado com os "*ecce*" nos quais teve ocasião de participar na escola de Pforta. Menciona cerimônias como essa diversas vezes em cartas à mãe.[22] Trata-se de cartas datadas de 20 de agosto e 25 de novembro de 1860, dia da "Totenfest" (comemoração em homenagem aos mortos),[23] de 25 de

---

22. Cf. as cartas publicadas em *Briefe* I, pp. 120, 131,172 e 186.
23. Trata-se do último domingo do ano eclesiástico, dedicado à memória dos mortos, ou seja, na igreja evangélica luterana, o último domingo antes do Advento. No prefácio da edição francesa da correspondência de Nietzsche (Paris: Gallimard, 1986, v. I), lê-se a seguinte explicação: "dentre outros costumes da escola [de Pforta] [...], na comemoração anual em homenagem aos mortos (último domingo antes do Advento), cantava-se em memória dos alunos e professores já mortos um hino latino que começava assim: '*Ecce quomodo moritur justus*' [eis como morre o justo]. Surgiu daí o hábito, seguido diversas

agosto (um funeral fora celebrado na escola nessa ocasião) e de 26 de novembro de 1861. Eis de que forma, em 20 de agosto de 1860, com quinze anos de idade, Nietzsche relata à mãe o *"ecce"* em homenagem a um colega a que assistira em Pforta: "Ontem esqueci de te contar algo triste: um aluno, Hentschel, de Weißenfels, adoeceu durante as férias e acabou morrendo em decorrência de uma febre nervosa. Muitos foram a Weißenfels para o enterro. Também foi realizado um solene *ecce* em Pforta" [Etwas Trauriges hatte ich gestern mitzuteilen vergessen, daß nämlich ein Alumnus Hentschel aus Weißenfels in den Ferien erkrankt und am Nervenfieber gestorben ist. Zum Begräbnis sind viele nach Weißenfels gereist. Es wurde auch in Pforta ein feierliches Ecce gehalten] (*Briefe* I, p. 120).

Seja na própria língua alemã, seja na memória do filósofo, *"ecce"* permanece portanto diretamente ligado à morte, ou, mais exatamente, à cerimônia em lembrança de um morto. Quanto a *"Ecce homo"*, trata-se além disso do título de um pequeno poema de Nietzsche (poema 62), incluído na primeira parte do livro *Gaia ciência*, intitulada "Gracejo, astúcia e vingança". O poema reforça a identificação do destino de Nietzsche com o da Fênix:

Sim! Conheço minha origem!
Insaciável como a chama
Ardo e me consumo.
Luz se torna tudo o que pego,
Carvão, tudo o que deixo:
Flama sou, certamente.

vezes por Nietzsche, de designar com a palavra *ecce* a própria cerimônia fúnebre" (p. 674). Encontramos no entanto tal acepção da palavra *"Ecce"* no dicionário alemão Wahrig, o que prova que ela não se restringia apenas a Pforta ou a Nietzsche.

Depois de *Ecce homo*, texto tão inflamado em que Nietzsche se despede de seus 44 anos e os enterra, exprimindo qual Ulisses[24] imensa gratidão por toda a sua vida, o corpo do filósofo, consumido, como que carbonizado, mergulhará na imobilidade e no silêncio, entrecortados às vezes por algumas frases insistentes,[25] por seus saltos de bufão e suas improvisações ao piano. Em *Ecce homo*, que anuncia e produz uma última pirueta arlequinal e dionisíaca na comédia da existência, Nietzsche entoa seu *"ecce"*; já que ninguém cantou sua vida, o filósofo canta sua morte.

Enlaçado em uma verdadeira rede polissêmica, o título da autobiografia concentra e evoca várias significações. Remete, simultaneamente, à paixão e à morte de Cristo, às representações pictóricas de Jesus coroado de espinhos, à solenidade em memória de um morto, à morte e ressurreição pelo fogo, como as da Fênix e, nesse sentido, igualmente ao jogo inocente e artístico do fogo heraclitiano consigo mesmo. Além disso, se o texto autobiográfico inclui um *"ecce"* em seu título, não é de se surpreender: basta lembrar, por exemplo, o modo como o próprio

---

24. Cf. o aforismo 96 de *Além do bem e do mal*: "Devemos nos despedir da vida como Ulisses de Nausícaa — mais a bendizendo do que por ela apaixonados." Nietzsche alude ao episódio da Odisseia em que Ulisses se despede de Nausícaa, filha de Alcínoo, rei dos feácios, que o salvara após um naufrágio.
25. Em setembro de 1892, a mãe de Nietzsche anota duas das frases que o filósofo repetia obsessivamente: "morri porque sou tolo" e "não 'tremo' os cavalos", querendo dizer, segundo Franziska, "não 'amo' os cavalos". Para sua mãe, Nietzsche confundia, na última frase, os verbos alemães *"beben"* [tremer] e *"lieben"* [amar]. (Cf. *Biographie* III, pp. 540-541 e p. 601.) Tal frase tem talvez alguma relação com o episódio do cavalo em Turim, que marcou o colapso do filósofo. Em março de 1893, ela anota ainda as seguintes frases (cf. ibid., p. 543): "em resumo, morto" e "mais luz", na qual ressoa a suposta última frase de Goethe: *"mehr Licht!"* Thomas Bernhard brincou com as últimas palavras de Goethe em um pequeno texto delicioso de seu livro *Der Stimmenimitator* (Frankfurt: Suhrkamp, 1987, p. 58): um habitante de Augsburgo teria sido internado em um hospício por ter afirmado, durante toda a sua vida, que as últimas palavras de Goethe foram *"mehr nicht!"* [basta!] e não *"mehr Licht!"* [mais luz!].

Nietzsche fala de sua aventura filosófica em uma carta ao professor dinamarquês Georg Brandes datada de 2 de dezembro de 1887. Nessa carta, após afirmar que a expressão "radicalismo aristocrático", utilizada por Brandes para caracterizar sua filosofia, era o que já lera de mais inteligente a seu respeito, Nietzsche destaca que seu pensamento implicava, de uma maneira irreversível, riscos cada vez mais graves: "Quase temo imaginar até onde essa maneira de pensar já me levou, até onde ela ainda irá me levar. Há entretanto caminhos que não permitem recuo. Vou então em frente, porque *tenho de* ir em frente" [Wie weit mich diese Denkweise schon in Gedanken geführt hat, wie weit sie mich noch führen wird — ich fürchte mich beinahe mir dies vorzustellen. Aber es gibt Wege, die es nicht erlauben, daß man sie rückwärts geht; und so gehe ich vorwärts, weil ich vorwärts *muß*] (*Briefe* 8, p. 206).

No final da carta, Nietzsche indica a Brandes seu "Hino à vida", publicado em 20 de outubro de 1887, seu único testamento musical, composição que deveria ser cantada "em sua memória", supondo-se — acrescenta — que, após sua morte, algo de sua obra fosse sobreviver. Escreve então: "O senhor bem pode ver com que tipo de pensamentos póstumos eu vivo. Mas uma filosofia como a minha é como um túmulo: não se vive mais com ela. *'Bene vixit, qui bene latuit'* [Viveu bem quem se escondeu bem]: eis o que está inscrito na lápide de Descartes. Um verdadeiro epitáfio, não resta dúvida!" [Sie sehen, mit was für posthumen Gedanken ich lebe. Aber eine Philosophie, wie die meine, ist wie ein Grab— man lebt nicht mehr mit. *"Bene vixit, qui bene latuit"* — so steht auf dem Grabstein des Descartes. Eine Grabschrift, kein Zweifel!] (ibid., p. 207).

Quando Nietzsche associa sua filosofia a um túmulo, exprime a exasperação por seu crescente isolamento. É essa solidão que o leva a duvidar do fato de ainda estar vivo logo no primeiro parágrafo do prólogo de *Ecce homo* (cf. p. 39). Nesse sentido, a frase de Ovídio — "viveu bem quem se escondeu bem" — encontra-se infelizmente (e ironicamente) em seu lugar certo sobre o túmulo de um

epitáfio

filósofo. A comparação que Nietzsche estabelece entre sua filosofia e um túmulo remete, igualmente, aos riscos que seu pensamento implicava, principalmente por conta de uma vontade de potência exigente e audaciosa, que o impelia a levar a aventura filosófica até as últimas consequências, até onde as certezas se confundem, por vezes, com a loucura. Pois, como o filósofo afirma na autobiografia referindo-se a Hamlet: "Compreende-se o Hamlet? Não é a dúvida, mas a certeza que enlouquece..." (p. 69). A aventura filosófica, que o levou a viver cada vez mais isolado — a morrer, portanto — e a usar a máscara do bufão,[26] é, de certa forma, um túmulo — o que ele não procurará escamotear com frases falsificadoras. Sobre sua lápide, Nietzsche inscreverá "*Ecce homo*", dando início com esse gesto a um processo irreversível, a uma espécie de rito sacrificial que culminará, efetivamente, com a morte.

sacrifício Com esse rito, Nietzsche completa sua paródia do cristianismo, sacrificando o próprio sacrifício cristão ao repetir a imolação de Cristo diante de um outro deus, de um deus "desconhecido",[27] protegendo-se de antemão de possíveis recuperações por discípulos falsificadores e efetuando, assim, de maneira definitiva, a *Aufhebung* dos valores judaico-cristãos. Por efeito da paródia — repetição na diferença que supõe, paradoxalmente, uma identificação e uma

---

26. "Há espíritos livres e insolentes que gostariam de esconder e negar que têm o coração partido, orgulhoso e incurável (o cinismo de Hamlet [...]); e às vezes a própria loucura é a máscara para um saber fatal e por demais seguro. Daí resulta o fato de que uma humanidade mais delicada se caracteriza por um respeito 'pela máscara' e por não empregar, em lugares impróprios, a psicologia e a curiosidade." (*Além do bem e do mal*, aforismo 270.) O trecho entre parênteses, que nos interessa particularmente aqui, consta do volume de notas da edição das obras completas de Colli e Montinari.
27. No aforismo 55 de *Gaia ciência*, respondendo à pergunta "o que é que 'enobrece'?", afirma: "Certamente não que se façam sacrifícios. Até mesmo o libertino furioso faz sacrifícios." Um pouco adiante, acrescenta, ainda a propósito daquilo que enobrece: "um sacrifício oferecido em altares consagrados a um deus desconhecido".

distância radical —, Cristo é reinterpretado, projetado para além do próprio cristianismo. Ao mesmo tempo, Nietzsche, que afirma diversas vezes em *Ecce homo* (cf. p. 141 e p. 151) ser "um mensageiro da boa nova",[28] radicaliza sua identificação com Cristo: se ambos marcam um fim e um novo começo, são igualmente fadados ao sacrifício. No entanto, o filósofo revive esse ritual de que o cristianismo se apropriou com uma alegria na crueldade que remete a ritos primitivos:

> Oh, meus irmãos, aquele que é um primogênito[29] sempre é sacrificado. Ora, nós somos primogênitos.
> Nós todos sangramos em altares secretos, nós todos queimamos e assamos em honra de velhos ídolos.
> [...] Ele ainda mora em nós mesmos, o velho sacerdote idólatra, que assa para seu festim o que há de melhor em nós. Ah, meus irmãos, como é que os primogênitos não seriam sacrificados? Mas assim o deseja nossa espécie. E eu amo aqueles que não querem se conservar. Os que sucumbem, amo-os com todo o meu amor: pois eles atravessam para o outro lado.[30] (*Zaratustra* III, "De velhas e novas tábuas", § 6).

28. Em alemão: "*ein froher Botschafter*", que deve ser traduzido como "mensageiro da boa nova", além de remeter diretamente ao Evangelho, por uma feliz coincidência inclui a noção de alegria [através do adjetivo "*froh*": alegre, contente], o que vem ao encontro da *gaya scienza* nietzschiana, de sua valorização da alegria e do riso contra todo o peso das morais e religiões que dominaram a civilização ocidental.

29. Em alemão, "*Erstling*", que significa tanto o filho mais velho em uma família [o "primogênito"] quanto o primeiro trabalho, ou ainda o primeiro de sua espécie ou tipo.

30. Nesse trecho, Nietzsche joga com duas palavras prenhes de sentido em seu pensamento. "Aqueles que sucumbem", em alemão, são os "*Untergehende*", substantivo formado a partir do verbo "*untergehen*", que significa "ir abaixo", "declinar", "sucumbir", "se pôr" (no caso dos astros). Remete aos que devem "declinar", sucumbir, para que, através de seu sacrifício, se efetue a superação do "humano, demasiado humano" e emerja o "*Übermensch*". Nesse sentido, os "*Untergehende*" "atravessam para o outro lado"; em alemão, "*sie gehen hinüber*", em que se lê, além do verbo "ir" [*gehen*], a preposição "*über*", indicadora das ideias de

O primogênito ainda carrega em si o "velho sacerdote idólatra", e isso pelo menos em dois sentidos: primeiro porque ambos participam, através do rito de sacrifício, da alegria que a crueldade implica; por outro lado, porque tanto o "novo", o "começo", quanto o "velho", o "decadente", são componentes do ser híbrido que deve ser ultrapassado para que nasça o "super-homem". Com efeito, o sacrifício preconizado por Zaratustra se refere tanto à superação do "humano" quanto ao surgimento do "super-homem", daquele que irá além do "homem". Nesse sentido, declínio e morte são condições prévias para um aumento de potência. É sem dúvida igualmente a partir dessa perspectiva que Nietzsche festeja, em um ritual dionisíaco, seu próprio fim:

> O homem é uma corda, atada entre o animal e o super-homem [*Übermensch*] — uma corda sobre [*über*] um abismo. [...] O que é grande no homem é que ele é uma ponte, e não um fim: o que pode ser amado no homem é que ele é uma passagem [*Übergang*] e um *ocaso* [*Untergang*].[31] [...] Amo aqueles que não vão procurar atrás das estrelas uma razão para sucumbir [*unterzugehen*] e serem sacrificados: mas que se sacrificam à terra, para que um dia a terra se torne do super-homem. Amo aquele que vive para conhecer e que quer conhecer para que um dia o super-homem viva. E assim ele quer sua própria ruína [*Untergang*]. (*Zaratustra* I, prólogo, parte 4). [...] e, na verdade, onde há declínio [*Untergang*] e cair de folhas, veja: aí a vida se sacrifica — em favor da potência! (*Zaratustra* II, "Da vitória sobre si mesmo")

"sobre", "por sobre", "para além", remetendo portanto a uma travessia, a uma passagem, a uma ultrapassagem.

31. "*Untergang*", conforme já assinalado, significa ocaso, naufrágio, ruína, decadência. Optei pelo primeiro termo por ele me parecer mais adequado ao trecho, procurando manter o uso de um substantivo, que não pude derivar do verbo "sucumbir", tradução mais adequada para o verbo alemão de que parte tal substantivo. Observe-se, entretanto, que essa escolha não implica que o homem seja comparável, na filosofia nietzschiana, a um astro qualquer — muito menos ao sol.

O sacrifício, não mais relacionado aos ideais e ídolos transcendentais, metafísicos, mas a "esta terra", é identificado no último desses trechos ao cair das folhas, no outono, à estação do próprio *Ecce homo*, conforme se lê no pequeno texto enxertado entre o prólogo e o primeiro capítulo do livro. O rito de sacrifício nietzschiano comporta ainda uma mudança radical de perspectiva: não se trata mais, como no cristianismo, de uma ótica centrada nos espectadores do ritual; no texto autobiográfico é o animal a ser sacrificado que toma finalmente a palavra para anunciar heroica e ousadamente sua própria imolação: "*Ecce homo.*" O aforismo 220 ("Sacrifício") de *Gaia ciência* já sugeria tal alteração radical de perspectiva: "Os animais a serem sacrificados pensam sobre o sacrifício e a imolação de maneira diferente dos espectadores; no entanto, nunca lhes foi permitido tomar a palavra."

Quando toma a palavra, aquele que será imolado não adota a máscara previsível de vítima. Posa, antes, como ator de uma cena que quer viver, como elemento ativo de um espetáculo através do qual leva até as últimas consequências seu desejo de crueldade e sua vontade de produzir, enfim, a ultrapassagem do homem. A perspectiva afirmativa do animal do sacrifício já corresponde, por si só, a uma superação do "humano", no sentido da suspensão do princípio de "conservação", em proveito de um aumento de potência. Equivale portanto, na perspectiva nietzschiana, a um movimento da própria vida, que quer sempre e cada vez mais se potencializar, mesmo que para isso tenha de imolar suas produções mais "interessantes" e curiosas. O animal sacrificial nietzschiano corre alegremente em direção à morte: não tendo mais alma imortal para salvar, serve-se de sua vida, de seu corpo, como de um rico campo de experimentação, aberto a todos os excessos, a todos os riscos.[32] Ao contrário do deus crucificado "por amor" — expressão,

---

[32] No aforismo 501 de *Aurora* ("Almas mortais!"), Nietzsche escreve: "No que concerne ao conhecimento, a mais proveitosa conquista foi talvez ter-se abandonado a crença na

segundo Nietzsche, de uma extrema crueldade vingativa —, o animal a ser sacrificado conhece a alegria e a felicidade daquele que colocou a potência de seu espírito a serviço da vida. Pois, como afirma Zaratustra:

> Espírito é a vida que talha na própria vida: ela aumenta o próprio saber com seu próprio tormento. [...] E tal é a felicidade do espírito: ser ungido e com lágrimas consagrado para se tornar um animal de sacrifício [...]. Vocês só conhecem as centelhas do espírito: mas não veem a bigorna que ele é, nem a crueldade de seu martelo! (*Zaratustra* II, "Dos sábios ilustres")

O "sacrifício" nietzschiano remete ao destino de um espírito que ousa enfrentar os perigos de um conhecimento *Além do bem e do mal* (cf. aforismo 23) e que se torna a bigorna sobre a qual um temível martelo bate cruelmente, talhando, com a vontade de potência própria à vida, outro *devir* para a "humanidade". Para que o espírito se consuma dessa maneira, é necessário que o instinto de conservação esteja, por assim dizer, suspenso. É a irresistível pressão de um transbordamento de forças que nele interdita toda precaução, a prudente tutela desse instinto. A "vítima" desse "sacrifício" não tem, portanto, nenhum mérito; dá tão somente livre curso à sua natureza torrencial, como um rio na cheia.

> imortalidade da alma. Agora a humanidade pode esperar, agora ela não precisa mais precipitar-se e engolir a todo custo ideias não completamente provadas, como tinha de fazer antigamente. Pois, naquela época, a salvação da pobre 'alma eterna' dependia de seus conhecimentos durante a curta vida; ela tinha de se decidir da noite para o dia, — o 'conhecimento' tinha uma terrível importância! Reconquistamos a coragem de errar, de tentar, de aceitar provisoriamente — nada disso é assim tão importante! — e por isso mesmo os indivíduos e as gerações de hoje podem ter em vista tarefas de uma tal grandiosidade que pareceriam, em épocas anteriores, insanidade e jogo com o céu e o inferno. Nós podemos fazer experiências conosco mesmos! Sim, a humanidade pode fazer experiências consigo mesma! Os maiores sacrifícios ainda não foram oferecidos ao conhecimento — realmente, o simples fato de pressentir pensamentos semelhantes aos que hoje precedem nossa ação teria sido, outrora, blasfêmia e renúncia à salvação eterna."

Eis como Nietzsche descreve, no aforismo 44 de *Crepúsculo dos ídolos* (intitulado "Meu conceito de genialidade"), a potência e a inocência de uma tal natureza: "Ele [o gênio, no sentido nietzschiano] se derrama [*strömt aus*], transborda [*strömt über*], se consome, não se poupa — com fatalidade, funesta, involuntariamente, tal como um rio em cheia irrompe involuntariamente, inundando as margens."

Eis em que sentido Nietzsche "é um destino", "uma fatalidade" (cf. *Ecce homo*, último capítulo). Seu "sacrifício" é involuntário e não comporta qualquer mérito. É inocente: expressão necessária de uma natureza transbordante, excessiva, como a do deus cujo retorno o filósofo suscita. Um fragmento póstumo do inverno de 1869-1870 e da primavera de 1870 revela o que Nietzsche leu no nome desse deus. Trata-se do fragmento 82 (cf. *Nachgelassene Fragmente* 1869-1874, p. 82), no qual o filósofo fornece algumas indicações etimológicas que estabelecem uma correspondência entre Dioniso e "Zeus morto" [*der tote Zeus*] ou "Zeus que mata" [*der tötende Zeus*]. A essa série, acrescenta ainda nessa anotação o nome de "Zagreus". Primeiro Dioniso dos mistérios órficos, Zagreus foi morto, esquartejado, para renascer como o "segundo Dioniso". Por sua condição de deus morto e ressuscitado também se vincula a *Ecce homo*. Pois é para o deus que mata, que morre e que ressuscita que Nietzsche sacrifica; é para esse deus brincalhão, malicioso e arteiro que o filósofo oferece o espetáculo paródico do deus cristão, também ele morto e ressuscitado. Ao mesmo tempo, o rito sacrificial a que *Ecce homo* remete é desse modo projetado além da cena trágica, grave e pesada, do cristianismo. Em *Ecce homo*, não se trata de forma alguma do sacrifício de um deus que, ao ser crucificado, lança um anátema sobre a terra; não se trata de um espetáculo lúgubre e pomposo, destinado a suscitar piedade e culpa. O sacrifício nietzschiano coloca em cena "Dioniso contra o Crucificado", fórmula final do texto, que sintetiza a superação da seriedade trágica das morais e das religiões. Em *Ecce homo* é o bufão que diverte os deuses, espectadores cruéis e exigentes, a fim de distraí-los do tédio mortal da eternidade.

O rito de sacrifício nietzschiano se insere em uma visão teatral da existência sobre este miserável pequeno planeta. Se a terra é um palco no qual os homens dramatizam sofrimentos e tragédias, frequentemente tão paradoxais, é preciso que haja espectadores à altura desses curiosos espetáculos.[33] É necessário que um público divino se divirta com tais encenações: assim, toda a comédia da existência está justificada. Pois se essa comédia tem um sentido, é exatamente o de distrair os deuses, espectadores finos e *blasés*, ávidos de sangue, de crueldade e de paradoxo. Em diversos textos, Nietzsche identifica nos deuses gregos tal necessidade de espetáculo. Invenções de um povo de atores, para o qual a própria virtude não podia prescindir de testemunhas (cf. *Genealogia* II, § 7), os deuses do Olimpo sentem-se edificados, e não infelizes, ante o sofrimento do homem. É o que Nietzsche chama de "canibalismo ideal dos deuses" (cf. *Aurora*, aforismo 144), do qual nós, que conhecemos o prazer da tragédia, não estaríamos, por sinal, demasiadamente afastados. Os poetas — homens mais divinos do que os outros — teriam compreendido isso de maneira profunda: sempre souberam exatamente o que deveriam servir aos deuses em seus festins, percebendo que o que mais apreciam ouvir cantar é justamente a "miséria dos homens" (cf. *Humano, demasiado humano* I, aforismo 154). A volúpia da crueldade não seria, no entanto, restrita aos deuses gregos. Já que o exercício da crueldade corresponde para Nietzsche a uma das mais antigas diversões da humanidade, provocando o mais vigoroso sentimento de potência, o homem imagina que os deuses também se divertem e ficam de excelente humor diante do espetáculo do martírio

---

33. Comentando a inquietante invenção da "má consciência" — paradoxo de um animal que se volta contra si mesmo —, Nietzsche afirma: "De fato, necessitava-se de espectadores divinos para fazer justiça ao espetáculo que então começava, e cujo fim ainda nem sequer vislumbramos: um espetáculo por demais fino, singular e paradoxal para que pudesse ser representado absurdamente despercebido em um astro ridículo qualquer!" (Cf. *Genealogia* II, § 16).

e do sacrifício (cf. *Aurora*, aforismo 18). Assim, os deuses primitivos e os da Antiguidade teriam sido concebidos como amigos de espetáculos cruéis (cf. *Genealogia* II, § 7).

Os deuses são espectadores ávidos na exata medida do tédio mortal que têm de enfrentar. É o que Nietzsche sugere quando zomba da presunção do homem, que julgou ser a finalidade última da existência do mundo. A uma pretensão tão arrogante, ele opõe sua visão do homem como grande comediante do mundo, como uma espécie de *clown* tragicômico cuja função seria alegrar um deus por demais enfastiado com a eternidade: "Se foi um deus que criou o mundo, ele criou o homem como *símio de deus*, como um motivo perpétuo de divertimento em suas tão longas eternidades" (*Humano, demasiado humano* II/2, aforismo 14).

O deus judaico-cristão tampouco escapa ao tédio. Eis de que maneira Nietzsche o descreve no aforismo 48 de *Anticristo*, quando oferece a sua versão da história que se encontra no começo da Bíblia:

> O antigo Deus, todo "espírito", todo grande sacerdote, todo perfeição, vagueia por seu jardim; no entanto, ele se entedia. Contra o tédio, até mesmo os deuses lutam em vão. O que faz então? Inventa o homem: o homem é divertido... Mas eis que o homem também se entedia. A misericórdia divina em relação à única miséria que todos os paraísos comportam é ilimitada: ele criou ainda, imediatamente, outros animais. Primeiro equívoco de Deus: o homem não achou os animais divertidos — ele reinou sobre eles, não quis nem mesmo ser um "animal" dentre outros. Consequentemente, Deus criou a mulher. E, de fato, o tédio chegou desse modo ao fim [...].

Contra o tédio que espreita todo paraíso e todo ser imortal há dois antídotos eficazes: o prazer diante do espetáculo sempre novo da dor e o vício olímpico por excelência — o riso sobre-humano diante de tudo o que se tem por sério. Eis o que Nietzsche escreve a propósito do primeiro desses remédios:

> É com a dor que esse imortal entediado faz cócegas em seu animal de estimação para se divertir com o orgulho trágico das atitudes e interpretações que os sofrimentos lhe inspiram, com toda a inventividade de espírito de sua criatura mais vaidosa — como inventor desse inventor. (*Humano, demasiado humano* II/2, aforismo 14)

No aforismo 294 de *Além do bem e do mal* (intitulado "O vício olímpico"), Nietzsche reabilita, contra Hobbes, o riso. Propõe que se classifiquem os filósofos em uma hierarquia de acordo com a qualidade de seu riso, colocando acima de todos aqueles que são capazes de um "riso de ouro". Filósofos e zombeteiros, os deuses ocupariam o lugar mais elevado dessa hierarquia:

> E supondo-se que também os deuses filosofam, o que diversas conclusões me levam a crer —, não duvido de que eles, ao filosofarem, saibam rir de uma maneira nova e sobre-humana [*übermenschliche*] — e às custas de todas as coisas sérias. Os deuses são zombeteiros: parece que mesmo durante a celebração de ritos sagrados não conseguem conter o riso.

Quando a partir de *Ecce homo* Nietzsche encena o quinto ato de sua tragédia, no qual a imolação dionisíaca antecipa e suscita as cabriolas do palhaço, inventa um espetáculo digno desses deuses cruéis e galhofeiros, fatigados da monotonia da eternidade. Procura assim alegrar e interessar esses espectadores para os quais qualquer desfecho previsível, desprovido de enigmas ou de paradoxos, seria por demais tedioso, colocando em cena sobre o teatro da terra o espetáculo novo, inaudito, de um parodista e bufão dos deuses. Uma curiosa declaração na carta a Jacob Burckhardt de 6 de janeiro de 1889 sugere o papel que Nietzsche se atribuía então, em plena crise, em Turim: "Já que estou condenado a divertir a próxima eternidade com farsas inconvenientes..." [Da ich verurteilt bin, die nächste Ewigkeit durch schlechte Witze zu unterhalten]

(*Briefe* 8, p. 578). Identificando-se aos deuses, além disso, como criador, Nietzsche repousa "no sétimo dia"[34] do esforço de ter criado, atuando em farsas para si mesmo: "É por causa desse pequeno gracejo que me perdoo o tédio de ter criado um mundo" [Das war der kleine Scherz, dessentwegen ich mir die Langeweile, eine Welt geschaffen zu haben, nachsehe] (ibid., p. 574, carta a Burckhardt de 4 de janeiro de 1889, assinada por Dioniso).

Como espectador olímpico e símio dos deuses, com *Ecce homo* e suas farsas finais,[35] Nietzsche se despede de nós, do mundo e de si mesmo, enunciando seu "*da capo*", o "bis" afirmativo diante de si, da comédia da existência e, finalmente, ante aquele que precisa desse espetáculo e que o torna necessário: o deus desconhecido que, por um excesso de potência, cria e aniquila mundos, pelo inocente prazer de brincar e de se divertir de todo cansaço, dessa espécie de desespero branco que suscita a eternidade.

---

34. "Só os mais sutis e ativos animais são capazes de experimentar tédio. — Um tema para um grande poeta seria o tédio de deus no sétimo dia da criação" Cf. *Humano, demasiado humano* II/2, aforismo 56, "Espírito e tédio".
35. Pouco depois do colapso de Nietzsche em Turim, Köselitz escreve a Overbeck: "Vi Nietzsche em estados em que — é horrível! — ele me dava a impressão de estar simulando a loucura, como se estivesse contente de que tudo terminasse assim!" (Cf. *Biographie* III, p. 496). Esse comentário de Peter Gast exprime a inquietante ambiguidade da "loucura" do filósofo dionisíaco, que, aos olhos do amigo, talvez encarnasse naquele momento de uma forma radical o próprio *devir* de seu pensamento.

À guisa de posfácio *ou* As máscaras do autor

É vivendo que nos afeiçoamos ao tempo. Essa lição bergsoniana, derivada do conceito de duração, evidenciou-se especialmente quando, a convite de Peter Pál Pelbart, preparei esta nova edição para o livro escrito há mais de 25 anos. Estamos em 2017 e o livro foi redigido ao longo de 1990. Durante a releitura e revisão do ensaio, das traduções de cartas e das citações de Nietzsche, fui invadida por certa ternura e gratidão pelo tempo escoado. Resolvi então dar voz a esses afetos. De início, cabe esclarecer que se trata da versão em português de minha tese de doutorado em Filosofia, realizada no exterior com bolsa de estudos do CNPq, e defendida em março de 1992 na Universidade de Paris 1 — Sorbonne. Foi, portanto, escrita em francês, e posteriormente traduzida por mim para ser publicada no Rio de Janeiro, pela Editora Relume Dumará, em 1994. Na França, foi editada na coleção "La Philosophie en Commun" da editora Harmattan, em 1998.

O trabalho é centrado em uma leitura investigativa do instigante texto autobiográfico de Nietzsche, escrito às vésperas do colapso de Turim. Como um gesto autobiográfico incita outros, permito-me inscrever aqui algumas lembranças do percurso trilhado que me visitaram enquanto revisava o livro. Em se tratando de Nietzsche, não é muito difícil atenuar certo desconforto ao dar voz ao "eu" que evoca o passado. Com efeito, na filosofia nietzschiana o "eu" não é considerado uma essência ou uma substância dada. Cambiante, é pensado como efeito de hierarquizações provisórias, provenientes de determinadas lutas e composições pulsionais, marcadas pelo impulso em direção à potencialização. Este "eu", que se julgou soberano quando não passa de um efeito provisório, é constituído por uma multiplicidade de vozes. Sua "unidade" é expressão momentânea de combates entre forças que atravessam todo corpo. Na filosofia de Nietzsche, ele é destronado da função-sujeito, passando a ser efeito, no máximo um "predicado" — e, mesmo assim, transitório. Nesse sentido, o "autor" é por assim dizer posterior à obra de que ele pensa ser o criador. É engendrado pela obra. Por isso mesmo, enuncia-se na epígrafe a esperança de que "aqui cresça algo maior do que aquilo que somos". E por isso também me permito, passadas quase três décadas, revisitar alguns caminhos percorridos para a produção do livro.

Deixemos então tomar a palavra esse "eu" que se quer deflacionário. Vamos às rememorações. A primeira delas: comecei a ler *Ecce homo* enquanto andava de metrô em Paris. Lembro da surpresa e da alegria suscitadas pelo livro. Meu músculo cardíaco pulava qual bacante sobre o diafragma: motivo de sobra para eleger esse material, que me acompanharia durante vários anos, como objeto de tese. O que era aquele texto! Tanta exasperação associada à bufoneria e vice-versa! Uma autobiografia escrita pelo filósofo que corroeu as bases mesmas da crença no *autós* como identidade, como substância una, previamente determinada, e que apostou na mais alta potência da ficção e da máscara em sua força efetivamente realizadora.

O autor de *O anticristo* assume na autobiografia a máscara do *Ecce Homo*, repetição bufa da frase com a qual Cristo coroado de espinhos, pronto para o sacrifício final, foi apresentado à multidão. Certamente uma farsa, em seu mais alto grau, prenhe de consequências imprevisíveis. Que efeitos esse lance ousado e arriscado teria sobre seu suposto "autor"? Que novas peripécias viria a convocar e exigir? Para dimensionar os riscos desse gesto, basta lembrar a observação do filósofo Emerson — que Nietzsche tanto apreciava — segundo a qual não se usam máscaras impunemente. Tais foram as primeiras formulações que incitaram ao trabalho. Elas começaram a ganhar corpo e uma primeira elaboração em uma das duas monografias apresentadas na Sorbonne, em junho de 1986, oito meses após minha chegada a Paris, com vistas à obtenção do "Diploma de Estudos Aprofundados" (DEA) em Filosofia, pré-requisito para a inscrição em tese.

Em *Ecce homo*, a paródia saltava aos olhos. Penso que minha formação anterior em Letras, até o Mestrado, aguçara a prática da leitura não apenas centrada em conceitos ou argumentos, mas atenta e porosa ao *pathos* e aos movimentos do texto, do pensamento. Além disso, dentre os estilos de Nietzsche, a paródia funciona como uma estratégia filosófica crucial, expressando-se igualmente na ideia de "transvaloração" [*Umwertung*]. Isto é, operar com as mesmas palavras, utilizar estruturas gramaticais contaminadas pela moral-metafísica (conforme nos mostrou o próprio filósofo) para fazê-las girarem sobre si e abrirem novas sendas para a vida e para o pensamento. Decidiu-se então em mim explorar na tese, de modo detalhado, *Ecce homo*.

Havia de saída, entretanto, uma exigência incontornável: para realizar uma tese sobre Nietzsche na Sorbonne era necessário ler toda a obra no original. E eu não sabia alemão. Seguindo os conselhos de minha orientadora, Sarah Kofman, fiz cinco cursos intensivos de alemão no Instituto Goethe de Paris. Finalizei o aprendizado formal da língua em 1988, no Instituto Goethe de uma Berlim ainda murada, com uma bolsa de estudos de três meses concedida pelo Daad, com apoio de meu orientador de mestrado, Silviano Santiago. Lembro-me do espanto dos alemães com aquela jovem brasileira que aprendia alemão intensivamente para ler Nietzsche, e que fazia sua tese sobre o pensador alemão em Paris. Duplo estranhamento. O desafio foi absorvido e vivido com paixão e alegria. Aliás, a condição de mulher, jovem e doutoranda brasileira em filosofia na Sorbonne ensejava, nos anos 1980 do século passado, espantos em cascata, deglutidos e convertidos em aguilhões suplementares. Pois, como afirmou Oswald de Andrade, a alegria é de fato nossa mais contundente "prova dos nove". O que eu fazia na Europa era então antropofagizar culturas dominantes, na esperança de revigorar o corpo-pensamento. Nada, portanto, de tão original.

Quando retornei de Berlim para Paris, carregava na bagagem a obra completa de Nietzsche e oito volumes (que um pouco mais tarde me provocariam bursites) de cartas no original, nas edições críticas realizadas pelos germanistas italianos Giorgio Colli e Massino Montinari. Os dois anos e meio que se seguiram foram dedicados à leitura e ao fichamento desse material para, concluída a tarefa, só então iniciar a escrita da tese. Havia acumulado tanto material antes de dar início à produção do texto que só temia uma coisa: para um divertimento trivial dos deuses, ocorrer algum acidente e se perderem os anos de trabalho e a trilha seguida. Mas as Moiras mostraram-se, ainda dessa vez, benfazejas — ou distraídas. Redigi o texto em francês, aproveitando muito material extraído da correspondência completa, então também inédita na França. Esses oito volumes de cartas iniciam-se com um bilhete singelo escrito por Nietzsche à avó, aos cinco anos de idade.

As cartas me pareceram imprescindíveis para a realização do trabalho. Não apenas para iluminar o contexto de *Ecce homo*, os mal-entendidos que exasperavam o filósofo em 1888, mas igualmente para me favorecer uma aproximação delicada dos efeitos "eu" que o filósofo efetuara ao longo da vida. Restava colocar em questão o estatuto possivelmente diverso do "eu" que se constitui nas cartas e do que se performa na obra publicada. Mas essa questão permaneceu em suspenso, pelo menos por dois motivos. Em primeiro lugar, porque tratá-la explicitamente romperia o fio da escrita da tese, que foi ditando e impondo seu próprio ritmo e roteiro. A seguir porque tal problemática poderia ser de antemão esquivada, na medida em que, para Nietzsche, todo "eu", como arranjo provisório entre forças, não deixa de ser produzido e reinventado pela escrita, que também intervém nas tensões em jogo. Por efeito de caminhos que não apenas se bifurcam, mas se abrem e multiplicam a cada conexão sintática. Eis a graça de escrever, mesmo teses: descobrir o que se pensa em nós. Ou dar continuidade ao que Roland Barthes sintetizou como o que somos: uma única frase que a morte vem interromper.

A tese foi defendida em 20 de março de 1992, diante de uma banca da qual fazia parte Philippe Lacoue-Labarthe, que de saída me sugeriu a publicação do texto. Só então tive total consciência de que escrevera um livro. E este livro foi gerando outros, nos quais ou bem foram desdobrados temas implícitos, como em *Platão: as artimanhas do fingimento* e, mais diretamente, *Nove variações sobre temas nietzschianos*, ou continuaram a ecoar diversas temáticas nietzschianas: acerca da metáfora, das máscaras, da paródia, do esquecimento, da leitura como ruminação, do método genealógico. Este livro é, portanto, o verdadeiro autor dos que se seguiram.

Enquanto relia o *Bufão dos deuses*, uma indagação também insistia: de que modo pude dedicar tanto tempo a um só trabalho, como foi que meu interesse se manteve e se reafirmou por tanto tempo? Os atuais regimes de vida on-line, a quantificação da produtividade e a imediatez de resultados não têm esgarçado nossa atenção tanto quanto corroído paixões capazes de persistirem no tempo? Não estaríamos, hoje, cada vez mais incitados, conforme salientou o filósofo português José Gil, a saltitar entre pequenas tarefas, amores, relações, com nossas peles tornadas impermeáveis e escorregadias como o artificial teflon? Claro que, à época da elaboração do trabalho, eu usufruía da rara condição de bolsista no exterior e não tinha de assumir as obrigações crescentemente avassaladoras da vida acadêmica, sob constantes avaliações e pressões por "produtividade". Minha vida era então, tipologicamente, nobre. E, parafraseando o poema "Infância" de Carlos Drummond de Andrade, eu não sabia disso então. A condição de bolsista explica em parte, certamente, essa dedicação integral. Mas me parece que não dá conta de outra faceta da questão. A velocidade e a impaciência alimentadas por metas que, do modo de vida empresarial, têm-se estendido às práticas contemporâneas; o regime de obsolescência programada de tudo, da mercadoria à produção cultural e intelectual, tendem a curtocircuitar o próprio desejo e o interesse que movem toda dedicação obstinada a um só trabalho ou tarefa. Parece cada vez mais difícil, senão inviável, sustentar um impulso desejante ao longo do tempo. Ou, em termos nietzschianos, exercer a capacidade de prometer, mantendo a vontade no tempo, transmutando vontade em tempo. Nada mais extemporâneo.

Nietzsche foi o primeiro a salientar as mais variadas manifestações do niilismo em nossa civilização. Isso fica patente quando sugere, contra o mito da "profundidade", a lição retirada aos gregos antigos: ser "superficial por profundidade". Hoje, em que superfícies deslizantes se tornaram modelares, vale ressaltar esse *por profundidade*: além de ultrapassar a falsa dicotomia, empresta outro matiz à ideia mesma de superficialidade.

Por fim, resta sublinhar que este posfácio também se inspira em uma virtude nietzschiana: o pudor, virtude transvalorada pelo filósofo, que remete ao *pathos* da distância consigo mesmo e com o outro, ao uso de máscaras, mas que também se manifesta nos títulos inocente e zombeteiramente imodestos dos capítulos de *Ecce homo*, contraponto à falsa modéstia e ao apequenamento preconizados pela cultura judaico-cristã. Fica então desculpada, mais uma vez, a ênfase no "eu" que também ressoa neste posfácio, liberada por um gosto mais nietzschiano: rir de si e de toda sacralização. Este o sagrado que talvez nos reste.

Referências bibliográficas

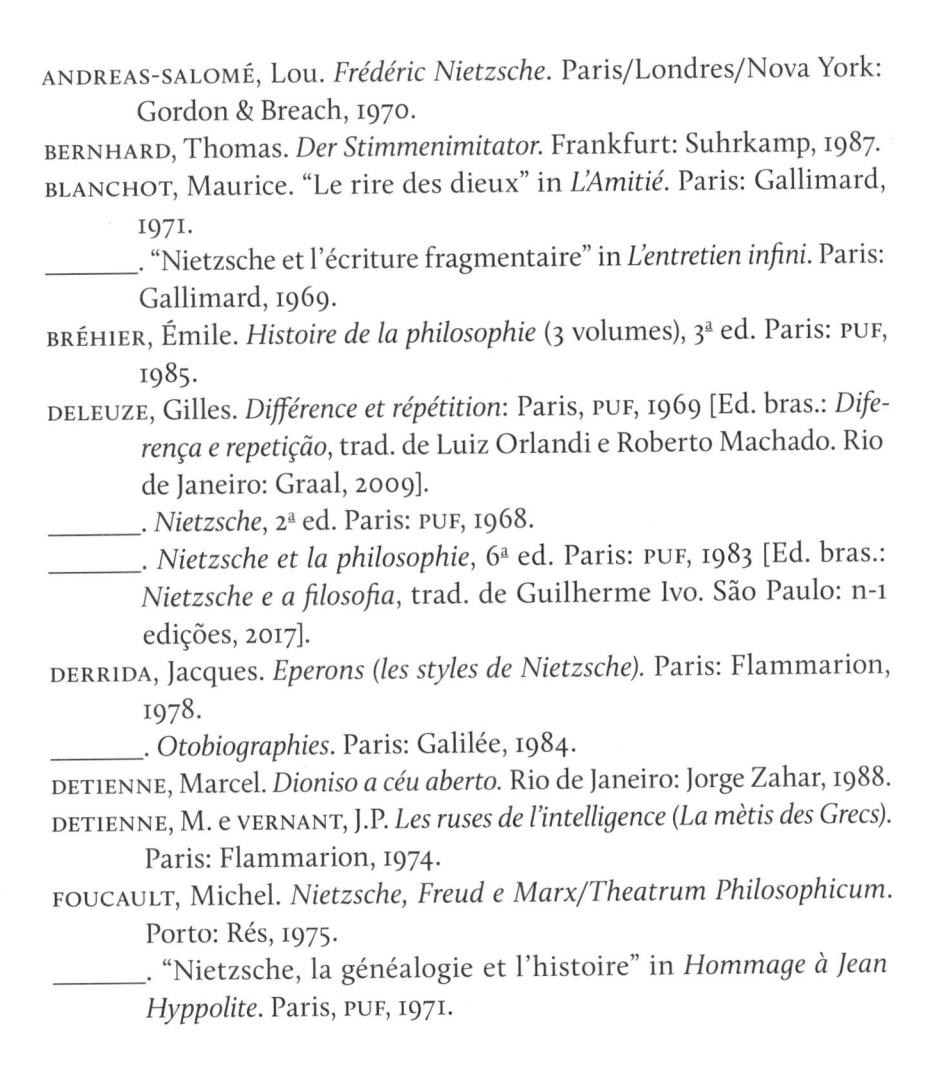

ANDREAS-SALOMÉ, Lou. *Frédéric Nietzsche*. Paris/Londres/Nova York: Gordon & Breach, 1970.
BERNHARD, Thomas. *Der Stimmenimitator*. Frankfurt: Suhrkamp, 1987.
BLANCHOT, Maurice. "Le rire des dieux" in *L'Amitié*. Paris: Gallimard, 1971.
_____. "Nietzsche et l'écriture fragmentaire" in *L'entretien infini*. Paris: Gallimard, 1969.
BRÉHIER, Émile. *Histoire de la philosophie* (3 volumes), 3ª ed. Paris: PUF, 1985.
DELEUZE, Gilles. *Différence et répétition*: Paris, PUF, 1969 [Ed. bras.: *Diferença e repetição*, trad. de Luiz Orlandi e Roberto Machado. Rio de Janeiro: Graal, 2009].
_____. *Nietzsche*, 2ª ed. Paris: PUF, 1968.
_____. *Nietzsche et la philosophie*, 6ª ed. Paris: PUF, 1983 [Ed. bras.: *Nietzsche e a filosofia*, trad. de Guilherme Ivo. São Paulo: n-1 edições, 2017].
DERRIDA, Jacques. *Eperons (les styles de Nietzsche)*. Paris: Flammarion, 1978.
_____. *Otobiographies*. Paris: Galilée, 1984.
DETIENNE, Marcel. *Dioniso a céu aberto*. Rio de Janeiro: Jorge Zahar, 1988.
DETIENNE, M. e VERNANT, J.P. *Les ruses de l'intelligence (La mètis des Grecs)*. Paris: Flammarion, 1974.
FOUCAULT, Michel. *Nietzsche, Freud e Marx/Theatrum Philosophicum*. Porto: Rés, 1975.
_____. "Nietzsche, la généalogie et l'histoire" in *Hommage à Jean Hyppolite*. Paris, PUF, 1971.

GRIMAL, Pierre. *Dictionnaire de la mythologie grecque et romaine*, 8ª ed. Paris: PUF, 1986.

HALEVY, Daniel. *Nietzsche*. Paris: Bernard Grasset, 1977.

HEIDEGGER, Martin. *Chemins qui ne mènent nulle part*. Paris: Gallimard, 1962.

_____. *Essais et conférences*. Paris: Gallimard, 1986.

JANZ, Curt Paul. *Nietzsche. Biographie* (3 volumes). Paris: Gallimard, 1985.

JASPERS, Karl. *Nietzsche (introduction à sa philosophie)*. Paris: Gallimard, 1986.

KLOSSOWSKI, Pierre. *Nietzsche et le cercle vicieux*, 2ª ed. Paris: Mercure de France, 1978.

_____. *Un si funeste désir*. Paris: Gallimard, 1963.

_____ et alii. *Nietzsche hoje?*, seleção e apresentação de Scarlett Marton. São Paulo: Brasiliense, 1985.

KOFMAN, Sarah. *Nietzsche et la métaphore*. Paris: Galilée, 1983.

_____. *Nietzsche et la scène philosophique*, 2ª ed. Paris: Galilée, 1986.

LACOUE-LABARTHE, Philippe. "Le détour (Nietzsche et la rhétorique)" in *Poétique* n. 5. Paris: Seuil, 1971.

LALANDE, André. *Vocabulaire technique et critique de la philosophie*, 14ª ed. Paris: PUF, 1983.

LEJEUNE, Philippe. *Le pacte autobiographique*. Paris: Seuil, 1985.

MALDINEY, Henri. *Art et existence*. Paris: Klincksieck, 1985.

MONTINARI, Mazzino. "Ein neuer Abschnitt in Nietzsches *Ecce homo*" in *Nietzsche-Studien* (Internationales Jahrbuch für die Nietzsche--Forschung) 1. Berlim: Walther de Gruyter, 1972.

NIETZSCHE, Friedrich. *Correspondance* I (Juin 1850-Avril 1869). Paris: Gallimard, 1986.

_____. *Das Philosophenbuch/Le livre du philosophe*. Paris: Aubier--Flammarion, 1969.

_____. *Dithyrambes de Dionysos*. Paris: Gallimard, 1975.

_____. *Ecce homo*. Trad. bras. de Paulo Cesar Souza, 2ª ed. São Paulo: Max Limonad, 1986.

_____. "Ma vie", in *Le chemin de campagne/Ma vie/Pays de rêve*. Paris: Michel Chandeigne, 1985.
_____. Obras incompletas, 3ª ed. São Paulo: Abril, 1983.
_____. *Sämtliche Briefe. Kritische Studienausgabe* (8 volumes), Giorgio Colli e Mazzino Montinari (orgs.). Munique/Berlim/Nova York: DTV/de Gruyter, 1986.
_____. *Sämtliche Werke. Kritische Studienausgabe* (15 volumes); 2ª ed., Giorgio Colli e Mazzino Montinari (orgs.). Munique/Berlim/Nova York: DTV/ de Gruyter, 1986.
OVÍDIO. *Les métamorphoses*. Paris: Garnier/Flammarion, 1966.
PESSOA, Fernando. *Obra poética*. Rio de Janeiro: Aguilar, 1974.
PLATÃO. *Le sophiste*, 6ª ed. Paris: Belles Lettres, 1985.
PODACH, E. F. *L'effondrement de Nietzsche*. Paris: Gallimard, 1978.
ROSSET, Clément. *La force majeure*. Paris: Minuit, 1983.
WAGNER, Richard. *Parsifal*. Paris: Aubier-Montaigne, 1984.
ZWEIG, Stefan. *Le combat avec le démon (Kleist, Hölderlin, Nietzsche)*. Paris: Pierre Belfond, 1983.

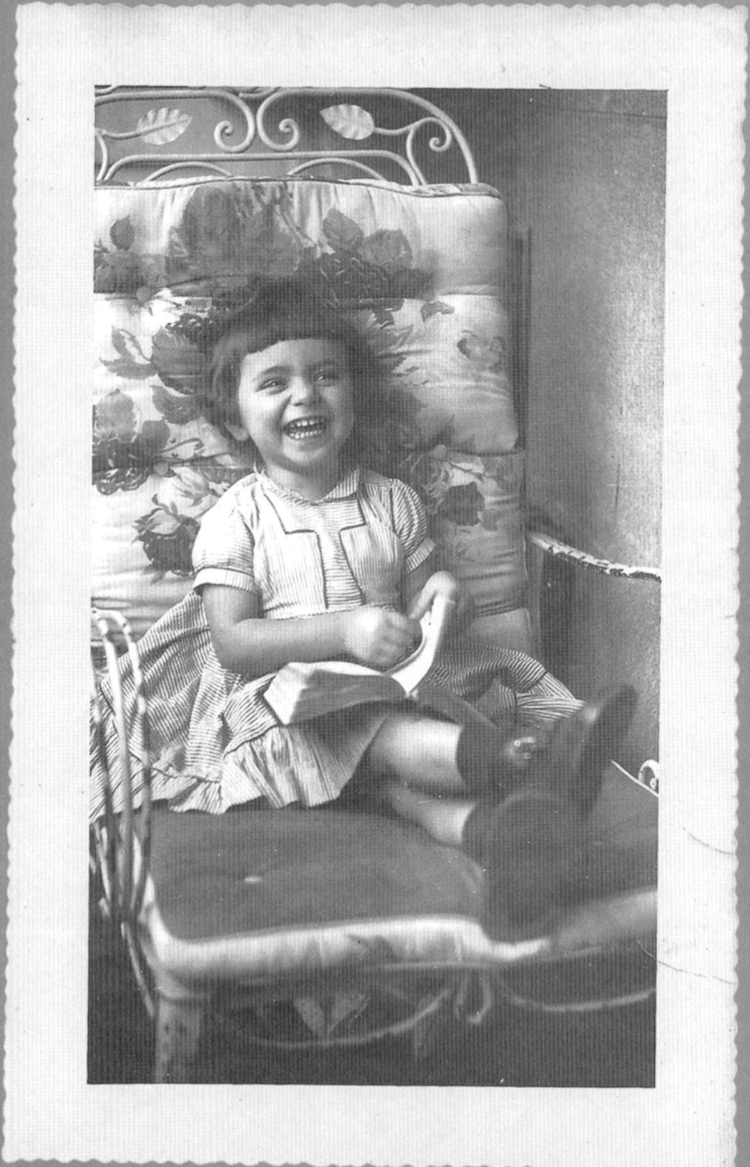

Sobre a autora

MARIA CRISTINA FRANCO FERRAZ, mestre em Letras pela PUC-RJ e doutora em Filosofia pela Universidade de Paris I (Sorbonne), atualmente é Professora Titular de Teoria da Comunicação da UFRJ. Pesquisadora do CNPq, realizou três estágios pós-doutorais em Berlim e coordenou um Doutorado Internacional Erasmus Mundus quando atuava como Professora Titular da UFF. Dirigiu a coleção "Conexões", da editora carioca Relume Dumará. Foi professora visitante nas universidades de Paris VIII e Perpignan (França), Richmond (Estados Unidos), Nova de Lisboa (Portugal) e Saint Andrews (Escócia). Alegre, melancólica e bailarina, escreveu, entre outros, os livros: *Platão: as artimanhas do fingimento* [Rio de Janeiro: Relume Dumará, 1999 e Lisboa: Nova Veja, 2010], *Nove variações sobre temas nietzschianos* [Rio de Janeiro: Relume Dumará, 2002], *Homo deletabilis — corpo, percepção, esquecimento: do século XIX ao XXI* [Rio de Janeiro: Garamond, 2010 e Paris: Hermann, 2015] e *Ruminações: cultura letrada e dispersão hiperconectada* [Rio de Janeiro: Garamond, 2015].

n-1

O livro como imagem do mundo é de toda maneira
uma ideia insípida. Na verdade não basta dizer
Viva o múltiplo, grito de resto difícil de emitir.
Nenhuma habilidade tipográfica, lexical ou mesmo
sintática será suficiente para fazê-lo ouvir. É preciso
fazer o múltiplo, não acrescentando sempre uma
dimensão superior, mas, ao contrário, da maneira
mais simples, com força de sobriedade, no nível
das dimensões de que se dispõe, sempre n-1
(é somente assim que o uno faz parte do múltiplo,
estando sempre subtraído dele). Subtrair o único
da multiplicidade a ser constituída; escrever a n-1.

Gilles Deleuze e Félix Guattari